21世纪高职高专规划教材·连锁经营管理系列
连锁经营管理专业示范建设系列教材

连锁经营法规

主　编　潘慧明
副主编　吴红玲

中国人民大学出版社
·北京·

总 序

我国的连锁经营经过二十多年的发展，取得了令人瞩目的发展，呈现出强大的生命力。连锁经营现已遍布批发、零售、餐饮、中介、住宿、教育、旅游等众多领域，不仅境外品牌群雄逐鹿，本土品牌也日益壮大，这种形式已被企业广泛采用并得到消费者的充分肯定。近年来，随着连锁经营的迅速发展，连锁经营管理专业人才的需求急剧增加，但是由于我国高校连锁经营管理专业教育起步晚，发展时间短，在人才培养模式、课程体系、教学内容和教学方法等方面还有待于提高，无论在数量上还是质量上，都远远不能满足连锁经营发展的需要，连锁经营管理人才的短缺已成为我国连锁经营进一步发展的瓶颈。

为了促进连锁经营的发展，我国已将连锁经营管理作为紧缺人才岗位培训项目，有计划地培养连锁经营管理人才，许多高职院校陆续地开设了该专业，招生和就业情况良好。例如，浙江商业职业技术学院开设了连锁经营管理专业，经过多年的建设取得了显著成绩，已被评为浙江省示范专业，为连锁企业输送了大量高素质应用性经营管理人才，受到企业的欢迎。

教材是专业建设的核心，是开展专业教学的基本依据，在贯彻执行国家的教育方针、培养高素质人才方面起着极其重要的作用。为了协助高职院校办好连锁经营管理专业，促进我国连锁经营的发展，中国人民大学出版社组织了全国多所在连锁经营管理专业方面办学有特色、社会影响力较大的高职院校成立了“21世纪高职高专规划教材·连锁经营管理系列编委会”，选择经验丰富的专家学者、一线骨干教师和企业经营管理者共同编写了本套连锁经营管理系列教材，旨在进一步促进连锁经营管理专业的建设，提高教学质量，为我国连锁经营管理的发展提供人才保障。

该系列教材以保证基础、体现先进、强化应用、突出能力为指导思想。在编写组织上，基于精品课程，大多数参与院校的连锁经营管理专业为重点建设专业，强调“校企合作、工学结合”，编者中不仅有长期从事高职教育的教授，而且有来自连锁企业的经营管理者，校企优势互补，使教材更加适应连锁经营管理的实际需要；在设计思路上，以培养连锁经营管理的职业岗位能力为主线，贯彻“项目引导、任务驱动”的教学理念，突出高职教育特色，使课程体系和教学内容更加契合高职教育规律；在内容规划上，该系列教材内容精练、教辅完备，根据完成项目任务的需要设置了理论知识和实训项目，并提供课程网站、电子教案、案例集、PPT课件和习题答案等教学资源，为提升教学质量奠定了良好的基础；在教学方法上，以真实工作任务及其工作流程为依据科学地设计工作任务，教、学、做、评相结合，边做边学，理论与实践一体化，密切关注热点问题，使学生及时跟踪行业动态，积极主动地学习，并利用组织的协作培养合作意识和团队精神，得到全面发展。

近年来，我国连锁经营管理专业建设不断改革深化，已得到社会的认可和企业的支持，形成了良好的发展氛围。相信本系列教材的出版将进一步推动高职院校连锁经营管理专业的建设与改革，为培养高素质的连锁经营管理人才起到一定的促进作用。

前言

企业的经营行为是一种复合行为，它在受经济利益的驱使、追求利益最大化的同时，必须遵守相应的法律规定，企业的运行、资产运作、市场交易以及客户服务等经营管理环节的各个方面都必须在法律的规范下进行。因此，作为连锁企业的经营者必须充分了解和掌握相关法律，以便更好地规范企业的经营行为，在市场经济中游刃有余，实现企业的最终目的，成为市场竞争的赢家。

本书为连锁经营管理专业核心课程“连锁经营法规”的配套教材，内容涉及连锁企业经营活动相关的主要法律制度，也可作为连锁企业经营管理人员提升法律素质、提高经营管理水平的培训教材。本书打破以知识传授为主要特征、强调学科体系完整性的传统模式，基于连锁企业经营管理人员职业岗位能力培养和对连锁企业宏观营运流程的把握，以连锁企业经营活动所要完成的工作任务为主线，从经营者必备的素质、知识和能力要求出发，以法律权利的行使与保护为核心，将法律知识有机地融入工作过程，以实践需要整合理论知识，设置“连锁企业运行法律制度”、“连锁企业财产法律制度”、“市场交易法律制度”和“经济纠纷处理法律制度”等专题，培养学生“知法、懂法、用法”的职业素质，形成“有序经营、安全交易”所必备的法律知识体系，为连锁企业经营管理人员提供必要的法律指南，保证企业进入“合法经营、依法维权”的良性循环的通道。

本书力求避免过多的法律专业术语，重点是连锁经营法规在企业经营实践中的应用，从法律与经营相结合的角度阐述法律制度的目标、效率与意义，注重法律原理及原则的指导意义，而非具体法律条文的释义，强调在经营活动中应充分考虑法律规则的约束作用。书中通过设置“学习目标”、“案例导读”、“小案例”、“小思考”、“案例分析”、“实训项目”等栏目，帮助教师组织教学活动，便于学生把握相关知识点、检验学习效果，做到学以致用；而“阅读材料”的设置更有利于学生开阔视野、扩大知识面、增加职业敏感度、提升职业能力。

本书编者多年从事经济法律教学和连锁经营管理专业建设，同时还具有律师、高级经营师、高级职业店长等职业资格，编者的“双师”素质使得本书理论与实践紧密结合的特色更为明显。本书编写人员分工为：主编潘慧明副教授（中央财政支持建设和省级示范建设专业——连锁经营管理专业建设团队成员，“连锁经营法规”课程建设负责人，高级经营师，高级职业店长），编写第一章、第七章、第八章、第十章；副主编吴红玲副教授

（执业律师），编写第二章、第四章、第六章、第九章、第十一章、第十二章；参编潘美英讲师，编写第三章、第五章。本书由宋学锋律师审稿。

本书配有教辅资源，包括PPT课件、习题集和习题答案，可以登录 www.crup.com.cn/jiaoyu 下载或发送邮件至 crupwhl@163.com。

特别感谢中国人民大学出版社的大力支持！

由于水平所限，书中难免有纰漏和错误，真诚希望同仁和读者批评指正，以帮助我们进一步提高。

编　者

2012年2月

目 录

专题一 绪 论

专题二 连锁企业运行法律制度

专题三　连锁企业财产法律制度

专题四　市场交易法律制度

专题一

绪　论

连锁经营是现代商业发展的方向，它把现代化大工业生产的原理应用于商业流通领域。连锁经营最早兴起于商业发达的美国，这种先进的经营业态后来不断扩散。现在连锁经营正风靡全球，在欧、美、日等经济发达国家商业领域占据了主导地位。随着国际大企业闯入中国市场，这种经营方式猛烈地冲击着传统的流通体系。连锁经营几乎遍布我国第三产业的所有行业，特别是广泛应用于服务行业领域。连锁经营是21世纪我国市场经济的一个焦点，建立、健全相应的法律法规，为连锁经营的发展提供了有力的保障。

作为市场主体的连锁企业，在从事连锁经营过程中必须熟悉、掌握与连锁经营相关的法律法规，以便于运用法律知识处理连锁企业经营过程中的实际问题。

第一章　法的基础知识

引　言

要掌握和运用与连锁经营相关的法律制度，必须具备一定的法律基础，熟悉法律关系、代理、诉讼时效等法律知识，这对于学好课程知识、运用法律处理连锁企业经营过程中的实际问题具有十分重要的意义。本书后续各个具体法律制度的内容，也都是围绕法律关系展开介绍的，把握好本章内容，对掌握各个具体法律制度的具体规定具有提纲挈领的作用。连锁企业开展业务活动的过程，从法律的视角来看实际上就是设立、变更、消灭法律关系的过程，在处理实际法律问题时，就是结合法律关系各个项目的规定，分析实际事务当中参与法律关系的主体、客体和法律关系的内容是否合法，代理行为是否有效，以便依法行使法律权利、履行法律义务，当企业权利受到侵害时懂得通过合法途径寻求保护。

学习目标

- 了解法律关系及其构成要素
- 了解法律关系主体的种类
- 掌握法人的条件
- 能正确行使代理权
- 能正确计算诉讼时效

第一节　法律关系

案例导读

A超市从B公司购进一批货物，交由C公司运输，C公司安排D车运输这批货物，途中与E公司所属的F车相撞（经交警认定，F车对事故负全责），造成D车及所载货物损失严重。结果，A超市未能在约定时间收到B公司的货物。

问：该案例中涉及多少民事法律关系？试分析各要素和法律事实。

一、法律关系的概念

法律关系是法律规范在调整社会关系的过程中所形成的人们之间的权利和义务关系。

阅读材料

法律关系的特征

1. 法律关系是以法律规范为前提的社会关系，没有法律规范的存在，也就不可能形成与之相应的法律关系。

2. 法律关系是以法律上的权利、义务为内容形成的社会关系，是一种明确的、固定的权利义务关系。这种权利和义务可以是由法律明确规定的，也可以是由法律授权当事人在法律的范围内自行约定的。

3. 法律关系是以国家强制力作为保障手段的社会关系。在法律关系中，一个人可以做什么、不得做什么和必须做什么都是国家意志的体现，反映国家对社会秩序的一种维持态度。当法律关系受到破坏时，就意味着国家意志所授予的权利受到侵犯，意味着国家意志所设定的义务被拒绝履行。这时，权利受侵害一方就有权请求国家机关运用国家强制力，责令侵害方履行义务或承担未履行义务所应承担的法律责任，也即对违法者予以相应的制裁。因此，一种社会关系如果被纳入法律调整的范围之内，就意味着国家对它实行了强制性的保护。这种国家的强制力主要体现在对法律责任的规定上。

二、法律关系的构成要素

（一）法律关系主体

法律关系主体是指法律关系的参加者，即法律关系中一定权利和义务的享有及承担者。包括以下几类：

1. 自然人

自然人是基于自然规律出生的生物人个体。自然人参加民事法律关系通常需要考虑两个法定条件：

（1）自然人应当具有民事权利能力。所谓民事权利能力是指能够参加民事法律关系，享有民事权利、承担民事义务的资格。它主要解决普通观念上的人是不是“法律意义”上的人的问题——具有民事权利能力，即是法律上的合格民事主体，反之则不是。

（2）自然人应当具有民事行为能力。所谓民事行为能力是指民事主体以其行为独立享有民事权利、承担民事义务的资格。如果一个自然人有相应的民事行为能力，则该自然人可以独立地从事相应的民事活动；如果该自然人不具有相应的民事行为能力，则该自然人不得独自行事，必须由其他法定的人辅助其从事民事活动。

根据《民法通则》的规定，按照不同年龄阶段和精神状态是否正常，自然人的民事行为能力表现为三种类型：完全民事行为能力、限制民事行为能力、无民事行为能力。

完全民事行为能力是指自然人通过自己独立的行为行使民事权利、履行民事义务的能力。完全民事行为能力人包括十八周岁以上、精神状态正常的自然人，以及十六周岁以上不满十八周岁、以自己的劳动收入为主要生活来源的自然人。

限制民事行为能力是指自然人在一定范围内具有民事行为能力，超出一定范围便不具有相应的民事行为能力。限制民事行为能力人包括十周岁以上不满十八周岁的未成年人，以及不能完全辨认自己行为的精神病人。

无民事行为能力是指自然人不具有以自己的行为享有民事权利和承担民事义务的能力。无民事行为能力人包括不满十周岁的未成年人，以及完全不能辨认和控制自己行为的精神病人。

2. 法人

《民法通则》第三十六条规定：“法人是具有民事权利能力和民事行为能力，依法独立享有民事权利和承担民事义务的组织。”

一个社会组织若要取得法人资格，成为法人型的民事主体，需要具备以下的基本条件：依法成立；有必要的财产或经费；有自己的名称、组织机构和场所；能够独立承担民事责任。

符合上述条件的社会组织，依法履行法定程序后，从登记之日（企业法人、社会团体法人）或者批准之日（机关法人、事业单位法人）起，即具有民事权利能力并同时具有民事行为能力，成为合法的独立民事主体。

阅读材料

法人代表与法定代表人

法人代表与法定代表人是两个不同的法律概念。

法人代表一般是指根据法人的内部规定担任某一职务或由法定代表人指派代表法人对外依法行使民事权利和义务的人，它不是一个独立的法律概念。法人代表的行为被视为法人的行为，其行为所产生的一切法律权利和义务由其所代表的法人享有和承担。根据产生方式，法人代表有三大类：

1. 法定代表人。其行为无须另外的确认和授权，即可被认为是法人的行为。

2. 法定代理人。即根据法律规定，在特定条件下，通过一定手续或外在表现形式，其行为视为法人的行为，如法人终止时的清算组。

3. 授权代表。根据书面或者非书面协议，或者根据民法表见代理的形式，其行为被视为法人的行为。

法人代表依法定代表人的授权而产生，没有法定代表人的授权，就不能产生法人代表。作为民事权利主体的法人，其法人代表可以有多个。法人代表对外行使权利都要受到法定代表人授权的限制，他只能在法定代表人授权的职责范围内代表法人对外进行活动，他的行为不是法人本身的行动，但是对法人发生直接的法律效力。

法定代表人是指依法代表法人行使民事权利、履行民事义务的主要负责人（如工厂的厂长、公司的董事长等）。

《民事诉讼法》第四十九条第二款规定：法人由其法定代表人进行诉讼。其他组织由其主要负责人进行诉讼。

法定代表人有权直接代表本单位向人民法院起诉和应诉，其所进行的诉讼行为就是本单位（或法人）的诉讼行为，直接对本单位（或法人）发生法律效力。法定代表人与法人代表是有一定区别的，代表人的行为不是被代表人本身的行为，只是对被代理人发生直接的法律效力，而法定代表人的行为就是企业、事业单位等本身的行为。

企业的法人代表在不同的场合要承担不同的法律责任，种类多样。

---

3. 非法人组织

非法人组织即其他组织，是指不具有法人资格但可以自己的名义进行民事活动的组织，亦称非法人团体。在实际生活当中，非法人组织也是一种重要的民事主体。常见的非法人组织型的民事主体有合伙、个人独资企业、个体工商户、农村承包经营户等。

设立非法人组织同样需要具备以下基本的条件：依法成立；必须有自己的名称；必须有自己能支配的财产或经费；设有代表人或管理人。

通常，符合上述条件的社会组织，依法履行法定程序后，即具有相应的民事权利能力与民事行为能力，成为非法人组织型民事主体。

? 小思考

法人代表与法定代表人的关系如何？

（二）法律权利和法律义务

法律权利，是一个与法律义务相对应的概念，是指法律关系主体依法享有的某种权能或利益，它表现为权利享有者可以自己作出一定的行为，也可以要求他人作出或不作出一定的行为。一切法律权利都受到国家的保护，当权利受到侵害时，权利享有者有权向人民法院或者有关主管机关申诉或请求保护。

法律权利的特点在于：第一，它来自法律规范的规定，得到国家的确认和保障；第二，它是保证权利人利益的法律手段；第三，它是与义务相关联的概念，离开义务就无法理解权利，它得到义务人的法律义务的保证，否则权利人的权利不可能行使；第四，它确定权利人从事法律所允许的行为的范围，在这一范围内，权利人满足自己利益的行为或者要求义务人从事一定行为是合法的，而超过这一范围，则是非法的或不受法律保护的。

对于一项权利的成立来说，如下五个要素是最基本的、必不可少的：

一是利益。一项权利之所以成立，是为了保护某种利益。利益既可能是个人的，也可能是社会的；既可能是物质的，也可能是精神的；既可能是权利主体自己的，也可能是与权利主体有关的他人的。不过，利益只能用来说明权利本质的一个方面，而不是全部。单纯的利益或对利益的需要本身并不能成为权利。

二是主张。一种利益若无人提出对它的主张或诉求，就不可能成为权利。一种利益之所以要由利益主体通过意思表达或其他行为来主张，是因为它可能受到侵犯或随时处在受侵犯的威胁中。当然，主张也只是权利本质的一个方面。如精神病人享有权利，但不可能通过他自己的意思表示来享有或行使。

三是资格，就是要有法律上的资格提出主张或要求。

四是权能，包括权威（power，authority）和能力（ability，capacity）。一种利益、主张或资格必须具有相应的权能才能成立。权威也有道德和法律之分。由道德来赋予权威的利益、主张或资格，称道德权利；由法律来赋予权威的利益、主张或资格，称法律权利。这两种权威和与之相适应的两种权利既可以结合，也可以分离，人权在获得法律认可之前是道德权利，由于仅有道德权威，侵害它并不招致法律处罚。在获得法律确认后，人权既是道德权利，又是法律权利。因而，侵犯人权会导致法律后果。除了权威的支持外，权利主体还要具备享有和实现其利益、主张或资格的实际能力或可能性。

五是自由。这里的自由指的是权利主体可以按个人意志去行使或放弃该项权利，不受外来干预或胁迫。如果某人被强迫去行使或放弃某种利益或要求，那么，这种主张或放弃本身就不是权利，而是义务。

阅读材料

民法所规定的民事权利

1. 财产所有权，即所有人依法对自己的财产享有占有、使用、收益和处分的权利。

2. 债权。债是按照合同的约定或者依照法律的规定，在当事人之间产生的特定能权利和义务关系。

3. 人身权，即法律赋予民事主体的与其生命和身份延续不可分离而无直接财产内容的民事权利。人身权分为人格权和身份权两方面内容。

4. 知识产权，又称智力成果权，是指智力成果的创造人和工商业生产经营标记的所有人依法所享有的权利的总称，包括著作权、专利权、商标权、发现权、发明权和其他科技成果权。

5. 财产继承权，即公民依法承受死者个人所遗留的合法财产的权利。

法律义务是与法律权利相对应的概念，是指法律关系主体依法承担的某种必须履行的责任，它表现为必须作出或不作出一定的行为。法律义务是国家所确认的，具有国家强制性，当人们不履行法定义务时，就会受到国家的干涉，国家保障这种义务的实现。其重要特点在于义务的必要性，义务人必须从事或不从事一定的行为，否则权利人的利益不可能得到满足；如果义务人不履行义务，就要受到国家强制力的制裁。同时，义务人的必要行为也存在于一定的范围内，超过这一范围则属于义务人的自由，有权拒绝权利人在这一范围之外的要求。

小思考

法律权利与法律义务的关系如何?

（三）法律关系客体

法律关系客体就是法律关系主体之间权利和义务指向的对象。成为法律关系客体应满足下述三个条件：一是必须是一种资源，能够满足人们的某种需要，因而被认为具有价值。二是必须具有一定的稀缺性，因而不能被需要它的人毫无代价地占有利用。三是必须具有可控制性，因而可以被需要它的人为一定目的而加以占有和利用。

在现代社会中，同时符合上述三个条件的事物是非常多的，因此法律关系客体的数量和种类难以一一详述，概括地讲主要包括如下几类：

1. 物

法律上所说的物包括一切可以成为财产权利对象的自然之物和人造之物。

2. 行为

在法律关系客体的意义上，行为是指能发生法律效力的人们的意志行为，即根据当事人的个人意愿形成的一种有意识的活动，它是在社会生活中引起法律关系产生、变更和消灭的最经常的事实。法律行为包括直接意义上的作为，也包括不作为（即对于一定行为的抑制）。通常又把前者称为积极的法律行为，把后者称为消极的法律行为。

3. 智力成果

作为法律关系客体的智力成果指的是人们在智力活动中所创造的精神财富，它是知识产权所指向的对象。

4. 人身利益

包括人格利益和身份利益，是人格权和身份权的客体。总体看来，由于权利和义务类型的不断丰富，法律关系客体的范围有不断扩大的趋势。

三、法律事实

法律事实是指法律规范所确定的能引起法律关系产生、变更、消灭的客观情况。

（一）法律关系产生、变更、消灭的条件

法律关系处在不断的运动变化过程中，它的形成、变更和消灭需要具备一定的条件，即法律规范。法律规范是法律关系形成、变更、消灭的法律依据和前提条件。法律事实是

法律关系形成、变更、消灭的直接原因，是法律规范与法律关系的联系中介。例如，我国《合同法》虽然对合同法律关系的主体、客体、内容作出了具体的规定，但并不能因此使某两个人之间建立起具体的买卖合同关系；如果某两个人就某个物品的买卖事宜通过协商达成一致，这个“协商达成一致”的行为就会使这两个人之间建立起一个具体的买卖合同关系，该行为就是法律事实。

（二）法律事实的种类

以是否以人的意志为转移作为标准，我们将法律事实分为：

1. 事件

即法律规范规定的、不以当事人的意志为转移而引起法律关系产生、变更和消灭的客观情况。法律事件又可细分为社会事件和自然事件两种。

2. 行为

即法律规范所确定的、当事人在其意志指导之下能够引起法律关系产生、变更、消灭的身体外部动作。

（三）法律事实与法律关系的关系

法律事实是法律关系产生的直接原因。法律事实与法律关系之间存在复杂的结合关系，如一因多果和一果多因等。

第二节　代　理

案例导读

甲公司为向银行借款，由其副总与乙公司财务部经理商量，要求乙公司为其担保。该财务部经理不经乙公司领导同意，即在甲公司带来的银行格式借款担保合同的担保人盖章处盖上了乙公司的财务章。后甲公司到期未能偿还借款，银行要求乙公司承担担保责任，乙公司拒绝。乙公司的抗辩理由是：财务部经理对外提供担保未经公司授权，其盖章行为属于利用职务之便，财务章也不能代表公司。

问：乙公司是否应承担担保责任？为什么？

一、代理的概念

代理是通过他人为自己从事民事法律行为的制度。在这种制度中，实际行为人为了被服务人的利益，在法定或者被服务人授予的权限范围内，独立与第三人从事民事法律行为，而该民事法律行为的后果由被服务人取得。

二、代理的适用范围

从民事活动的角度看，通常的民事法律行为都能通过代理来完成。但是以下两种情形除外：

（1）具有人身属性、法律要求必须由本人亲自实施的民事法律行为不适用代理。

（2）当事人要求必须由本人实施的民事法律行为。

另外特别强调，违法行为是不适用代理的。《民法通则》第六十七条规定："代理人知道被委托代理事项违法仍然进行代理活动的，或者被代理人知道代理人的代理行为违法不表示反对的，由被代理人和代理人负连带责任。"可见，违法行为是不能代理的。

三、代理的种类

《民法通则》第六十四条规定："代理包括委托代理、法定代理和指定代理。"可见，我国民法通则规定的代理有三种：

（一）委托代理

委托代理是指代理人按照被代理人的委托而进行的代理。委托代理中代理人所享有的代理权是被代理人授予的，所以委托代理又称授权代理。授权行为是一种单方民事法律行为，被代理人一方作出授权的意思表示，代理人就取得代理权。

阅读材料

委托代理合同

根据《民法通则》的规定，委托代理的形式主要有两种，即书面和口头形式。当事人在实际运用中，可以用口头形式，也可以用书面形式。但法律规定用书面形式的，应按法律规定，采用书面形式，如诉讼代理、代签合同等，均应采用书面形式。

以下是委托代理合同范本：

委托代理合同

第一条　被代理人授权代理人在下列范围内以被代理人的名义从事活动：

(委托代理的权限和具体内容)

第二条　代理人必须按照被代理人的授权委托的范围和内容，认真履行职责，维护被代理人的合法权益。

第三条　代理人超越代理权实施的民事行为，由代理人自己承担法律责任。如果是为了被代理人的权益而实施的行为，事后经过被代理人的追认，视为在代理权限内。

第四条　代理人不履行职责或者其他违法行为而给被代理人造成损害的，应当赔偿被代理人的实际损失。

第五条　被代理人按照（双方约定的条件），在______期限内，支付代理费______元。

第六条　本协议自双方签字之日起生效。本协议一式______份，当事人各执一份。

代理人（签字或盖章）：________________

被代理人（签字或盖章）：________________

______年____月____日

（二）法定代理

法定代理是指根据法律的直接规定而发生的代理关系。法定代理主要是为无民事行为能力人和限制民事行为能力人设立代理人的方式，这主要是因为他们没有民事行为能力或没有完全民事行为能力，不能为自己委托代理人。

《民法通则》第十四条规定："无民事行为能力人、限制民事行为能力人的监护人是他的法定代理人。"这一规定就是为无民事行为能力、限制民事行为能力人设定法定代理人的法律依据。监护人代理被监护人为民事法律行为，实现和保护被监护人的合法权益。

（三）指定代理

指定代理是指代理人根据人民法院或者指定机关的指定而进行的代理。在指定代理中，代理人所享有的代理权是由人民法院或者指定机关指定的，与被代理人的意志无关。指定代理是在没有委托代理人和法定代理人的情况下，为无民事行为能力人和限制民事行为能力人设立的代理。

四、代理权的行使

代理权的行使是指代理人在代理权限范围内，独立、依法有效地实施民事法律行为，以达到被代理人所希望的或者客观上符合被代理人利益的法律效果。

（一）代理权行使的原则

根据《民法通则》和有关司法解释的规定，代理人在行使代理权的过程中应当遵循以下原则：

（1）代理人应在代理权限范围内行使代理权，不得无权代理。代理人应当在代理权限内进行代理行为，完成代理任务。代理人只有在代理权限范围内进行的民事活动，才能被看做是被代理人的行为，由被代理人承担代理行为的法律后果。代理人非经被代理人的同意，不得擅自扩大、变更代理权限。代理人超越或变更代理权限所为的行为，非经被代理人追认，对被代理人不发生法律效力，由此给被代理人造成经济损失的，代理人还应承担赔偿责任。

（2）代理人应亲自行使代理权，不得任意转托他人代理。在委托代理中，代理人与被代理人之间通常具有人身信赖关系；在法定代理中，代理人与被代理人之间多为亲属关系或职务关系。只有代理人亲自行使代理权，才有利于代理事务的完成。

（3）代理人应积极行使代理权，尽勤勉和谨慎的义务。首先，代理人应认真工作，尽到相当的注意义务。其次，在委托代理中，代理人应根据被代理人的指示进行代理活动，代理人不遵守被代理人指示，构成代理人过错，由此给被代理人造成损失的，代理人应承担赔偿责任。最后，代理人应尽报告与保密的义务。若代理人未尽到职责，给被代理人造成损害的，代理人应承担民事责任。

（4）代理人应从维护被代理人的利益出发，争取在对被代理人最为有利的情况下完成代理行为。

（二）代理权行使的限制

1. 禁止自己代理

自己代理是指代理人以被代理人名义与自己进行民事行为。在这种情况下，代理人同时为代理关系中的代理人和第三人，交易双方的交易行为实际上只由一个人实施。一般情况下，除非事前得到被代理人的同意或者事后得到被代理人的追认，自己代理是不被允许的。

2. 禁止双方代理

双方代理又称同时代理，是指一人同时担任双方的代理人为民事行为。通说认为，双方代理应予禁止，原则上是无效行为。但经被代理人同意或追认的双方代理的后果由被代理人承受。禁止双方代理是为了保护被代理人的利益，如被代理人已经同意或追认，则无保护之必要。

3. 禁止代理人和第三人恶意串通，损害被代理人利益

代理人的职责是为被代理人进行一定的民事法律行为，维护被代理人的利益。代理人与第三人恶意串通，损害被代理人的利益，显然与其职责不相称，违背了代理关系中被代理人对代理人的信任，属于滥用代理权的极端表现。

五、无权代理

无权代理是指行为人没有代理权，却以代理的名义从事民事行为。根据无权代理的具体情况的不同，我们把无权代理分为狭义的无权代理和表见代理两类。对于这两种无权代理的判断与处理，分述如下：

（一）狭义的无权代理

狭义的无权代理是指行为人既没有代理权，也没有令第三人相信其有代理权的事实或理由，却以被代理人的名义所为的“代理”。

狭义的无权代理的构成要件是：第一，行为人既没有法定或委托的代理权，也没有令人相信其有代理权的事实或理由；第二，行为人以被代理人的名义与第三人进行民事行为；第三，第三人须为善意且无过失；第四，行为人与第三人具有相应的民事行为能力。

狭义的无权代理的情形有：一是行为人自始没有代理权，却以被代理人的名义与第三人实施民事行为；二是行为人超越代理权，即行为人享有代理权但他超越代理权与第三人实施民事行为；三是代理权终止后的代理，即在代理权终止以后行为人仍以代理人的名义与第三人进行民事行为。

狭义的无权代理行为属效力未定的民事行为，其中被代理人享有追认权。首先，被代理人可以追认该狭义的无权代理行为有效而承受该行为的法律后果。其次，在被代理人追认之前，第三人可以撤回与行为人所为的意思表示，也可以催告本人予以追认；如果得不到本人的追认，第三人也不撤回其意思表示，行为人则应承担相应的民事责任。

（二）表见代理

所谓表见代理，是指行为人本无代理权，但因被代理人的原因，致使第三人有理由相信行为人有代理权而与其进行民事法律行为，法律使之发生与有权代理相同法律效果的“代理”。表见代理的构成要件有：

1. 行为人无代理权

成立表见代理的第一要件是行为人无代理权，如果行为人拥有代理权则属于有权代理，不发生表见代理的问题。

2. 必须有第三人相信行为人具有代理权的事实或理由

通常情况下主要包括：一是被代理人明知行为人以其名义订立合同而不否认的；二是被代理人的高层管理人员从事与其职责相关的民事活动的；三是行为人持有被代理人法定代表人或者单位负责人名章或单位印章和单位介绍信订立合同的；四是被代理人授权范围不明的；五是代理权被终止或者被限制，但被代理人未及时通知相对人的。

3. 第三人必须为善意

即第三人不知行为人所为的行为系无权代理行为。如果第三人明知他人为无权代理仍与其实施民事行为，或者第三人应当知道他人为无权代理却因过失而不知，并与其实施民事行为的，不能认定为表见代理。

表见代理对被代理人产生有权代理的效力，即在相对人与本人之间产生民事法律关系，本人应受表见代理人与相对人之间实施的民事法律行为的约束，享有该行为设定的权利和履行该行为约定的义务。被代理人不得以无权代理为抗辩，不得以行为人具有故意或过失为理由而拒绝承受表见代理的后果，也不得以自己没有过失作为抗辩。

表见代理对第三人来说，他既可以主张狭义的无权代理，也可主张成立表见代理。如果相对人认为向无权代理人追究责任更为有利，则可以主张狭义的无权代理，向无权代理人追究责任；相对人也可以主张成立表见代理，向被代理人追究责任。

第三节　诉讼时效

案例导读

陈某于2006年10月10日借给宋某10 000元，宋某出具欠条一张，欠条载明“今借陈某壹万元整（10 000元），3月份归还”。其后，陈某于2009年12月29日通过电话向宋某追偿该借款，宋某之妻王某在通话过程中以没钱为由拒绝还款。2011年11月2日陈某诉至法院，要求被告宋某返还其借款及利息。

问：陈某起诉是否超过诉讼时效？为什么？

一、诉讼时效的概念

诉讼时效就是对权利人行使民事权利法定期间的问题所作的法律规定，是规定权利人不在法定期间内行使权利，就不能在民事诉讼中胜诉并请求法院强制义务人履行义务的法律制度。

民事权利的享有者没有在法定的诉讼时效期间内及时行使权利，将导致其不能在民事诉讼中胜诉并请求法院强制义务人履行义务的法律后果，也就是说法律不再给予其强制性的保护。权利人超出诉讼时效期间不行使民事权利，只是使该权利失去了国家强制力的保护，但该权利本身并没有因此而消灭。《民法通则》第一百三十八条规定：“超过诉讼时效期间，当事人自愿履行的，不受诉讼时效限制。”也就是说，超出诉讼时效期间以后义务人自动履行义务的，权利人有权接受；义务人履行义务以后，以自己不知道关于诉讼时效的规定为由，向人民法院起诉要求权利人返还的，人民法院不予支持。

二、诉讼时效期间

诉讼时效期间属于法定期间，当事人无权对诉讼时效期间作出与法律不同的约定。《民法通则》第一百三十五条规定：“向人民法院请求保护民事权利的诉讼时效期间为二年，法律另有规定的除外。”该规定明确指出在一般情况下，即凡是法律没有特殊规定的情况下，诉讼时效期间均为两年。

当然如果法律对诉讼时效期间作出特殊规定的，应当遵守特殊诉讼时效期间的规定。如：根据《民法通则》第一百三十六条的规定，身体受到伤害要求赔偿、出售质量不合格的商品未声明、延付或拒付租金、寄存财物被丢失或者损毁的诉讼时效为一年；根据我国《合同法》的规定，涉外货物买卖合同争议提起诉讼或者仲裁的期限为四年。

三、诉讼时效期间的起算

诉讼时效期间的起算，是指从什么时候开始计算诉讼时效。《民法通则》第一百三十七条规定：“诉讼时效期间从知道或者应当知道权利被侵害时起计算。”这是我国民法关于诉讼时效期间起算的一般规定。诉讼时效期间的起算，法律有特别规定的，应依法律的特别规定，如我国《海商法》第二百五十八条规定，海上旅客运输中旅客人身伤害向承运人要求赔偿的诉讼时效期间，从旅客离船或应当离船之日起算。

四、特殊情况下诉讼时效期间的计算

（一）诉讼时效的中止

诉讼时效的中止，是指在诉讼时效进行中，因法定事由的发生而使权利人无法行使请求权，则暂时停止计算诉讼时效期间。

《民法通则》第一百三十九条规定：“在诉讼时效期间的最后六个月内，因不可抗力或者其他障碍不能行使请求权的，诉讼时效中止。从中止时效的原因消除之日起，诉讼时效期间继续计算。”

根据上述法律规定，在同时具备以下两个条件时，诉讼时效中止：

（1）有法定的中止诉讼时效的事由。中止时效的事由有不可抗力和其他障碍两种情况。

（2）法定的中止事由发生在诉讼时效期间的最后六个月内。

发生诉讼时效中止后，应当暂停计算诉讼时效期间。中止诉讼时效的法定事由消除后，应当继续计算以前的诉讼时效期间至届满为止。

（二）诉讼时效的中断

诉讼时效的中断，是指在诉讼时效进行中，因法定事由的发生致使已经进行的诉讼时效期间全部归于无效，诉讼时效期间重新计算。

《民法通则》第一百四十条规定："诉讼时效因提起诉讼、当事人一方提出要求或者同意履行义务而中断。从中断时起，诉讼时效期间重新计算。"

根据上述法律规定，发生下列情况可以引起诉讼时效的中断：一是提起诉讼；二是权利人提出权利要求；三是义务人同意履行义务。

诉讼时效中断的事由发生后，以前已经进行的诉讼时效全部归于无效，诉讼时效重新计算。而且，在新的诉讼时效期间内，可因上述几种法定事由的再次出现而导致诉讼时效再次中断。

？小思考

诉讼时效的中止与诉讼时效的中断有何区别？

（三）诉讼时效的延长

诉讼时效的延长，是指权利人确有正当理由未在诉讼时效期间内行使权利，经人民法院审查后，将法定时效期间予以延长。

关于哪些情况属于人民法院可以延长诉讼时效的特殊情况，以及诉讼时效期间究竟延长多长时间，法律未作规定。在司法实践中，人民法院拥有较大的自由裁量权。

案例分析

1. 甲公司与乙公司系业务联系较紧密的两家公司，在多个领域有合作关系，乙公司也多次为甲公司向银行融资提供过担保，担保手续均由乙公司办公室主任亲自办理。某日甲公司又向银行借款，并向银行表示由乙公司提供担保。银行按照惯常做法，将借款担保合同交乙公司办公室主任，该主任在合同上担保人处盖章，合同盖章后，即交银行存档。后因甲公司未能按期偿还借款，银行要求乙公司承担担保责任，乙公司拒绝承担担保责任，并提出担保合同无效抗辩，理由是：乙公司办公室主任盖章前一周已因个人问题被免职，盖章当日该主任只是在办公室整理、交接文件，已不能代表乙公司为甲公司提供担保。

问：乙公司是否应承担担保责任？为什么？

2. 某装饰公司与某建筑公司于 2005 年 4 月 6 日签订了一份门窗加工合同，由装饰公司为建筑公司加工塑钢门窗。合同约定，按工程实际用量结算；结算方式为安装完毕后一次性结清。合同签订后，装饰公司按合同约定为建筑公司安装了门窗。安装完毕后，双方进行了结算，2005 年 11 月 23 日建筑公司物资部人员在结算表上盖章，建筑公司认可欠装饰公司门窗加工费 13 896 元。2008 年 7 月 18 日装饰公司诉至法院，要求被告建筑公司给付加工费。被告建筑公司以原告装饰公司起诉已经超过了两年的诉讼时效进行抗辩，不同意原告装饰公司的诉讼请求。原告装饰公司为证明诉讼时效已中断，提交了北京某律师事务所于 2007 年 11 月 15 日给被告建筑公司邮寄的北京邮政同城快件，该快件中未有邮政部门盖章，亦未有收件人签字或签章，该快件在业务说明中载明“邮件的交寄确认以邮件进入邮政系统后产生的信息为准（通过短信告知，或登录 bj183 网站获知）”。经法院在 bj183 网站查询，未有该快件信息，被告建筑公司亦否认收到了该快件。

问：法院应否支持原告装饰公司的诉讼请求？请从诉讼时效角度予以分析。

第二章　连锁经营法律制度概述

引　言

作为市场主体的连锁企业，在从事连锁经营过程中必须了解我国宪法指导下的法律体系的基本框架，熟悉我国与连锁经营相关的具体法律、法规。与连锁经营相关的法律制度涉及民商法、经济法、刑法、行政法、诉讼法等各个法律部门，从法律渊源来看，包括法律、行政法规、地方性法规和部门及地方性规章等。

学习目标

- ◆ 了解连锁经营的概念
- ◆ 了解连锁经营的形式
- ◆ 了解与连锁经营相关的重要法律、法规

第一节　连锁经营概述

案例导读

2011年10月，刘某在网上看到了北京三邦公司的招商加盟广告，加盟销售的产品为“护眼郎”系列产品。经过了解和考察，刘某与三邦公司签订了正式合同。

合同约定：乙方（即刘某）按本协议约定成为甲方（即三邦公司）的地区合作商，在浙江省宁波市范围内，独家负责甲方产品在当地营销终端的建设和终端物流仓储、销售运营、售后服务、广告公关等工作；甲方授权乙方经销的产品为“护眼郎”系列产品；甲方授权乙方在协议规定的区域和时间内独家使用“护眼郎”的商号和商标（包括图形）以及其他经营标识；乙方按甲方确定的标准，缴纳营销管理费3.38万元；甲方提供1万元的铺底货物；作为对合作伙伴的支持，乙方按甲方完成进货任务量返利；协议期限1年。同时，为配合刘某向工商部门申请营业执照，三邦公司向刘某提供“护眼郎”商标注册申请受理通知书、授权刘某为“护眼郎”学生视力健康服务中心浙江省宁波市特许代理商的授权书、三邦公司的企业法人营业执照等证件。

协议签订后，刘某向三邦公司支付了营销管理费3.38万元。三邦公司根据合同约定向刘某发来价值1万元的眼膏、眼贴等产品，并配送视力灯箱、授权铜牌、近视治疗仪等设备，随后派员对刘某聘用的员工进行了业务培训。2011年11月中旬，刘某持三邦公司提供的相关证件向工商部门申领营业执照，工商部门以“护眼郎”不是注册商标和商号为由对刘某的营业申请不予审批。

刘某见无法实现合同的目的，便起诉到法院，要求解除合同，同时要求三邦公司退还加盟费并赔偿自己相应的损失。

资料来源：http：//www.66law.cn/domainblog/18090.aspx。

一、连锁经营的概念

所谓连锁经营是指经营同类商品，使用统一商号的若干门店，在同一总部的管理下，采取统一采购或授予经营权等方式，实现规模经济效益的一种经营组织形式。连锁店应由总部、配送中心和门店构成。总部是连锁店经营管理的核心，必须具备以下职能：采购配送、财务管理、质量管理、经营指导、市场调研、商品开发、促销策划、教育培训等。配送中心是连锁店的物流机构，承担着各门店所需商品的库存、分货、集配、运输、送货等任务。门店是连锁店的基础，主要职责是按照总部的指示和服务规范的要求，承担日常销售活动。

二、连锁经营的基本特征

（1）连锁经营是一种授权人与被授权人之间的合同关系，也就是说，授权人与被授权人的关系是依赖于双方合同而存在和维系的。

(2) 连锁经营中授权人与被授权人之间不存在有形资产关系，而是相互独立的法律主体，由各自独立承担对外的法律责任。

(3) 授权人对双方合同涉及的授权事项拥有所有权及（或）专用权，而被授权人通过合同获得使用权（或利用权）及基于该使用权的收益权。

(4) 连锁经营中的授权是指包括知识产权在内的无形资产使用权（或利用），而非有形资产或其使用权。

(5) 被授权人有根据双方合同向授权人交纳费用的义务。

(6) 被授权人应维护授权人在合同中所要求的统一性。

小思考

从连锁经营的基本特征来看，你认为授权人与被授权人之间是一种什么样的法律关系？

三、连锁经营的类型

连锁经营主要有直营连锁、(特许) 加盟连锁和自由连锁三种类型。

(一) 直营连锁 (RC，Regular Chain)

即总公司直接经营的连锁店，即由公司本部直接经营投资管理各个零售点的经营形态，此连锁形态并无加盟店的存在。总部采取纵深式的管理方式，直接下令掌管所有的零售点，零售点也毫无疑问地必须完全接受总部的指挥。直营连锁的主要任务在“渠道经营”，意思指透过经营渠道的拓展从消费者手中获取利润。因此直营连锁实际上是一种“管理产业”。直营连锁的特点可以归结为所有权与经营权的集中统一。

(二) (特许) 加盟连锁 (FC，Franchise Chain)

由拥有技术和管理经验的总部，指导传授加盟店各项经营的技术经验，并收取一定比例的权利金及指导费，此种契约关系即为特许加盟。特许加盟总部必须拥有一套完整有效的运作技术优势，从而转移指导，让加盟店能很快地运作，同时从中获取利益，加盟网络才能日益壮大。因此，经营技术如何传承，则是特许加盟的关键所在。特许加盟连锁是总部和加盟店之间靠合同契约结合起来的一种形式。加盟连锁的特点是投资少、扩张快，对于加盟店则可以降低风险、降低投资失败率。

(三) 自由连锁 (VC，Voluntary Chain)

又称自由加盟，商店自愿加入连锁体系。由于商店原已存在，而非加盟店在开店伊始就由连锁总公司辅导创立，所以在名称上自应有别于加盟店。自愿加盟体系中，商品所有权是属于分店所有，而运作技术及商店品牌则归总部持有。所以自愿加盟体系的运作虽维系在各个加盟店对“命运共同体”认同所产生的团结力量上，但同时也兼顾“命运共同体”合作发展的前提，同时保持对分店自主性运作。所以自愿加盟实际可称为“思想的产业”，即着重于二者间的沟通，以达到观念一致为首要合作目标。自由连锁是由一个总部和多个分店结合而成的经济事业体，各分店是独立法人，只是在部分业务范围内合作经营。自由连锁的特点是分店的所有权、经营权和财务核算都是独立的。

小思考

连锁经营的三种类型中，哪种类型的门店和总公司联系最紧密？

第二节　我国连锁经营的立法概况

市场经济是法制经济，任何市场经济的主体在参与市场经济活动中都必须遵守市场的规则，即必须严格按照法律、法规进行。一旦市场经济主体活动脱离了法律的约束，市场的秩序将陷入混乱。连锁经营是市场经济发展到一定阶段的产物，采用连锁经营方式的企业，在生产经营活动中的投资、贷款、合同、商标、专利、产品质量、工商登记、纳税等方面都离不开市场经济的健康运行。因此，了解法律的具体规定就显得非常重要。

在我国，宪法是根本大法，具有最高的法律效力。目前，我国的法律体系是在宪法的指导下，划分为若干个法律部门，主要包括民商法、经济法、刑法、行政法、诉讼法等。具体来说，我国的法律体系呈现三个层次（见图 2—1），涵盖七个部门（见图 2—2）。

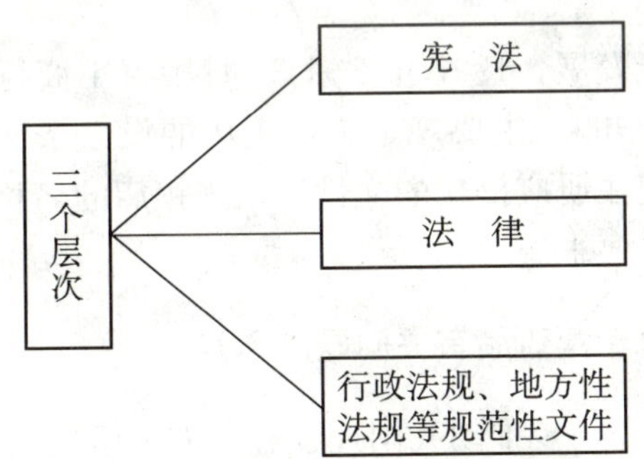

图 2—1　我国法律体系的三个层次

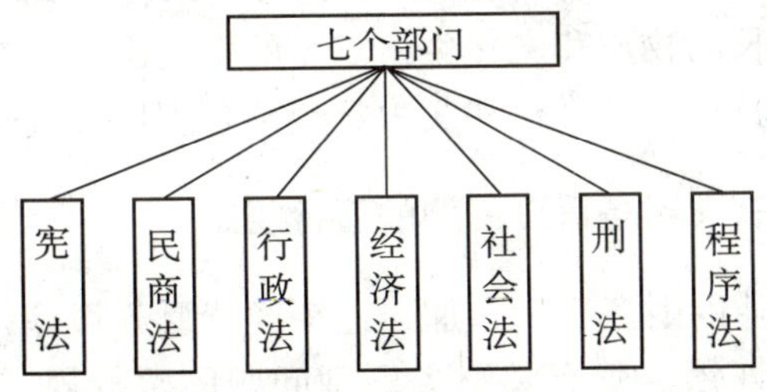

图 2—2　我国法律体系的七个部门

阅读材料

法律体系

法律体系，法学中有时也称为“法的体系”，通常是指一个国家全部现行法律规范分类组合为不同的法律部门而形成的有机联系的统一整体。简单地说，法律体系就是部门法体系。部门法，又称法律部门，是根据一定标准、原则所制定的同类规范的总称。

其中，与连锁经营相关的法律法规和规章主要涉及以下几方面：

一、连锁经营管理相关的法律法规

（一）《连锁店经营管理规范意见》

《连锁店经营管理规范意见》于1997年3月27日由当时的国内贸易部颁布施行，其中明确了连锁店指经营同类商品、使用统一商号的若干门店，在同一总部的管理下，采取统一采购或授予特许权等方式，实现规模效益的经营组织形式。同时规定了连锁店由总部、门店和配送中心构成，连锁店应由10个以上门店组成，实行规范化管理，必须做到统一采购配送商品、统一经营管理规范、采购同销售分离。全部商品均应通过总部统一采购，部分商品可根据物流合理和保质保鲜原则由供应商直接送货到门店，其余均由总部统一配送。确认了连锁店的直营连锁、自愿连锁、特许连锁三种形式。《连锁店经营管理规范意见》是最早的专门规范和明确连锁经营的规范性文件，为连锁经营的有序、健康发展提供了有力的法律保障。

（二）《关于连锁店登记管理有关问题的通知》

为了促进连锁店的健康发展，1997年5月30日国家工商行政管理局颁发了《关于连锁店登记管理有关问题的通知》，主要规定了连锁店的设立条件、连锁的形式、连锁店的登记注册、连锁店申请登记注册应提交的文件以及连锁店的名称等内容，明确了连锁店从事连锁经营活动的合法主体要求。

（三）《关于连锁店经营专营商品有关问题的通知》

1997年6月25日，为进一步推动我国连锁经营的健康发展，扩大经营商品品种范围，更好地体现为民、便民、利民的连锁经营方针，国家相关部委共同发布了《关于连锁店经营专营商品有关问题的通知》。在该通知中要求各地有关部门要从深化流通体制改革、更好地满足人民群众日益增长的物质和文化生活需要的大局出发，在专营商品经营方面积极采取措施，简化手续，对具有一定规模和实力且经营管理比较规范的连锁店予以支持。

（四）《企业连锁经营有关财务管理问题的暂行规定》

为了规范连锁经营企业的财务行为，加强连锁经营财务管理，促进连锁经营的健康发展，财政部制定了《企业连锁经营有关财务管理问题的暂行规定》，并于1997年9月29日印发。该规定共五章26条，比较详细地规定了连锁企业的财务管理应遵循的要求以及对直营连锁、特许连锁和自愿连锁的财务管理的具体规定。

（五）《关于连锁经营企业增值税纳税地点问题的通知》

为支持连锁经营的发展，根据《增值税暂行条例》第二十二条的有关规定，1997 年 11 月 11 日，财政部和国家税务总局对连锁经营企业实行统一缴纳增值税的有关问题作了明确的规定。《关于连锁经营企业增值税纳税地点问题的通知》中规定，对跨地区经营的直营连锁企业，即连锁店的门店均由总部全资或控股开设，在总部领导下统一经营的连锁企业，凡按照《连锁店经营管理规范意见》的要求，采取微机联网，实行统一采购配送商品、统一核算、统一规范化管理和经营，符合有关条件的，可对总店和分店实行由总店向其所在地主管税务机关统一申报缴纳增值税。

（六）《关于促进和规范音像制品连锁经营的通知》

2001 年 5 月 30 日，文化部针对当时上海、北京等地音像连锁经营发展迅速，为了进一步促进和规范音像连锁经营的发展，颁布了《关于促进和规范音像制品连锁经营的通知》。该通知中提出发展音像制品连锁经营是深化音像流通体制改革、促进音像市场结构调整的重要措施。各地音像市场行政管理部门要对当地音像市场发展的总量、布局和结构进行总体规划，特别要对大中城市音像制品连锁经营的数量和布局进行合理规划，既要防止独家垄断，又要避免恶性竞争，积极扶持信誉好、实力强、管理规范的单位开展音像制品连锁经营业务。对于申请从事音像制品直营连锁经营业务，明确应当具备六个具体的条件。同时，要求连锁门店要严格遵守国家有关法律法规，接受当地音像市场行政管理部门的日常监督管理，如有违法经营行为，由当地县级以上音像市场行政管理部门依法处罚，并将处罚结果报连锁店总部发证部门备案。

（七）《关于促进连锁经营发展的若干意见》

2002 年 9 月 27 日颁布了由国务院体改办和国家经贸委制定的《关于促进连锁经营发展的若干意见》。该意见提出连锁经营已成为当今商品流通业中最具活力的经营方式，在我国零售业、餐饮业等服务行业中普遍应用。但是由于发展时间短，我国连锁经营的总体水平仍然较低，突出表现是企业规模偏小、规范化程度不高。为了适应我国加入世贸组织后更加激烈的市场竞争，不断提高流通产业的组织化程度和现代化水平，引导消费和规范市场经济秩序，必须采取切实有效的措施促进连锁经营的发展，并从“充分认识促进连锁经营发展的重要意义、采取切实措施促进连锁经营发展、为发展连锁经营创造良好的外部环境、切实加强对发展连锁经营工作的领导”四个方面提出了意见。

二、特许经营相关的法律法规

（一）《商业特许经营管理条例》

《商业特许经营管理条例》于 2007 年 2 月 6 日公布，同年 5 月 1 日正式实施。该条例是中国特许经营领域的第一部专门法规，其实施标志着商业特许经营的发展步入了法制化、规范化的轨道，也成为推动中国特许经营领域变革和发展的外在动力。该条例在认真总结国内实践的基础上，借鉴和采纳了国外的有益做法，确立了一系列新法律制度，主要包括：一是明确了特许人的资质条件；二是备案制度；三是信息披露制度；四是处罚制度；五是举报制度和公告制度。

（二）《商业特许经营备案管理办法》

为加强对商业特许经营活动的管理，规范特许经营市场秩序，根据《商业特许经营管理条例》的有关规定，2007 年 4 月 30 日商务部发布了《商业特许经营备案管理办法》。2011 年 11 月 7 日，修订后的《商业特许经营备案管理办法》经商务部第 56 次部务会议审议通过，自 2012 年 2 月 1 日起施行。该办法规定在中华人民共和国境内从事商业特许经营活动适用本办法。商务部及省、自治区、直辖市人民政府商务主管部门是商业特许经营的备案机关。在省、自治区、直辖市范围内从事商业特许经营活动的，向特许人所在地省、自治区、直辖市人民政府商务主管部门备案；跨省、自治区、直辖市范围从事特许经营活动的，向商务部备案。商业特许经营实行全国联网备案。符合《商业特许经营管理条例》规定的特许人，依据本办法规定通过商务部设立的商业特许经营信息管理系统进行备案。同时还规定了申请备案的特许人应当向备案机关提交的具体材料以及对未按照《商业特许经营管理条例》和本办法的规定办理备案的处罚。

（三）《商业特许经营信息披露管理办法》

《商业特许经营信息披露管理办法》于 2007 年 4 月 30 日颁布，自 2007 年 5 月 1 日起施行。修订后的《商业特许经营信息披露管理办法》于 2012 年 1 月 18 日商务部第 60 次部务会议审议通过，自 2012 年 4 月 1 日起施行。信息披露制度是指，特许人根据《商业特许经营管理条例》的要求，将有关信息在规定的时间内向被特许人进行披露。特许人的信息披露对于保证被特许人及时、全面、准确地了解、掌握有关情况，在充分占有信息的基础上作出适当的投资决策，防止上当受骗非常关键。《商业特许经营信息披露管理办法》在《商业特许经营管理条例》规定的基础上，对有关问题进行了细化，对《商业特许经营条例》中规定的 11 项信息披露的每一项内容都进行了分解，对所包含的内容进行了详细说明，如规定了有些信息必须用文字说明、所有数据要提供测算依据等，提高了信息披露的可操作性。同时，借鉴国际通行的做法，出于对特许人的保护，《商业特许经营信息披露管理办法》增加了有关特许人关联公司的信息披露的内容和对特许人商业秘密保护的内容。

三、连锁经营知识产权相关的法律法规

连锁经营的本质是通过无形资产的重复利用实现企业的低成本扩张，通过科学的管理来实现规模效应。而知识产权是连锁经营体系中的核心要素。因此，连锁经营企业应当将知识产权的开发和保护作为企业发展的基本战略，建立系统的知识产权体系，正确运用知识产权，提高连锁经营企业的竞争力。

（一）《中华人民共和国商标法》

1982 年 8 月 23 日第五届全国人民代表大会常务委员会第二十四次会议通过，自 1983

年3月1日起施行。1993年2月22日第一次修正，2001年10月27日第二次修正。

(二)《中华人民共和国商标法实施条例》

2002年8月3日国务院令第358号公布，自2002年9月15日起施行。

(三)《中华人民共和国专利法》

1984年3月12日第六届全国人民代表大会常务委员会第四次会议通过，自1985年4月1日起施行。1992年9月4日第一次修正，2000年8月25日第二次修正，2008年12月27日第三次修正。

(四)《中华人民共和国专利法实施细则》

2001年6月15日中华人民共和国国务院令第306号公布，自2001年7月1日起施行。2002年12月28日第一次修订，2010年1月9日第二次修订。

(五)《中华人民共和国著作权法》

1990年9月7日第七届全国人民代表大会常务委员会第十五次会议通过，自1991年6月1日起施行。2001年10月27日进行了修正。

(六)《中华人民共和国著作权法实施条例》

2002年8月2日国务院令第359号公布，自2002年9月15日起施行。

四、连锁经营活动相关的法律法规

随着市场经济的发展，企业之间的竞争日益激烈。面对这样的市场环境，要求企业增强法律意识和风险意识。连锁经营企业必须遵守法律，强调依法治企。连锁经营企业作为市场活动的主体，在其经营活动过程中，主要涉及以下法律法规：

(一)《中华人民共和国民法通则》

1986年4月12日第六届全国人民代表大会第四次会议通过，自1987年1月1日起施行。于2009年8月27日修正。

(二)《最高人民法院关于贯彻执行〈中华人民共和国民法通则〉若干问题的意见（试行)》

1988年1月26日最高人民法院审判委员会讨论通过《最高人民法院关于贯彻执行〈中华人民共和国民法通则〉若干问题的意见（试行)》。1988年4月2日由最高人民法院公布，自1988年4月2日起施行。

(三)《中华人民共和国合同法》

由第九届全国人民代表大会第二次会议于1999年3月15日通过，自1999年10月1日起施行。

（四）《中华人民共和国物权法》

2007 年 3 月 16 日由第十届全国人民代表大会第五次会议通过，自 2007 年 10 月 1 日起施行。

（五）《中华人民共和国公司法》

1993 年 12 月 29 日第八届全国人民代表大会常务委员会第五次会议通过，1999 年 12 月 25 日第一次修正，2004 年 8 月 28 日第二次修正，2005 年 10 月 27 日第十届全国人民代表大会常务委员会第十八次会议修订。

（六）《中华人民共和国反不正当竞争法》

1993 年 9 月 2 日由第八届全国人民代表大会常务委员会第三次会议通过，自 1993 年 12 月 1 日起施行。

（七）《中华人民共和国产品质量法》

1993 年 2 月 22 日第七届全国人民代表大会常务委员会第三十次会议通过，根据 2000 年 7 月 8 日第九届全国人民代表大会常务委员会第十六次会议《关于修改〈中华人民共和国产品质量法〉的决定》第一次修正，根据 2009 年 8 月 27 日第十一届全国人民代表大会常务委员会第十次会议《关于修改部分法律的决定》第二次修正。

（八）《中华人民共和国食品安全法》

2009 年 2 月 28 日由第十一届全国人民代表大会常务委员会第七次会议通过，自 2009 年 6 月 1 日起施行。

（九）《中华人民共和国消费者权益保护法》

1993 年 10 月 31 日第八届全国人民代表大会常务委员会第四次会议通过，自 1994 年 1 月 1 日起施行。根据 2009 年 8 月 27 日第十一届全国人民代表大会常务委员会第十次会议《关于修改部分法律的决定》修正。

实训项目

上网查阅相关资料

◆ 实训目的

通过实训，使学生了解我国目前连锁经营方面的专门法规以及相关的法律法规，了解连锁经营活动过程中纠纷产生的原因及解决途径，为今后合法地进行经营活动以及解决相关纠纷打下基础。

◆ **实训内容**

到相关网站查询相关法律法规，查阅相关案例：

1. 中国连锁经营协会——政策与标准，http：//www.ccfa.org.cn/viewCatalog.do?method=viewCatalog&catalogId=ff80808123602ff10123608a6da00005。

2. 浙江省连锁经营网——政策法规、特许经营，http：//www.zjca.org/web/index.aspx。

根据网站上查阅到的资料，分小组就一个案例的产生原因、纠纷过程、最终解决来谈谈认识。

◆ **方法步骤**

1. 教师介绍相关网站；

2. 学生上网查阅；

3. 学生分小组进行交流讨论，并撰写讨论结果，小组代表发言；

4. 教师进行点评。

专题二

连锁企业运行法律制度

连锁企业作为市场经济的主体，其组织形式基本上采用公司制，公司的运行活动包括公司的设立、变更和终止等。经营者必须熟悉公司设立的条件和公司登记的基本程序，了解公司的组织机构及其相应的职责，了解特许经营的基本规定，以促进企业高速、科学、依法运行。

第三章　公司法

引　言

在经营活动中，连锁经营企业要处理总部与门店、供应商、物流商及消费者之间的各种关系，而公司已经成为重要的企业形式存在于市场体制中，连锁经营企业也多以公司形式出现，所以明确公司法的相关法律规定，了解规范公司组织及行为的相关法律法规，有助于厘清连锁企业经营活动中各主体之间的关系，明确各主体之间的权利和义务，做到合法经营。

学习目标

- 掌握公司章程的相关内容
- 掌握有限责任公司的设立条件、设立程序、组织机构的设置及相关职能
- 了解一人有限公司的设立条件
- 掌握股份有限公司的设立条件、设立程序、组织机构的设置及相关职能

第一节　公司法概述

案例导读

甲、乙、丙、丁、戊拟共同组建一有限责任性质的饮料公司。注册资本200万元，其中甲、乙各以货币60万元出资；丙以实物出资，经评估机构评估为20万元；丁以其专利技术出资，作价50万元；戊以劳务出资，经全体出资人同意作价10万元。公司拟不设董事会，由甲任执行董事；不设监事会，由丙任监事。

饮料公司成立后经营一直不景气，尚欠A银行贷款100万元未还。经股东会决议，决定把饮料公司唯一盈利的保健品车间分出去，另成立为具有独立法人资格的保健品厂。后饮料公司增资扩股，乙将其股份转让给B公司。一年后，保健品厂也出现严重亏损，资不抵债，其中欠C公司贷款达400万元。

问：

1. 饮料公司组建过程中，各股东的出资是否存在不符合《公司法》的规定之处？为什么？

2. 饮料公司的组织机构设置是否符合《公司法》的规定？为什么？

3. 饮料公司设立保健品厂的行为在《公司法》上属于什么性质的行为？设立后，饮料公司原有的债权债务应如何承担？

4. 乙转让股份时应遵循股份转让的何种规则？

一、公司的概念、特征与种类

（一）公司的概念

公司是依法定程序设立，以营利为目的的社团法人。我国《公司法》规定，公司是企业法人，有独立的法人财产，享有法人财产权。法人是与自然人并列的一类民商事主体，具有独立的主体性资格，具有法律主体所要求的权利能力与行为能力，能够以自己的名义从事民商事活动并以其自己的财产对公司的债务承担责任。

根据《公司法》的规定，公司包括有限责任公司和股份有限公司两种类型。有限责任公司的股东以其认缴的出资额为限对公司承担责任；股份有限公司的股东以其认购的股份为限对公司承担责任。

（二）公司的特征

1. 社团性

即公司是由两个以上的成员集合而成，属于社团法人，而不是财团法人。但一人公司的确立在一定程度上突破了这一特征。

2. 法人性

即公司以其独立的公司财产为基础，具有独立的法律人格。这里所指的独立的公司财产，一般由公司股东出资形成。公司的法人性要求公司具备法人的四个基本条件。

3. 营利性

即公司设立及开展的生产经营活动都必须有明确的营利性目的，这是公司区别于其他公益法人、国家机关等社会组织的表现。

(三) 公司的种类

各国的公司种类繁多。依照不同的标准，可以有不同的分类。

1. 根据公司的信用基础划分

据此可分为人合公司、资合公司、人合兼资合公司。

(1) 人合公司，是指公司的信用基础在于股东个人财产信用，这意味着股东对公司债务要承担无限责任。无限公司是最典型的人合公司。

(2) 资合公司，是指公司的信用基础在于公司的资产，与股东的资产无涉，这意味着股东对公司债务仅以出资为限承担责任。有限公司、股份公司是典型的资合公司。

(3) 人合兼资合公司，是指公司信用基础兼采股东个人财产信用与公司财产信用。两合公司、股份两合公司属于这类。

2. 根据公司的国籍划分

据此可分本国公司、外国公司。

(1) 本国公司，是在中国境内设立的有限公司与股份公司。

(2) 外国公司，是依照外国法律在中国境外设立的公司。

3. 依据公司的管辖系统划分

据此可分为总公司、分公司。

(1) 总公司，又称本公司，是指依法设立并管辖公司全部组织的、具有企业法人资格的总机构。

(2) 分公司，是总公司的分支机构，在业务、资金、人事等方面受总公司管辖而不具有法人资格的分支机构，分公司并不是一个独立的法人，其民事责任由总公司承担。

4. 根据一个公司对另一个公司的控制与依附关系划分

据此可分为母公司、子公司。

(1) 母公司，是指拥有其他公司一定数额的股份或根据协议，能够控制、支配其他公司的人事、财务、业务等事项的公司。母公司最基本的特征不在于是否持有子公司的股份，而在于是否参与子公司业务经营。

(2) 子公司，是指一定数额的股份被另一公司控制或依照协议被另一公司实际控制、支配的公司。子公司具有独立法人资格，拥有自己所有的财产，自己的公司名称、章程和董事会，对外独立开展业务和承担责任。但涉及公司利益的重大决策或重大人事安排，仍要由母公司决定。《公司法》第十四条第二款规定：“公司可以设立子公司，子公司具有法人资格，依法独立承担民事责任。”

5. 根据股东对公司的责任范围和组织形式划分

据此可分为无限责任公司、两合公司、有限责任公司、股份有限公司、股份两合公司。

(1) 无限责任公司，是指由两个以上的股东组成、全体股东对公司债务负无限连带责任的公司。股东关系具有合伙性，公司组织具有封闭性。我国法律上无这种公司。

(2) 两合公司，是指部分无限责任股东和部分有限责任股东共同组成，对公司债务前者负无限连带责任，后者仅以出资额为限承担责任的公司。我国法律上无这种公司。

(3) 有限责任公司，是指仅以其认缴的出资额为限对公司承担责任，公司以其全部资产对公司债务承担责任的公司。

(4) 股份有限公司，是指由一定以上人数组成、公司全部资本分为等额股份，股东以其所认购的股份为限对公司承担责任，公司以其全部资产对公司的债务承担责任的公司。

(5) 股份两合公司，是指由部分对公司债务负无限连带责任的股东和部分仅以所持股份对公司债务承担有限责任的股东共同组建的公司。我国法律上无这种公司。

(四) 我国公司立法上的几类公司

依照相关法律规定，从组织形式来看，我国只有有限责任公司与股份有限公司两类公司。这两类公司中，又衍生出一些特别的公司类型，如一人公司、国有独资公司、上市公司等。

阅读材料

注册公司费用标准

企业法人（包括具备法人条件的私营企业，不包括外商投资企业，下同）开业注册登记收费，注册资金总额在一千万元以下（含一千万元）的，按注册资金总额的1‰收取；注册资金总额超过一千万元（不含一千万元）的，超过的部分按0.5‰收取；注册资金总额超过一亿元（不含一亿元）的，超过的部分不再收取。开业登记收费最低款额为五十元。

不具备法人条件的企业（包括不具备法人条件的私营企业，下同），企业法人设立不能独立承担民事责任的分支机构，开业注册登记费为三百元。

国家核拨部分经费的事业单位和科技性社会团体从事经营活动或者设立不具备法人条件的企业，开业注册登记费为一百元。

资料来源：http：//www.cngsf.com。

二、公司章程

公司章程是公司所必备的，规定公司名称、宗旨、资本、组织机构等对内对外事务的基本法律文件。设立公司必须订立公司章程，并在公司设立登记时，提交公司登记机关进行登记。公司章程必须采取书面形式，经全体股东同意并签名盖章才能生效。

（一）公司章程的内容

我国《公司法》规定，有限责任公司的公司章程应当记载的内容包括：公司名称和住所；公司经营范围；公司注册资本；公司股东的姓名或名称；股东的出资方式、出资额和出资时间；公司的机构及其产生办法、职权、议事规则；公司法定代表人；股东会会议认为需要规定的其他事项。

我国《公司法》规定，股份有限公司的公司章程应当记载的内容包括：公司名称和住所；公司经营范围；公司设立方式；公司股份总数、每股金额和注册资本；发起人的姓名或者名称、认购的股份数、出资方式和出资时间；董事会的组成、职权和议事规则；公司法定代表人；监事会的组成、职权和议事规则；公司利润分配办法；公司的解散事由和清算办法；公司的通知和公告办法；股东大会会议认为需要规定的其他事项。

（二）公司章程的效力

《公司法》规定，公司章程对公司、股东、董事、监事、高级管理人员具有约束力。

公司章程对公司自身的行为有约束力，主要表现在：第一，公司应当依其章程规定的办法，产生公司组织机构，并按章程规定的权限范围行使职权；第二，公司应当使用公司章程规定的名称，在公司章程确定的经营范围内从事活动；第三，公司依其章程对公司股东负有义务，股东的权利受到公司侵犯时可对公司起诉。

公司章程对股东，不仅包括制定公司章程的股东，而且包括后来加入公司的股东，均有约束力。公司章程对股东的效力主要表现为股东依章程规定享有权利和承担义务。

公司章程对董事、监事和高级管理人员有约束力，主要表现为：公司的董事、监事、高级管理人员应当遵守公司章程，依照法律和公司章程的规定行使职权；若董事、监事、高级管理人员的行为超出公司章程赋予的职权范围，应对公司承担责任。

（三）公司章程的变更

公司章程所记载的事项。只要确属必要，均可变更。但公司章程在变更时不得损害股东利益，不得损害债权人利益。

我国《公司法》规定，修改公司章程必须由股东会或股东大会表决通过。有限责任公司修改公司章程的决议，必须经代表三分之二以上表决权的股东通过；股份有限公司修改公司章程的决议，必须经出席股东大会的股东所持表决权的三分之二以上通过。公司章程变更后，公司董事会应向工商行政管理机关申请变更登记。

小思考

1. 公司章程的重要内容是什么？
2. 修改公司章程的基本程序是什么？

第二节　有限责任公司

案例导读

2010年2月8日，甲、乙、丙、丁共同出资设立了一家有限责任公司（以下简称公司）。公司未设董事会，仅由丙任执行董事。2010年6月8日，甲与戊订立合同，约定将其所持有的全部股权以20万元的价格转让给戊。甲于同日分别向乙、丙、丁发出拟转让股权给戊的通知书。乙、丙分别于同年6月20日和24日回复，均要求在同等条件下优先购买甲所持公司全部股权。丁于同年6月9日收到甲的通知后，至7月15日未就此项股权转让事项作出任何答复。戊在对公司进行调查的过程中发现，乙在公司设立时以机器设备折合30万元用于出资，而该机器设备当时的实际价值仅为10万元。公司股东会于2011年2月就2010年度利润分配作出决议，决定将公司在该年度获得的可分配利润68万元全部用于分红，并在同年4月底之前实施完毕。至2011年7月底丁尚未收到上述分红利润，在没有告知公司任何机构和人员的情况下，丁直接向人民法院提起诉讼，要求实施分红决议。

资料来源：http：//blog. sina. com. cn/s/blog _ 485113ac0100d42w. html。

问：

1. 丁未对甲股权转让事项作答复将产生何种法律效果？并说明理由。
2. 乙、丙均要求在同等条件下优先受让甲所持公司全部股权，应当如何处理？
3. 如果乙出资不实的行为属实，应当如何处理？
4. 丁直接向人民法院提起诉讼的行为是否符合法律程序？并说明理由。

有限责任公司是指依公司法设立的，由法律规定的一定人数的股东组成，每个股东以其所认缴的出资额为限对公司承担责任，公司以其全部资产对公司债务承担责任的企业法人。《公司法》第三条规定：公司是企业法人，有独立的法人财产，享有法人财产权。公司以其全部财产对公司的债务承担责任。有限责任公司的股东以其认缴的出资额为限对公司承担责任。

一、设立条件

设立有限责任公司，应当具备下列条件：

（1）股东符合法定人数，即由1～50个股东出资设立。股东可以是自然人、法人或其他经济组织。

（2）股东出资达到法定资本最低限额，有限责任公司注册资本的最低限额为人民币三万元。法律、行政法规对有限责任公司注册资本的最低限额有较高规定的，从其规定。有限责任公司的注册资本为在公司登记机关登记的全体股东认缴的出资额。公司全体股东的首次出资额不得低于注册资本的百分之二十，也不得低于法定的注册资本最低限额，其余部分由股东自公司成立之日起两年内缴足；其中，投资公司可以在五年内缴足。股东可以用货币出资，也可以用实物、知识产权、土地使用权等可以用货币估价并可以依法转让的非货币财产作价出资；但是法律、行政法规规定不得作为出资的财产除外。

（3）股东共同制定公司章程。公司章程是指公司必须具备的由发起设立公司的投资者制定的，并对公司、股东、董事、监事及公司的高级管理人员具有约束力的调整公司内部组织关系和经营行为的自治规则。公司章程有公司基本法或公司宪法之称。股东应当在公司章程上签名、盖章。

（4）有符合法律规定的公司名称，建立符合有限责任公司要求的组织机构。

（5）有公司住所。

小思考

甲和乙设立了某有限责任公司，其中甲出资现金 20 万元，乙出资价值 40 万元的设备。公司设立登记后，在经营过程中发现乙的设备价值只有 30 万元。下面关于该有限责任公司的成立时间表述正确的是（　　）。

A. 股东达成设立公司合意时

B. 经有关部门批准同意时

C. 公司营业执照签发时

D. 乙补缴出资并获得公司登记机关确认时

二、设立程序

有限责任公司作为一种封闭式的公司，其设立只能是发起设立。根据《公司法》第二章及其他有关规定，有限责任公司的设立主要经过以下程序：

（1）发起人发起并签订设立协议（发起人协议）。

（2）草拟章程。

（3）申请名称预先核准。

（4）设立审批。法律、行政法规规定设立公司必须报经批准的，应当在公司登记前依法办理批准手续。

（5）缴纳出资。股东应当按期足额缴纳公司章程中规定的各自所认缴的出资额。股东以货币出资的，应当将货币出资足额存入有限责任公司在银行开设的账户；以非货币财产出资的，应当依法办理其财产权的转移手续（申请登记前）。股东不按照前款规定缴纳出资的，除应当向公司足额缴纳外，还应当向已按期足额缴纳出资的股东承担违约责任。

（6）验资。验资机构一般为：注册会计师事务所、审计事务所。

（7）确立公司组织机构。公司机构包括股东会、董事会、监事会。

（8）申请登记。

（9）登记发照。依法设立的公司，由公司登记机关发给《企业法人营业执照》。公司营业执照签发日期为公司成立日期。

三、组织机构

我国《公司法》对有限责任公司组织机构的设置做了灵活性的规定：一般的有限责任公司，其组织机构为股东会、董事会和监事会；股东人数较少和规模较小的有限责任公司，其组织机构可以为股东会、执行董事和监事；一人有限责任公司不设股东会。

（一）股东会

股东会由全体股东组成。股东会是公司的权力机构，依法行使职权。

股东会行使下列职权：决定公司的经营方针和投资计划；选举和更换非由职工代表担任的董事、监事，决定有关董事、监事的报酬事项；审议批准董事会的报告；审议批准监事会或者监事的报告；审议批准公司的年度财务预算方案、决算方案；审议批准公司的利润分配方案和弥补亏损方案；对公司增加或者减少注册资本作出决议；对发行公司债券作出决议；对公司合并、分立、解散、清算或者变更公司形式作出决议；修改公司章程；公司章程规定的其他职权。

股东会作出决议原则上采取召集会议的方式。但对所列事项股东以书面形式一致表示同意的，可以不召开股东会会议，直接作出决定，并由全体股东在决定文件上签名、盖章。

首次股东会会议由出资最多的股东召集和主持。此后，有限责任公司设立董事会的，股东会会议由董事会召集，董事长主持；董事长不能履行职务或者不履行职务的，由副董事长主持；副董事长不能履行职务或者不履行职务的，由半数以上董事共同推举一名董事主持。有限责任公司不设董事会的，股东会会议由执行董事召集和主持。董事会或者执行董事不能履行或者不履行召集股东会会议职责的，由监事会或者不设监事会的公司的监事召集和主持；监事会或者监事不召集和主持的，代表十分之一以上表决权的股东可以自行召集和主持。

股东会会议分为定期会议和临时会议。定期会议应当依照公司章程的规定按时召开。代表十分之一以上表决权的股东，三分之一以上的董事，监事会或者不设监事会的公司的监事提议召开临时会议的，应当召开临时会议。

股东会会议由股东按照出资比例行使表决权。但是公司章程另有规定的除外。股东会的议事方式和表决程序，除公司法有规定的外，由公司章程规定。股东会会议作出修改公司章程、增加或者减少注册资本的决议，以及公司合并、分立、解散或者变更公司形式的决议，必须经代表三分之二以上表决权的股东通过。

股东会的会议召集程序、表决方式违反法律、行政法规或者公司章程，或者决议内容违反公司章程的，股东可以自决议作出之日起六十日内，请求人民法院撤销。

（二）董事会

董事会是有限责任公司的业务执行机关，享有业务执行权和日常经营的决策权。它是一般有限责任公司的必设机关和常设机关。

有限责任公司设董事会，由董事三人至十三人组成。股东人数较少或者规模较小的有限责任公司，可以设一名执行董事，不设董事会；执行董事兼具了一般有限责任公司董事会、董事长的身份。

两个以上国有企业或者两个以上其他国有投资主体投资设立的有限责任公司，董事会成员中应当有公司职工代表；其他有限责任公司董事会成员中可以有公司职工代表。董事会中的职工代表由公司职工通过职工代表大会、职工大会或者其他形式民主选举产生。

董事会设董事长一人，可以设副董事长。董事长、副董事长的产生办法由公司章程规定。公司法未规定董事长的职责，一般而言，董事长的职权有：主持股东会会议，召集和主持董事会会议；检查董事会决议的实施情况；对外代表公司；设立分公司时，向公司登记机关申请登记，领取营业执照；公司章程规定的其他职权。

董事任期由公司章程规定，但每届任期不得超过三年。董事任期届满，连选可以连任。

董事会对股东会负责，行使下列职权：召集股东会会议，并向股东会报告工作；执行股东会的决议；决定公司的经营计划和投资方案；制定公司的年度财务预算方案、决算方案；制定公司的利润分配方案和弥补亏损方案；制定公司增加或者减少注册资本以及发行公司债券的方案；制定公司合并、分立、解散或者变更公司形式的方案；决定公司内部管理机构的设置；决定聘任或者解聘公司经理及其报酬事项，并根据经理的提名决定聘任或者解聘公司副经理、财务负责人及其报酬事项；制定公司的基本管理制度；公司章程规定的其他职权。

董事会会议由董事长召集和主持；董事长不能履行职务或者不履行职务的，由副董事长召集和主持；副董事长不能履行职务或者不履行职务的，由半数以上董事共同推举一名董事召集和主持。

董事会的议事方式和表决程序，除《公司法》有规定的外，由公司章程规定。董事会应当对所议事项的决定作成会议记录，出席会议的董事应当在会议记录上签名。董事会决议的表决实行一人一票。

董事会的会议召集程序、表决方式违反法律、行政法规或者公司章程，或者决议内容违反公司章程的，股东可以自决议作出之日起六十日内，请求人民法院撤销。

（三）经理

有限责任公司的经理是负责公司日常经营管理工作的高级管理人员。有限责任公司可以设经理，由董事会决定聘任或者解聘。股东人数较少或者规模较小的有限责任公司，未设董事会只设执行董事的，执行董事可以兼任公司经理。经理列席董事会会议。

经理对董事会负责，行使下列职权：主持公司的生产经营管理工作，组织实施董事会决议；组织实施公司年度经营计划和投资方案；拟订公司内部管理机构设置方案；拟订公司的基本管理制度；制定公司的具体规章；提请聘任或者解聘公司副经理、财务负责人；决定聘任或者解聘除应由董事会决定聘任或者解聘以外的负责管理人员；董事会授予的其他职权。公司章程对经理职权另有规定的，从其规定。

（四）监事会

监事会为经营规模较大的有限责任公司的常设监督机关，专司监督职能。有限责任公司设监事会，由不少于三人的监事组成。股东人数较少或者规模较小的有限责任公司，可以设一至两名监事，不设监事会。

监事会应当包括股东代表和适当比例的公司职工代表，其中职工代表的比例不得低于三分之一，具体比例由公司章程规定。监事会中的职工代表由公司职工通过职工代表大会、职工大会或者其他形式民主选举产生。

监事会设主席一人，由全体监事过半数选举产生。监事会主席召集和主持监事会会议；监事会主席不能履行职务或者不履行职务的，由半数以上监事共同推举一名监事召集和主持监事会会议。

监事任期每届三年，任期届满，连选可以连任。董事、高级管理人员不得兼任监事。

监事会、不设监事会的公司的监事行使下列职权：检查公司财务；对董事、高级管理人员执行公司职务的行为进行监督，对违反法律、行政法规、公司章程或者股东会决议的董事、高级管理人员提出罢免的建议；当董事、高级管理人员的行为损害公司利益时，要求董事、高级管理人员予以纠正；提议召开临时股东会会议，在董事会不履行法定的召集和主持股东会会议职责时召集和主持股东会会议；向股东会会议提出提案；依照《公司法》第一百五十二条的规定，对董事、高级管理人员提起诉讼；公司章程规定的其他职权。

监事可以列席董事会会议，并对董事会决议事项提出质询或者建议。监事会、不设监事会的公司的监事发现公司经营情况异常，可以进行调查；必要时，可以聘请会计师事务所等协助其工作，费用由公司承担。

监事会每年度至少召开一次会议，监事可以提议召开临时监事会会议。监事会的议事方式和表决程序，除《公司法》有规定的外，由公司章程规定。监事会决议应当经半数以上监事通过。监事会应当对所议事项的决定作成会议记录，出席会议的监事应当在会议记录上签名。

监事会、不设监事会的公司的监事行使职权所必需的费用，由公司承担。

小思考

1. 有限责任公司的设立条件有哪些？
2. 有限责任公司股东有哪些权利？

四、股权转让

（一）自主转让股权

1. 对内转让

有限责任公司的股东之间可以相互转让其全部或者部分股权。

2. 对外转让

股东向股东以外的人转让股权，应当经其他股东过半数同意。股东应就其股权转让事项书面通知其他股东征求同意，其他股东自接到书面通知之日起满三十日未答复的，视为同意转让。其他股东半数以上不同意转让的，不同意的股东应当购买该转让的股权；不购买的，视为同意转让。

经股东同意转让的股权，在同等条件下，其他股东有优先购买权。两个以上股东主张行使优先购买权的，协商确定各自的购买比例；协商不成的，按照转让时各自的出资比例行使优先购买权。

3. 公司章程对自主转让股权的限制

公司章程对股权转让另有规定的，从其规定。

（二）因强制执行程序转让股权

人民法院依照法律规定的强制执行程序转让股东的股权时，应当通知公司及全体股东，其他股东在同等条件下有优先购买权。其他股东自人民法院通知之日起满二十日不行使优先购买权的，视为放弃优先购买权。

经自主转让股权或者因强制执行程序而转让股权后，公司应当注销原股东的出资证明书，向新股东签发出资证明书，并相应修改公司章程和股东名册中有关股东及其出资额的记载。对公司章程的该项修改不需再由股东会表决。

（三）因股东行使收购请求权而转让股权

《公司法》第七十五条规定，有下列情形之一的，对股东会该项决议投反对票的股东可以请求公司按照合理的价格收购其股权：第一，公司连续五年不向股东分配利润，而公司该五年连续盈利，并且符合本法规定的分配利润条件的；第二，公司合并、分立、转让主要财产的；第三，公司章程规定的营业期限届满或者章程规定的其他解散事由出现，股东会会议通过决议修改章程使公司存续的。自股东会会议决议通过之日起六十日内，股东与公司不能达成股权收购协议的，股东可以自股东会会议决议通过之日起九十日内向人民法院提起诉讼。

（四）自然人股东因继承而转让股权

有限责任公司的自然人股东如果死亡或者被宣告死亡，其合法继承人可以继承股东资格；但是，公司章程另有规定的除外。

如果继承人不愿意取得股东资格，则应通过协商或者评估确定该股东的股权价格，由其他股东受让该股权或由公司收购该股权，继承人取得股权转让款。如果该股东有数个合法继承人，且都愿意继承股东资格，则由该数个继承人通过协商确定各自继承股权的份额。

阅读材料

有限责任公司股权转让程序

1. 聘请律师对目标公司进行尽职调查。应当查清目标公司的股权结构、资产状况、负债状况、欠税情况、或有负债等情况。

2. 出让方和受让方进行实质性的协商和谈判。

3. 召开股东（部分）大会，并形成股东大会决议，按照公司章程规定的程序和表决方法通过并形成书面的股东会决议。

4. 出让方以书面方式征得其他股东过半数同意。其他股东放弃优先购买权。比如通过召开股东会的方式进行表决，并作出放弃优先购买权的声明。

5. 签订正式股权转让协议。

6. 股权变动的目标公司需召开股东大会，并形成新的股东会决议。

7. 目标公司对股权转让的变更记载。包括注销原股东的出资证明书，向新股东签发出资证明书，以及公司章程和股东名册中相应的变更记载。

8. 向工商行政管理部门申请公司变更登记。

资料来源：http：//law. shangdu. com。

小案例

甲公司与乙公司于1999年底投资建立某饭店，共投资150万元，乙公司占50%股权。2000年底，乙公司因公司破产，拟转让股权以抵债务。乙公司先向甲公司出让其拥有的50%股权，作价为100万元，甲公司认为要价太高，不能接受。后乙公司与丙开发公司商议出让股权之事，经反复磋商，达成以原投资额（即75万元）为价转让50%股权的决议，不附加任何条件。双方拟订了股权转让协议，并上报了市政府。甲公司得知此事后，认为乙公司无权以低价向第三者转让出资，并与乙公司和丙开发公司交涉，要求解除转让协议，由自己以同样条件受让乙公司的股权。乙公司认为转让股权事先已征求过甲公司的意见，是在甲公司不能接受的情况下才寻找其他受让人的。转让协议达成后甲公司又要求受让，简直是无理取闹，不能接受。

资料来源：叶朱：《新版公司法实例说》，长沙，湖南人民出版社，2006。

问：本案牵涉哪些法律问题？

五、一人有限公司

一人有限责任公司是指只有一个自然人股东或者一个法人股东的有限责任公司 。一人有限责任公司作为特殊形态的有限责任公司，我国《公司法》认可其公司形态的合法性，同时也作出了相应特殊的规定，主要有：

（一）注册资本及其缴付

《公司法》规定，一人有限责任公司的注册资本最低限额为十万元人民币。同时，一人有限责任公司的股东必须在公司成立时一次足额缴清公司章程规定的全部出资额。

（二）再投资

一方面，一个自然人只能投资设立一个一人有限责任公司，不能投资设立第二个一人有限责任公司；另一方面，由一个自然人投资设立的一人有限责任公司不能作为股东投资设立新的一人有限责任公司。

但上述规定仅适用于自然人设立一人有限责任公司，不适用于法人设立一人有限责任公司。换言之，一个法人可以投资设立两个或两个以上的一人有限责任公司，由一个法人设立的一人有限责任公司可以再投资设立一人有限责任公司。

（三）公司章程

一人有限责任公司章程由股东制定。

（四）公司的组织结构

一人有限责任公司不设股东会。股东作出普通有限责任公司股东会享有职权的决定时，应当采用书面形式，并由股东签名后置备于公司。

一人有限责任公司的其他组织机构，适用普通有限责任公司的规定。

（五）财务会计制度

一人有限责任公司应当在每一会计年度终了时编制财务会计报告，并经会计师事务所审计。这是一人有限责任公司与个人独资企业的显著区别。我国个人独资企业法没有对个人独资企业的会计制度作出这一强制性的要求。

（六）财产混同时的股东连带责任

一人有限责任公司的股东不能证明公司财产独立于股东自己的财产的，即发生公司财产与股东个人财产的混同，股东必须对公司债务承担连带责任，公司的债权人可以将公司与公司股东作为共同债务人进行追索。

除上述六项特殊规定外，一人有限责任公司的设立与运行，遵守《公司法》中关于普通有限责任公司的规定。

阅读材料

原告（某塑料制品厂）与被告（A有限公司）自2008年10月开始发生业务往来，由原告供给被告一系列的塑料制品以供其制造成品。2010年3月—2011年3月，原告供给被告塑料制品共计货款1 000万元。依照合同，被告收到货后陆续向原告支付货款850万元，并用七成新宝马轿车一辆及其他产品共折价人民币70万元以抵货款，余款80万元则一直拖欠未还。2012年3月，原告把被告告上法庭，要求偿还剩余货款并支付违约金。

原告后来了解到，被告前身是公民甲开办的私营独资企业下的一经营部，2006年经工商行政管理部门核准登记为有限责任公司，注册资本50万元，股东共2人，分别是甲和乙。甲、乙系夫妻，2001年结婚，公司股东实际仅甲一人，只是因为找不到合适的投资人，为符合我国《公司法》的规定，顺利将公司注册登记，不得已才让乙挂名做了股东。后甲、乙未能举证证明曾对夫妻财产的分割进行过约定并公示于债权人。由于经营不善，被告此时已资不抵债，根本无法偿还这些欠款及违约金。因此，原告请求判令甲以家庭共有财产偿付所欠货款及违约金。

分析：在新《公司法》出台前，虽然实质上的一人公司大量存在，但我国却未明确允许设立一人公司。因此，过去的实践中，对于夫妻一方挂名的一人公司，司法机关多倾向于否定夫妻公司的法人人格。尤其当夫妻公司利用有限责任规避债务时，法院更愿意揭开公司面纱，要求以股东个人承担无限清偿责任；如果是在婚姻关系存续期间且未明确对外债进行分割的情况下，就要用夫妻共同财产偿还。但根据新《公司法》，除非有公司与股东个人故意混同人格和财产的证据，否则应当承认一人公司的法人性质，确认一人公司独立的法人地位及一人股东对公司债务的有限责任。因此，如果甲能举证证明该一人公司的人格及财产与其个人进行了恰当的分离，应当认定该一人公司的独立法人身份，仅以公司资产偿债。相反，如果甲未能举证，则应否定公司的法人身份，判决甲个人对公司的外债承担连带责任。

第三节　股份有限公司

案例导读

股东与连锁股份有限公司出资纠纷案

原告李某原是湘潭百货大楼职工。2001 年，湘潭百货大楼将湘潭市建设路口华隆大厦租赁给步步高连锁超市有限责任公司经营。2003 年，湘潭百货大楼和华隆大厦作价，与步步高连锁超市有限责任公司合并取得股份。原告按照步步高连锁超市有限责任公司“同意入股”的证明，将 36 000 元的安置费入股，成为步步高连锁超市有限责任公司新股东。原告请求人民法院判令被告步步高连锁超市有限责任公司返还原告股份 36 000 元及股息。

经查：2003 年 11 月 28 日，由三个股东出资，经湘潭市工商行政管理局核准，成立了“湘潭开源商业有限责任公司”。2003 年 12 月 25 日，经湘潭市工商行政管理局核准变更为“步步高商业连锁有限责任公司”。2004 年 10 月 29 日，经国家工商行政管理总局核准该企业名称变更为被告“步步高商业连锁股份有限公司”。

湖南步步高连锁超市有限责任公司在 2004 年 8 月 1 日形成“股东会决议”将该公司按法定程序解散并予以清算注销。该清算组于 2004 年 8 月 7 日、9 月 30 日、10 月 27 日分别在《湘潭日报》刊登公告：“……拟将湖南步步高连锁超市有限责任公司按法定程序予以解散注销，为保护各债权人的合法权益，请各债权人自本公告第一次发布之日起九十日内向本公司清算组申报债权。”2004 年 11 月 30 日，经该公司清算组成员及公司股东签名作出了“清算报告”，“至 2004 年 11 月 30 日止，公司各项债权债务已全部清理完毕，报表数据经清算小组确认无误”。2005 年 3 月 1 日，该公司清算组向工商部门申请注销。2005 年 3 月 17 日，经湘潭市工商行政管理局将湖南步步高连锁超市有限责任公司核准注销，并作出了《注销核准通知书》。

法院认为，原告所签订的“入股协议”是与湖南步步高连锁超市有限责任公司所签，现该公司已注销，而被告步步高商业连锁股份有限公司并非是湖南步步高连锁超市有限责任公司变更而来，原告应当向原湖南步步高连锁超市有限责任公司注销重组后的有关企业或处理该企业注销后的有关善后问题的有关组织主张权利，故原告起诉的被告主体错误，依法应予驳回。

资料来源：http：//www.110.com。

股份有限公司，简称股份公司，是指全部资本分为等额股份，股东以其所持股份为限对公司承担责任，公司以其全部资产对公司的债务承担责任的企业法人。

一、设立条件

设立股份有限公司，应当具备下列条件：

（1）发起人符合法定人数，应当有两人以上两百人以下为发起人，其中须有半数以上的发起人在中国境内有住所。发起人承担公司筹办事务，发起人应当签订发起人协议，明确各自在公司设立过程中的权利和义务。

（2）发起人认购和募集的股本达到法定资本最低限额，最低限额为人民币五百万元。法律、行政法规对股份有限公司注册资本的最低限额有较高规定的，从其规定。股份有限公司采取发起设立方式设立的，注册资本为在公司登记机关登记的全体发起人认购的股本总额。公司全体发起人的首次出资额不得低于注册资本的百分之二十，其余部分由发起人自公司成立之日起两年内缴足；其中，投资公司可以在五年内缴足。在缴足前，不得向他人募集股份。股份有限公司采取募集方式设立的，注册资本为在公司登记机关登记的实收股本总额。

（3）股份发行、筹办事项符合法律规定。

（4）发起人制定公司章程，采用募集方式设立的经创立大会通过。

（5）有公司名称，建立符合股份有限公司要求的组织机构。

（6）有公司住所。

二、设立方式

（一）发起设立

是指由发起人认购公司应发行的全部股份而设立公司。

（二）募集设立

是指由发起人认购公司应发行股份的一部分，其余股份向社会公开募集或者向特定对象募集而设立公司。募集设立是向社会公开募集股份，因而具有较强的资金筹集能力。但这种设立方式的结果是公司的股东数量较多，股权分散化程度提高，流动性加大，因而只适合于资合性较高的股份有限公司。另外，由于募集设立的社会影响较大，法律对其规定了严格而复杂的程序和限制条件，只有按此要求进行募集设立，才能依法成立公司。

三、设立程序

（一）发起设立的程序

1. 发起人认购股份

发起人应当书面认足公司章程规定其认购的股份。认购采用书面形式，载明认股人的姓名或名称、住所、认股数、应交股款金额、出资方式，由认股人填写、签章。认购书一经填妥并签署，即具有法律上的约束力。

2. 发起人缴清股款

发起人在认购股份后，如规定其一次缴纳的，应即缴纳全部出资；分期缴纳的，应即缴纳首期出资。发起人以实物、工业产权、非专利技术或者土地使用权出资的，应当依法估价，并办理财产权转移手续。

3. 选举董事会和监事会

发起人缴纳首期出资后，应当选举董事会和监事会。

4. 申请设立登记

董事会应向公司登记机关申请设立登记，申请时应当提交：公司法定代表人签署的设立登记申请书；董事会指定代表或者共同委托代理人的证明；公司章程；依法设立的验资机构出具的验资证明；发起人首次出资是非货币财产的，应当在公司设立登记时提交已办理其财产权转移手续的证明文件；发起人的主体资格证明或者自然人身份证明；载明公司董事、监事、经理姓名、住所的文件以及有关委派、选举或者聘用的证明；公司法定代表人任职文件和身份证明；企业名称预先核准通知书；公司住所证明；国家工商行政管理总局规定要求提交的其他文件。

法律、行政法规或者国务院决定规定设立股份有限公司必须报经批准的，还应当提交有关批准文件。公司申请登记的经营范围中属于法律、行政法规或者国务院决定规定在登记前须经批准的项目的，应当在申请登记前报经国家有关部门批准，并向公司登记机关提交有关批准文件。

公司登记机关自接到股份有限公司的设立申请之日起三十日内作出是否予以登记的决定。对符合法律规定条件的，发给公司营业执照。公司以营业执照签发日期为公司成立日期。公司成立后，应当进行公告。

（二）募集设立的程序

1. 发起人认购股份

以募集方式设立股份有限公司的，发起人认购的股份不得少于公司应发行股份总数的百分之三十五。法律、行政法规对此另有规定的，从其规定。

2. 公告招股说明书，制作认股书

招股说明书应当附有发起人制定的公司章程，并载明下列事项：发起人认购的股份数；每股的票面金额和发行价格；无记名股票的发行总数；募集资金的用途；认股人的权利和义务；本次募股的起止期限及逾期未募足时认股人可撤回所认股份的说明。

3. 签订承销协议和代收股款协议

发起人就股份承销的方式、数量、起止日期、承销费用的计算与支付等具体事项，与证券公司签订承销协议；发起人就代收和保存股款的具体事宜，与银行签订代收股款协议。

4. 召开创立大会

创立大会通常被认为是股份有限公司募集设立过程中的决议机构。发起人应当在发行股份的股款缴足后三十日内主持召开创立大会。创立大会由发起人、认股人组成。创立大会的职权包括：审议发起人关于公司筹办情况的报告；通过公司章程；选举董事会成员；选举监事会成员；对公司的设立费用进行审核；对发起人用于抵作股款的财产的作价进行审核；发生不可抗力或者经营条件发生重大变化直接影响公司设立的，可以作出不设立公司的决议。创立大会对上述所列事项作出决议，必须经出席会议的认股人所持表决权过半数通过。

5. 设立登记并公告

以募集方式设立的公司在创立大会结束后三十日内，由董事会向公司登记机关即工商行政管理局申请设立登记，并按照公司登记管理条例的规定提交有关文件。提交的文件除与发起设立相同外，还包括创立大会的会议记录；以募集方式设立股份有限公司公开发行股票的，还应当提交国务院证券监督管理机构的核准文件。

（三）公司设立中发起人的责任

发起人是指筹办公司的设立事务、认购公司的股份、进行公司设立行为的人。发起人在公司设立行为过程中，应当签订发起人协议，明确各自在公司设立中的权利和义务。

发起人应当承担下列责任：公司不能成立时，对设立行为所产生的债务和费用负连带责任；公司不能成立时，对认股人已缴纳的股款，负返还并加付同期银行存款利息的义务；在公司设立过程中，因自己的过失使公司利益受到损害的，应当对公司承担赔偿责任；发起人不得虚假出资、抽逃出资。

阅读材料

深圳市民刘某、关某和李某等原是五个私营企业家，他们共同发起设立深华服装股份有限公司，制定了发起人协议和公司章程。该公司注册资本为 1 000 万元，刘某、关某、李某等以私营企业原有的财产作价出资，共认购了 40 万元股份，其余股份向社会公开募集。市民章某等人按照招股说明书认购了部分股份并缴纳了股金。但是，由于公司预期的股份未募足，所以成立大会迟迟没有召开。章某等人见公司成立不起来，便向发起人提出要求退还出资。刘某、关某、李某等人以股票不还本为理由，拒绝了章某等人的要求。章某等人不得不诉至法院，法院经审理认为，刘某、关某、李某等筹备的股份有限公司超过了招股说明书上规定的期限还未募足股份，认股人可以要求发起人返还已缴纳的股金并加算利息。因此判决章某等人胜诉，发起人不仅要退还章某等人已缴纳的股金，还应偿还这些股金相当于银行同期存款的利息。

该案说明：发起人不仅在筹备公司过程中负有特定的义务，在公司不能成立时，还负有善后的义务。

四、组织机构

（一）股东大会

股东大会为股份有限公司必设机关，是股份有限公司最高权力机关。由全体股东组成。

《公司法》关于有限责任公司股东会职权的规定，适用于股份有限公司股东大会。

股东大会应当每年召开一次年会。有下列情形之一的，应当在两个月内召开临时股东大会：董事人数不足《公司法》规定人数或者公司章程所定人数的三分之二时；公司未弥补的亏损达实收股本总额三分之一时；单独或者合计持有公司百分之十以上股份的股东请求时；董事会认为必要时；监事会提议召开时；公司章程规定的其他情形。

股东大会会议由董事会召集，董事长主持；董事长不能履行职务或者不履行职务的，由副董事长主持；副董事长不能履行职务或者不履行职务的，由半数以上董事共同推举一名董事主持。董事会不能履行或者不履行召集股东大会会议职责的，监事会应当及时召集和主持；监事会不召集和主持的，连续九十日以上单独或者合计持有公司百分之十以上股份的股东可以自行召集和主持。

召开股东大会会议，应当将会议召开的时间、地点和审议的事项于会议召开二十日前通知各股东；临时股东大会应当于会议召开十五日前通知各股东；发行无记名股票的，应当于会议召开三十日前公告会议召开的时间、地点和审议事项。单独或者合计持有公司百分之三以上股份的股东，可以在股东大会召开十日前提出临时提案并书面提交董事会；董事会应当在收到提案后二日内通知其他股东，并将该临时提案提交股东大会审议。临时提案的内容应当属于股东大会职权范围，并有明确议题和具体决议事项。股东大会不得对前述通知中未列明的事项作出决议。

无记名股票持有人出席股东大会会议的，应当于会议召开五日前至股东大会闭会时将股票交存于公司。

股东出席股东大会会议，所持每一股份有一表决权。但是，公司持有的本公司股份没有表决权。股东大会作出决议，必须经出席会议的股东所持表决权过半数通过。但是，股东大会作出修改公司章程、增加或者减少注册资本的决议，以及公司合并、分立、解散或者变更公司形式的决议，必须经出席会议的股东所持表决权的三分之二以上通过。

《公司法》和公司章程规定公司转让、受让重大资产或者对外提供担保等事项必须经股东大会作出决议的，董事会应当及时召集股东大会会议，由股东大会进行表决。

股东可以委托代理人出席股东大会会议，代理人应当向公司提交股东授权委托书，并在授权范围内行使表决权。

股东大会应当对所议事项的决定作成会议记录，主持人、出席会议的董事应当在会议记录上签名。会议记录应当与出席股东的签名册及代理出席的委托书一并保存。

股东大会的会议召集程序、表决方式违反法律、行政法规或者公司章程，或者决议内容违反公司章程的，股东可以自决议作出之日起六十日内，请求人民法院撤销。

（二）董事会

董事会是股份有限公司必设的业务执行和经营意思决定机构，对股东大会负责。

董事会由全体董事组成。董事会成员为五人至十九人。董事会成员中可以有公司职工代表。董事会中的职工代表由公司职工通过职工代表大会、职工大会或者其他形式民主选举产生。.

董事的产生有两种情况：在公司设立时，采取发起方式设立的公司，董事由发起人选举产生；采取募集方式设立的公司，董事由创立大会选举产生。在公司成立后，董事由股东大会选举产生。

董事任期由公司章程规定，但每届任期不得超过三年。董事任期届满，连选可以连任。

《公司法》关于有限责任公司董事会职权的规定，适用于股份有限公司董事会。

董事会设董事长一人，可以设副董事长。董事长和副董事长由董事会以全体董事的过半数选举产生。董事长召集和主持董事会会议，检查董事会决议的实施情况。副董事长协助董事长工作，董事长不能履行职务或者不履行职务的，由副董事长履行职务；副董事长不能履行职务或者不履行职务的，由半数以上董事共同推举一名董事履行职务。

董事会每年度至少召开两次会议，每次会议应当于会议召开十日前通知全体董事和监事。代表十分之一以上表决权的股东、三分之一以上董事或者监事会，可以提议召开董事会临时会议。董事长应当自接到提议后十日内，召集和主持董事会会议。董事会召开临时会议，可以另定召集董事会的通知方式和通知时限。

董事会会议应有过半数的董事出席方可举行。董事会作出决议，必须经全体董事的过半数通过。董事会决议的表决，实行一人一票。

董事会会议，应由董事本人出席；董事因故不能出席，可以书面委托其他董事代为出席，委托书中应载明授权范围。董事会应当对会议所议事项的决定作成会议记录，出席会议的董事应当在会议记录上签名。

董事应当对董事会的决议承担责任。董事会的决议违反法律、行政法规或者公司章程、股东大会决议，致使公司遭受严重损失的，参与决议的董事对公司负赔偿责任。但经证明在表决时曾表明异议并记载于会议记录的，该董事可以免除责任。

董事会的会议召集程序、表决方式违反法律、行政法规或者公司章程，或者决议内容违反公司章程的，股东可以自决议作出之日起六十日内，请求人民法院撤销。

（三）经理

经理是对股份有限公司日常经营管理员有全责的高级管理人员，由董事会聘任或解聘，对董事会负责。公司董事会可以决定由董事会成员兼任经理。

《公司法》关于有限责任公司经理职权的规定适用于股份有限公司的经理。

（四）监事会

股份有限公司设监事会，由不少于三人的监事组成。监事会应包括股东代表和适当比例公司职工代表，其中职工代表比例不得低于三分之一，具体比例由公司章程规定。监事会中职工代表由公司职工通过职工代表大会、职工大会或者其他形式民主选举产生。

监事会设主席一人，可以设副主席。监事会主席和副主席由全体监事过半数选举产生。监事会主席召集和主持监事会会议；监事会主席不能履行职务或者不履行职务的，由监事会副主席召集和主持监事会会议；监事会副主席不能履行职务或者不履行职务的，由半数以上监事共同推举一名监事召集和主持监事会会议。

监事任期每届三年，任期届满，连选可以连任。董事、高级管理人员不得兼任监事。

《公司法》关于有限责任公司监事会职权的规定，适用于股份有限公司监事会。监事会行使职权所必需的费用，由公司承担。

监事会每六个月至少召开一次会议。监事可以提议召开临时监事会会议。

监事会的议事方式和表决程序，除《公司法》有规定的外，由公司章程规定。监事会决议应当经半数以上监事通过。

监事会应对所议事项的决定作成会议记录，出席会议的监事应当在会议记录上签名。

（五）关于上市公司的组织机构的特别规定

上市公司，是指其股票在证券交易所上市交易的股份有限公司。

上市公司在一年内购买、出售重大资产或者担保金额超过公司资产总额百分之三十的，应当由股东大会作出决议，并经出席会议的股东所持表决权的三分之二以上通过。

上市公司设独立董事。

上市公司设董事会秘书，负责公司股东大会和董事会会议的筹备、文件保管以及公司股东资料的管理，办理信息披露事务等事宜。

上市公司董事与董事会会议决议事项所涉及的企业有关联关系的，不得对该项决议行使表决权，也不得代理其他董事行使表决权。该董事会会议由过半数的无关联关系董事出席即可举行，董事会会议所作决议须经无关联关系董事过半数通过。出席董事会的无关联关系董事人数不足三人的，应将该事项提交上市公司股东大会审议。

五、股份转让

股东持有的股份可以依法转让，具体规定如下：

（1）股东转让其股份，应当在依法设立的证券交易场所进行或者按照国务院规定的其他方式进行。

（2）记名股票，由股东以背书方式或者法律、行政法规规定的其他方式转让。转让后由公司将受让人的姓名或者名称及住所记载于股东名册。无记名股票的转让，由股东将该股票交付给受让人后即发生转让的效力。

（3）发起人持有的本公司股份，自公司成立之日起一年内不得转让。公司公开发行股份前已发行的股份，自公司股票在证券交易所上市交易之日起一年内不得转让。

（4）公司董事、监事、高级管理人员应当向公司申报所持有的本公司的股份及其变动情况，在任职期间每年转让的股份不得超过其所持有本公司股份总数的百分之二十五；所持本公司股份自公司股票上市交易之日起一年内不得转让。上述人员离职后半年内，不得转让其所持有的本公司股份。公司章程可以对公司董事、监事、高级管理人员转让其所持有的本公司股份作出其他限制性规定。

阅读材料

股权转让的限制

股权转让以自由为原则，以限制为例外，这是世界范围内公司法律有关股权转让的总体规则。但是，无论股权转让何等自由，对其例外的限制皆不同程度地存在，正是这种限制的存在，使得人们对股权转让协议的效力审查很难把握。具体地说，对股权转让的限制可以分为以下三种情形：

1. 依法律的股权转让限制，即各国法律对股权转让明文设置的条件限制。这也是股权转让限制中最主要、最为复杂的一种。我国法律规定，依法律的股权转让限制主要表现为封闭性限制，股权转让场所的限制，发起人持股时间的限制，董事、监事、经理任职条件的限制，特殊股份转让的限制，取得自己股份的限制。

2. 依章程的股权转让限制，是指通过公司章程对股权转让设置的条件，依章程的股权转让限制多是依照法律的许可来进行。在我国公司法律中没有此类限制性规定。

3. 依合同的股权转让限制，是指依照合同的约定对股权转让作价的限制。此类合同应包括公司与股东、股东与股东以及股东与第三人之间的合同等。如部分股东之间就股权优先受让权所作的相互约定、公司与部分股东之间所作的特定条件下回购股权的约定，皆是依合同的股权转让限制的具体体现。

资料来源：http：//law. shangdu. com。

案例分析

1. 甲、乙、丙、丁均为非国有企业。2007 年 2 月，甲、乙、丙、丁共同出资依法设立英华有限责任公司（以下简称英华公司），注册资本为 6 000 万元。2010 年 2 月 6 日英华公司召开股东会会议，作出如下三项决议：

一、更换公司两名监事：一是由乙企业代表陈某代替丁企业代表王某；二是由公司职工代表李某代替公司职工代表徐某。

二、决定于 2010 年 4 月发行公司债券 800 万元，用于扩大公司的生产经营。

三、经代表三分之二以上表决权的股东通过，批准了公司董事会提出的从公司 2 100 万元公积金中提取 500 万元转为公司资本的方案。

3 月 15 日，英华公司总经理用公司资产为其亲属提供债务担保。

根据以上事实和相关法规，回答以下问题：

（1）股东会会议作出更换两名监事的决议是否符合我国《公司法》的规定？为什么？

(2) 股东会会议批准公司公积金转为资本方案的决议是否符合《公司法》的规定？为什么？

(3) 英华公司总经理用公司资产为其亲属提供债务担保的行为是否符合《公司法》的规定？为什么？

2. 甲、乙、丙、丁四个国有企业和戊有限责任公司投资设立股份有限公司，注册资本为8 000万元。2011年8月1日，丁公司召开的董事会会议情形如下：

一、该公司共有董事7人，有5人亲自出席。列席本次董事会的监事A向会议提交另一名因故不能到会的董事出具的代为行使表决权的委托书，该委托书委托A代为行使本次董事会的表决权。

二、董事会会议结束后，所有决议事项均载入会议记录，并由出席董事会会议的全体董事和列席会议的监事签名后存档。

2011年9月1日，股份有限公司召开的股东大会作出如下决议：

一、更换两名监事：一是由甲国有企业的代表杨某代替乙国有企业的代表韩某出任该公司的监事；二是由公司职工代表曹某代替公司职工代表赵某。

二、为扩大公司的生产规模，决定发行公司债券500万元。

三、从公司法定盈余公积金2 000万元中提取500万元转增公司资本。

根据公司法律制度的规定，回答下列问题：

(1) 在董事会会议中A能否接受委托代为行使表决权？为什么？

(2) 董事会会议记录是否存在不妥之处？为什么？

(3) 股东大会会议决定更换两名监事是否合法？为什么？

(4) 股东大会会议决定发行公司债券是否符合规定？为什么？

(5) 股东大会会议决定将法定盈余公积金转增资本是否合法？为什么？

实训项目

制定公司章程

◆ 实训目的

通过实训，使学生能运用所学习的知识和技能，结合公司设立的条件和要求，撰写公司章程，以进一步巩固现代企业制度相关知识和技能，为将来设立公司打好基础。

◆ 实训内容

根据某有限责任公司的设立计划和要求，收集撰写公司章程的相关资料，进行筛选处理后，确定公司章程的范本。结合教师所给的公司资料撰写公司章程，并进行小组讨论。

◆方法步骤

1. 教师介绍撰写公司章程的基本要求和主要内容；

2. 学生阅读某公司的设立计划和要求；

3. 学生上网搜集公司章程的范本；
4. 学生按范本格式撰写公司章程；
5. 学生分小组进行交流讨论；
6. 教师对学生所撰写的公司章程进行点评。

第四章　特许经营

引　言

特许经营被誉为20世纪最成功的商业模式，人们熟悉的麦当劳、肯德基都是采用这种经营模式。电子信息技术更加推动了特许经营的发展，两者相结合，贯穿于商业、流通、消费等流域，成为现代商业服务非常重要的经营模式。

学习目标

- 了解特许经营的不同法律关系
- 明确特许人和被特许人的资格要求
- 掌握特许人和被特许人的法律地位
- 明确法规对特许人的要求
- 掌握特许经营的备案程序
- 了解特许经营合同的主要条款
- 了解信息披露的主要内容

第一节 特许经营概述

案例导读

“便宜坊”特许经营案

2000年6月16日，北京便宜坊烤鸭集团有限公司哈德门便宜坊烤鸭店（以下简称哈德门店）与北京龙成科工贸公司（以下简称龙成公司）签订合同。该合同约定：由龙成公司提供营业用房，哈德门店提供“便宜坊”商标使用权及专有技术，双方合作经营便宜坊烤鸭店和平分店；合作期为2000年6月16日—2005年6月16日，哈德门店给龙成公司四个月时间做开业的准备工作；由哈德门店培训龙成公司的工作人员；商标使用费第一年为12万元，从第二年开始每年递增5%，即第二年为12.6万元，第三年为13.23万元，第四年为13.89万元，第五年为14.58万元；龙成公司以一年为期支付商标使用费，即签订合同时一次性交齐当年的商标使用费，以后几年的于当年的8月8日之前交齐；哈德门店选派一名厨师长和四名厨师到龙成公司工作；龙成公司所用的烤鸭鸭胚及薄饼由哈德门店供货，价格按哈德门店的进价加上必要的工时费计算，贷款于当月25日之前结清；龙成公司保证按期交纳商标使用费，如拖欠须按每日5‰加罚滞纳金，过期一个月仍未交纳，哈德门店将追究责任并要求龙成公司赔偿一倍使用费的经济损失，并有权单方解除合同。

2000年6月20日，龙成公司向哈德门店支付2000年的商标使用费12万元。龙成公司申请注册成立便宜坊烤鸭店和平分店，并将该店交由共同出资的北京金都顺天餐饮有限公司（以下简称金都顺天公司）经营。金都顺天公司在经营中使用了“便宜坊”商标，哈德门店也曾向该公司经营的便宜坊烤鸭店和平分店派出过厨师长等技术人员并向该店提供了鸭胚、薄饼等原材料。2002年4月9日，金都顺天公司向哈德门店支付了商标使用费6万元。此后，龙成公司和金都顺天公司均未再向原告支付商标使用费。哈德门店诉至法院，请求法院依法判令：1. 解除本店与龙成公司于2000年6月16日签订的合同；2. 二被告立即停止使用“便宜坊”商标；3. 二被告偿还拖欠的商标使用费15.83万元及滞纳金和烤鸭原材料款348 842.6元及逾期利息；4. 二被告赔偿原告损失15.83万元；5. 被告承担本案诉讼费用。

资料来源：http：//www.goeasytm.com。

一、特许经营的概念

尽管特许经营在全球已经经历了一百余年的发展，但是目前对特许经营尚没有一个统一的、明确的定义。我国《商业特许经营管理条例》第三条规定：本条例所称商业特许经营（以下简称特许经营）是指拥有注册商标、企业标志、专利、专有技术等经营资源的企业（以下称特许人），以合同形式将其拥有的经营资源许可其他经营者（以下称被特许人）使用，被特许人按照合同约定在统一的经营模式下开展经营，并向特许人支付特许经营费用的经营活动。从这个定义来看，特许经营的法律基础是特许合同，即特许经营本质上是一种契约性质的关系；特许经营的核心是特许权的授予，这是特许经营的前提和条件。

二、特许经营的特点

特许经营作为一种商业经营模式，从法律角度而言，具有以下特点：

（一）法律基础是特许经营合同

特许人和被特许人之间既不是雇佣关系，也不是母公司与子公司或总公司与分公司之间的关系，它们之间是一种持续性合同关系，二者是相互独立的经营主体，双方通过订立特许经营合同，确定各自的权利和义务内容。

（二）特许人必须具备一定的资格

特许人必须是拥有注册商标、企业标志、专利、专有技术等经营资源的企业，这是特许人与被特许人签订特许经营合同的前提条件。

（三）核心是特许权的授予

特许权包括商标、商号、经营模式、服务标志、专利、商业秘密、经营诀窍等权利的知识产权性质的综合性使用权。特许人经实践证明成功的产品、服务等经营资源是吸引被特许人投资经营的强大动力。而被特许人只有在取得特许人特别授权的情况下，才能具有进行特许经营的资格，因此，特许权的授予是特许经营的核心。

（四）被特许人与特许人具有共同的外部特征

从形式上看，特许经营是特定经营体系或经营模式的统一，被特许人在取得特许权的基础上被授权按照特许人的特定经营体系或经营模式经营，特许经营体系或经营模式的统一是特许权许可使用的内在要求和外在特征。

三、特许经营的类型

（一）政府特许经营

这是指中华人民共和国境内外的企业和其他经济组织依法取得政府授予的特许经营权，在一定期限和范围内经营基础设施、生态环境、文物古迹、旅游资源以及依附于其上的名称、形象、知名度和特色文化等无形资产的使用权、经营权等相关权益，提供公共产品和公共服务等。

（二）商业特许经营

即一般意义上的特许经营。按不同的标准可划分为不同类型。

1. 按特许权的内容划分

（1）较早出现的特许经营方式被称为"产品品牌特许经营"，又称"产品分销特许"，是指特许人向被特许人转让某一特定品牌产品的制造权和经销权，特许人向被特许人提供技术、专利和商标等知识产权以及在规定范围内的使用权，对被特许人所从事的生产经营活动并不作严格规定。如汽车经销商、加油站以及饮料罐装和销售。

（2）经营模式特许经营，不仅要求加盟店经营总店的产品和服务，质量标准、经营方针等都要按照特许人规定的方式进行。被特许人缴纳加盟费和后续不断的权利金（特许使用费），这些经费使特许人能够为被特许人提供培训、广告、研究开发和后续支持。

2. 按特许双方的构成划分

（1）制造商和批发商。软饮料制造商建立的装瓶厂特许体系属于这种类型，如可口可乐公司。

（2）制造商和零售商。汽车行业首先采用了这种特许方式建立了特许经销网，在石油公司和加油站之间有同样的特许加盟关系。

（3）批发商和零售商。这种类型的业务主要包括计算机商店、药店、超级市场和汽车维修业务网点。

（4）零售商和零售商。代表企业是快餐店。

3. 按授予特许权的方式划分

（1）单体特许，即特许人赋予被特许人在某个地点开设一家加盟店的权利。

（2）区域开发特许，即特许人赋予被特许人在规定区域、规定时间开设规定数量的加盟网点的权利。

（3）二级特许，即特许人赋予被特许人在指定的区域内销售特许权的权利。

（4）代理特许，即特许代理商经特许人授权为特许人招募加盟者。特许代理商作为特许人的一个服务机构，代表特许人招募加盟者，为加盟者提供指导、培训、咨询、监督和支持。

？小思考

从对特许经营所下的不同定义来看，你认为特许经营最核心的要素是什么？

第二节 特许经营的法律关系

案例导读

特许人是否承担连带责任

丁某将一件九成新、价值1 000元的羊绒大衣送至某洗衣设备公司的特许加盟店干洗，3日后丁某到加盟店取大衣，谁知加盟店的工作人员却告知丁某大衣已被洗坏。

> 丁某遂要求加盟店按原价赔偿。加盟店称可以赔偿，但不能按原价赔偿，只能按洗衣收费的10倍赔偿，考虑实际情况最多可以赔偿200元。双方经多次协商，未达成一致的赔偿意见，于是丁某向该加盟店的特许人某洗衣设备公司提出由其承担连带赔偿责任，赔偿其余800元的要求。某洗衣设备公司认为，其与加盟店之间无投资隶属关系，不承担连带赔偿责任。
>
> 资料来源：http：//www.docin.com。

为了准确掌握特许经营的实质，弄清特许经营双方之间的权利义务关系，分析在不同的特许经营类型中特许人和被特许人之间的法律关系，是当事人正确履行合同的前提和保障，也是合同发生纠纷以后，及时、准确地维护自己的合法权益的依据，更是避免、减少纠纷产生的必要环节和准备工作。

一、特许经营法律关系主体

（一）特许人

特许人应具备以下条件：

（1）拥有注册商标、企业标志、专利、专有技术等经营资源的企业；

（2）从事特许经营活动应当拥有成熟的经营模式；

（3）具备为被特许人持续提供经营指导、技术支持和业务培训等服务的能力；

（4）从事特许经营活动应当拥有至少2个直营店，并且经营时间超过1年。

（二）被特许人（受许人）

被特许人应具备以下条件：

（1）依法设立的企业或者其他经济组织；

（2）拥有与特许经营相适应的资金、固定场所、人员等。

（三）各种特许法律关系的主体

1. 单体特许经营

其主体是特许人与被特许人，如图4—1所示。

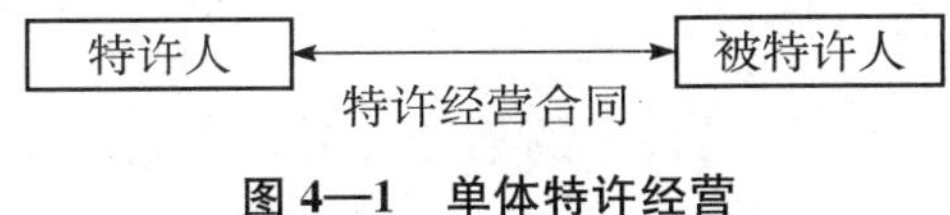

图4—1　单体特许经营

2. 区域开发特许经营

存在两个法律关系：一是特许人和区域开发商之间的法律关系；二是特许人和被特许人之间的特许经营法律关系。如图4—2所示。

3. 二级特许经营

存在两个法律关系：一是特许人和二级特许人之间的特许经营法律关系；二是二级特许人和加盟店之间特许经营法律关系。如图4—3所示。

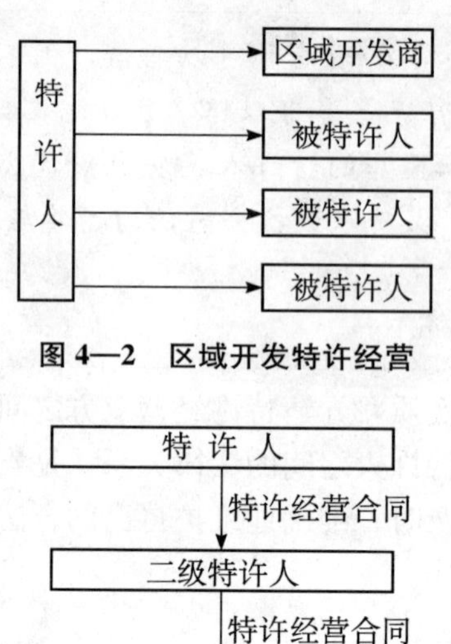

图 4—2　区域开发特许经营

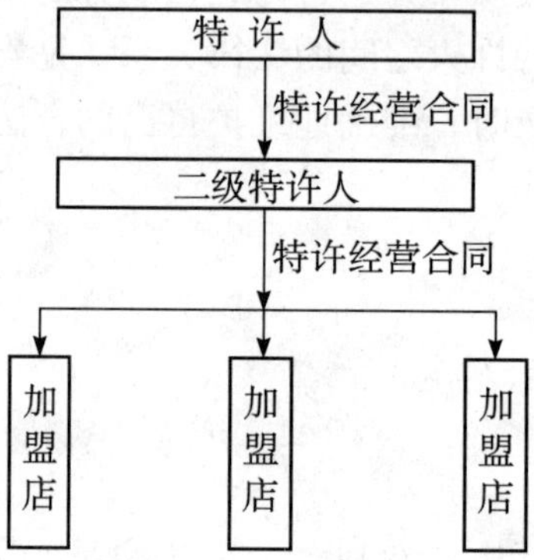

图 4—3　二级特许经营

4. 代理特许经营

存在两个法律关系：一是特许人和被特许人之间的法律关系；二是特许人和代理特许商签订的代理合同法律关系。如图 4—4 所示。

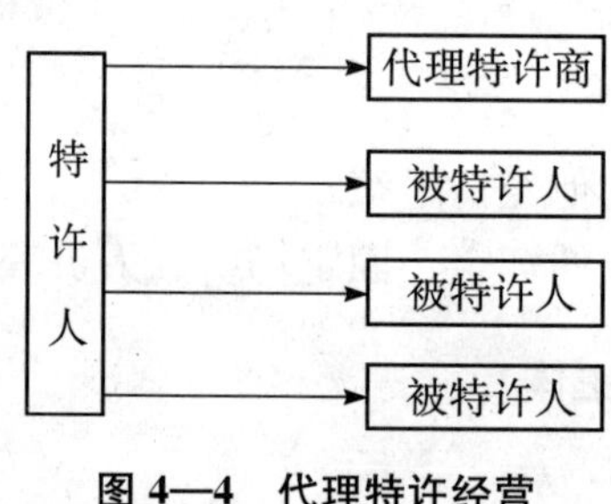

图 4—4　代理特许经营

二、特许经营法律关系的客体

即特许经营权，特许人授予被特许人的某种权利，在该权利之下，被特许人可以在约定的条件下使用特许人的某种知识产权。它可以是单一的业务元素，如商标、专利等；也可以是若干业务元素的组合，如某产品的制造方法、销售方法；甚至是所有业务元素的组合（经营模式），如快餐店的经营、洗衣店的经营等。特许经营权的内容主要由《特许经营合同》及《特许经营运作手册》来说明。

三、特许经营法律关系的内容

特许经营法律关系的内容是指当事人享有的权利和承担的义务，即特许人和被特许人所享有的权利和承担的义务。依照《商业特许经营管理条例》的规定，具体来说特许人的权利主要是按照合同约定对被特许人的经营活动进行监督、收取特许金和保证金等；其义务主要是建立完备的信息披露，提供特许经营合同文本、特许经营操作手册，以及持续地为被特许人提供经营指导、技术支持、业务培训等。对于被特许人而言，其主要权利是获得特许人授权使用的商标、商号和经营模式等经营资源，获得特许人提供的培训和指导等；其主要义务是向特许人支付特许经营费和保证金、按照合同约定开展经营活动、维护特许经营体系的统一性等。

第三节　特许经营活动的基本规定

案例导读

特许人不符合条件致合同被撤销

杭州某快餐公司在经营不满一年的情况下，于2010年9月与加盟者张某签署了一份《特许经营加盟合同》，期限为12年。依照合同规定，杭州某快餐公司授予张某为某品牌加盟商，并且在合同中较为详细地约定了双方的权利和义务。随后张某支付了加盟费、技术培训费等费用，并向杭州某快餐公司订购设备和物品。2011年5月，张某的加盟店因经营状况差而关闭。张某依据合同中的仲裁条款向仲裁委员会提出仲裁申请，申请理由为：第一，杭州某快餐公司不具备从事特许经营的条件；第二，该公司作为特许者没有履行其应尽的义务，在合同签订过程中虚构和隐瞒了许多重要信息，没有尽到其应尽的指导义务，致使张某的快餐店被迫关闭。张某因此承受了很大的损失，要求返还先前支付的加盟费、技术培训费等费用和订购设备和物品款，并要求对所受损失予以赔偿。

资料来源：张国元：《特许经营法律与实务问题研究》，北京，法律出版社，2009。

一、特许人的资格要求

根据《商业特许经营管理条例》第三条和第七条的规定，特许人从事特许经营应具备如下条件：

（1）特许人必须是企业，其他单位和个人不得作为特许人从事特许经营活动；

（2）特许人从事特许经营活动应当拥有注册商标、企业标志、专利、专有技术等经营资源；

（3）特许人从事特许经营活动应当拥有成熟的经营模式；

（4）特许人从事特许经营活动应当具备为被特许人提供经营指导、技术支持和业务培训等服务的能力；

（5）特许人从事特许经营活动应当拥有至少2个直营店，并且经营时间超过1年。

小思考

如果特许人不具备以上条件而与他人签订特许经营合同会产生什么法律后果?

二、备案制度

(一) 强制备案制度

特许人应当在与中国境内的被特许人首次订立特许经营合同之日起 15 日内,依照《商业特许经营管理条例》的规定向商务主管部门备案。特许人还应当在每年 3 月 31 日前将其上一年度订立、撤销、终止、续签的特许经营合同情况向备案机关报告。特许人若未按照规定办理备案的,由设区的市级以上商务主管部门责令限期备案,并处 1 万元以上 5 万元以下罚款;逾期仍不备案的,处 5 万元以上 10 万元以下罚款,并予以公告。

(二) 两级备案制

《商业特许经营备案管理办法》规定,商务部及省、自治区、直辖市人民政府商务主管部门是商业特许经营的备案机关。在省、自治区、直辖市范围内从事商业特许经营活动的,向特许人所在地省、自治区、直辖市人民政府商务主管部门备案;跨省、自治区、直辖市范围从事特许经营活动的,向商务部备案。商业特许经营实行全国联网备案。符合《商业特许经营管理条例》规定的特许人,依据《商业特许经营备案管理办法》规定通过商务部设立的商业特许经营信息管理系统进行备案。

(三) 特许经营企业备案流程及需要填报的材料

1. 特许经营企业备案流程

第一步,获取登录号。(1) 在省、自治区、直辖市范围内从事商业特许经营活动的企业,直接把相关的证明材料送至企业所在的省/市备案机关获取登录号和密码,或者邮寄至企业所在的省/市备案机关获取登录号和密码。(2) 跨省、自治区、直辖市范围从事特许经营活动的企业,直接把相关证明材料送至北京市东长安街 2 号商务部 6 号楼 6621—6622 房间获取登录号和密码,或者邮寄至上述地址获取登录号和密码。

第二步,登录系统。企业在获取登录号和密码以后进入 http://txjy.syggs.mofcom.gov.cn/页面,在页面左上角的企业登录框中输入登录号和密码,点击"确定"即可进入企业登录页面。

第三步,修改密码。如果企业第一次登录系统,为了保证用户的资料安全,系统会自动要求用户修改密码。

第四步,填报备案资料。企业完成以上三步以后即可正式登录系统,企业登录系统后即可按照《商业特许经营备案管理办法》的要求填报备案材料,所有备案资料填写完毕以后点击"申报备案"即可把备案传到备案机关进行备案。

2. 特许经营企业备案需要填报的材料

申请备案的特许人应当向备案机关提交以下材料:

（1）商业特许经营基本情况。

（2）中国境内全部被特许人的店铺分布情况。

（3）特许人的市场计划书。

（4）企业法人营业执照或其他主体资格证明。

（5）与特许经营活动相关的商标权、专利权及其他经营资源的注册证书。

（6）符合《商业特许经营管理条例》第八条第二款规定的证明文件（在2007年5月1日前已经从事特许经营活动的特许人不适用于该规定）。

（7）与中国境内的被特许人订立的第一份特许经营合同。

（8）特许经营合同样本。

（9）特许经营操作手册的目录（须注明每一章节的页数和手册的总页数，对于在特许系统内部网络上提供此类手册的，须提供估计的打印页数）。

（10）国家法律法规规定经批准方可开展特许经营的产品和服务，须提交相关主管部门的批准文件（外商投资企业应当提交《外商投资企业批准证书》，《外商投资企业批准证书》经营范围中应当包括“以特许经营方式从事商业活动”项目）。

（11）经法定代表人签字盖章的特许人承诺。

（12）备案机关认为应当提交的其他资料。

以上文件在中华人民共和国境外形成的，需经所在国公证机关公证（附中文译本），并经中华人民共和国驻所在国使领馆认证，或者履行中华人民共和国与所在国订立的有关条约中规定的证明手续。在我国香港、澳门、台湾地区形成的，应当履行相关的证明手续。

（四）特许人信息变化的备案

特许人的以下备案信息有变化的，应当自变化之日起30日内向备案机关申请变更：（1）特许人的工商登记信息；（2）经营资源信息；（3）中国境内全部被特许人的店铺分布情况。

小思考

特许人应该在什么时间内向商务主管部门备案？如不备案应承担什么责任？

三、特许经营合同

从事特许经营活动，特许人和被特许人应当采用书面形式订立特许经营合同，合同应当包括下列主要内容：

（1）特许人、被特许人的基本情况。

（2）特许经营的内容、期限。特许经营合同约定的特许经营期限应当不少于3年。但是，被特许人同意的除外。

（3）特许经营费用的种类、金额及支付方式。

（4）经营指导、技术支持以及业务培训等服务的具体内容和提供方式。

（5）产品或者服务的质量、标准要求和保证措施。

（6）产品或者服务的促销与广告宣传。

（7）特许经营中的消费者权益保护和赔偿责任的承担。

（8）特许经营合同的变更、解除和终止。

（9）违约责任。

（10）争议的解决方式。

（11）特许人与被特许人约定的其他事项。

特许人和被特许人应当在特许经营合同中约定，被特许人在特许经营合同订立后一定期限内，可以单方解除合同。

四、信息披露

特许人应当按照规定的要求，在订立特许经营合同前至少 30 日，以书面形式向被特许人披露信息，并提供特许经营合同文本。特许人进行信息披露应当包括以下内容：

（1）特许人及特许经营活动的基本情况。包括：

1）特许人名称、通讯地址、联系方式、法定代表人、总经理、注册资本额、经营范围以及现有直营店的数量、地址和联系电话。

2）特许人从事商业特许经营活动的概况。

3）特许人备案的基本情况。

4）如果由特许人的关联公司向被特许人提供产品和服务，应当披露该公司的基本情况。

5）特许人或其关联公司在过去 2 年内破产或申请破产情况。

（2）特许人拥有经营资源的基本情况。包括：

1）以书面形式向被特许人说明能够提供的注册商标、企业标志、专利、专有技术、经营模式及其他经营资源情况。

2）如果上述所列经营资源的所有者是特许人的关联公司，披露该关联公司的基本信息，特许人同时应当说明一旦解除与该关联公司的授权合同，如何处理该特许经营系统。

3）特许人（或其关联公司）的注册商标、企业标志、专利、专有技术等经营资源涉及诉讼或仲裁的情况。

（3）特许经营费用的基本情况。包括：

1）特许人及代第三方收取费用的种类、金额、标准和支付方式，不能披露的，应当说明原因，收费标准不统一的，应当披露最高和最低标准，并说明原因。

2）保证金的收取、返还条件、返还时间和返还方式。

3）要求被特许人在订立特许经营合同前支付费用的，应当以书面形式向被特许人说明该部分费用的用途以及退还的条件、方式。

（4）向被特许人提供产品、服务、设备的价格、条件等情况。包括：

1）被特许人是否必须从特许人（或其关联公司）处购买产品、服务或设备及相关的价格、条件等。

2）被特许人是否必须从特许人指定（或批准）的供应商处购买产品、服务或设备。

3）被特许人是否可以选择其他供应商，以及供应商应具备的条件。

（5）为被特许人持续提供服务的情况。包括：

1）业务培训的具体内容、提供方式和实施计划，包括培训地点、方式和时间长度。

2）技术支持的具体内容、提供方式和实施计划，包括经营资源的名称、类别及产品、设施设备的种类等。

（6）对被特许人的经营活动进行指导、监督的方式和内容。包括：

1）特许人对被特许人的经营活动进行指导、监督的方式和内容，被特许人须履行的义务和不履行义务的后果。

2）特许人对消费者投诉和赔偿是否承担连带责任，如何承担。

（7）特许经营网点投资预算情况。包括：

1）投资预算可以包括下列费用：加盟费，培训费，房地产和装修费用，设备、办公用品、家具等购置费，初始库存，水、电、气费，为取得执照和其他政府批准所需的费用，启动周转资金。

2）上述费用的数据来源和估算依据。

（8）中国境内被特许人的有关情况。包括：

1）现有和预计被特许人的数量、分布地域、授权范围、有无独家授权区域（如有，应说明预计的具体范围）的情况。

2）对被特许人进行经营状况评估情况，特许人披露被特许人实际或预计的平均销售量、成本、毛利、纯利的信息，同时应当说明上述信息的来源、时间长度、涉及的特许经营网点等，如果是估算信息，应当说明估算依据，并明示被特许人实际经营状况与估计可能会有不同。

（9）最近 2 年的经会计师事务所或审计事务所审计的特许人财务会计报告摘要和审计报告摘要。

（10）特许人最近 5 年内与特许经营相关的重大诉讼和仲裁情况。包括案由、诉讼（仲裁）请求管辖及结果。

（11）特许人及其法定代表人重大违法经营记录情况。包括：

1）被有关行政执法部门处以 30 万元以上罚款的。

2）被追究刑事责任的。

（12）特许经营合同文本。包括：

1）特许经营合同样本。

2）如果特许人要求被特许人与特许人（或关联公司）签订其他有关特许经营的合同，应当同时提供此类合同样本。

小思考

特许人应于何时向何人披露信息？如披露的信息不全或不真实，是否应承担责任？

第四节 法律责任

案例导读

北京查处首起违反《商业特许经营管理条例》案

2007年7月20日，田女士投入22 800元加盟了一家专业儿童理发乐园。这家儿童理发乐园在发放的印刷品广告中宣称“从事特许经营活动，年总收入48.2万元，年总成本费用支出10.68万元”。田女士与其签订了专业儿童理发特约经营合同，交纳了经营保证金和全套器材、设备及技术费22 800元，但经营了一段时间后发现经营实际状况与广告宣传不符。北京海淀工商分局认为这家儿童理发乐园不仅在广告中向投资者宣传经营收益，而且宣传与实际情况并不相符，构成误导，同年9月10日海淀工商分局根据《商业特许经营管理条例》，对这家儿童理发乐园处以3万元的罚款。

资料来源：http：//news. xinhuanet. com/newscenter。

特许人和被特许人在从事特许经营活动时，要严格遵守国家法律、法规的规定，特别是要按照《商业特许经营管理条例》的规定进行特许经营活动，否则就要承担相应的法律责任。

一、对违法从事特许经营活动者的行政处罚

特许人不具备《商业特许经营管理条例》第七条第二款规定（特许人从事特许经营活动应当拥有至少2个直营店，并且经营时间超过1年）的条件，从事特许经营活动的，由商务主管部门责令改正，没收违法所得，处10万元以上50万元以下的罚款，并予以公告。

二、特许人不进行备案的行政处罚

特许人未依照规定向商务主管部门备案的，由商务主管部门责令限期备案，处1万元以上5万元以下的罚款；逾期仍不备案的，处5万元以上10万元以下的罚款，并予以公告。

三、特许人违法行为的行政责任

特许人违反《商业特许经营管理条例》第十六条（特许人要求被特许人在订立特许经营合同前支付费用的，应当以书面形式向被特许人说明该部分费用的用途以及退还的条件、方式）、第十九条（特许人应当在每年第一季度将其上一年度订立特许经营合同的情况向商务主管部门报告）规定的，由商务主管部门责令改正，可以处1万元以下的罚款；情节严重的，处1万元以上5万元以下的罚款，并予以公告。

四、特许人欺骗、误导行为的法律责任

特许人在推广、宣传活动中，有欺骗、误导的行为，其发布的广告中含有宣传被特许人从事特许经营活动收益的内容的，由工商行政管理部门责令改正，处 3 万元以上 10 万元以下的罚款；情节严重的，处 10 万元以上 30 万元以下的罚款，并予以公告；构成犯罪的，依法追究刑事责任。

五、被特许人的检举权及特许人不履行信息披露义务的行政责任

特许人违反有关信息披露的规定，被特许人向商务主管部门举报并经查实的，由商务主管部门责令改正，处 1 万元以上 5 万元以下的罚款；情节严重的，处 5 万元以上 10 万元以下的罚款，并予以公告。

案例分析

2010 年初，某公司与李某订立了一份特许经营加盟合同，合同约定：某公司向李某授予“××茶楼”特许经营权、传授加盟店知识等；合同期限为 5 年；李某应支付加盟费 15 万元（无论何种情况均不退还），特许保证金 10 万元（非定金性质，在李某违约等情况下某公司有权没收），并按月支付特许使用费、特许广告费等；如一方违约，另一方可解除合同，违约金为 30 万元；李某以该特许加盟合同参与设立的公司对李某的上述义务承担连带责任。合同签订后，李某缴纳了加盟费 15 万元及保证金 10 万元。接着，李某与他人共同出资设立了一家餐饮公司，由餐饮公司作为经营“××茶楼”加盟店的后台。之后，因李某长期拖欠特许使用费和特许广告费等，某公司经多次催讨未果后于 2011 年提起诉讼，要求解除特许加盟合同；李某支付特许广告费、特许使用费 4 000 元，违约金 30 万元，特许保证金 10 万元；李某设立的餐饮公司承担连带责任。李某反诉称因某公司未履行员工培训、广告制作等合同义务，要求继续履行合同，并由某公司承担违约责任。同时，李某认为特许加盟合同中违约金过高，请求法院予以调整。

请问：该案应该如何处理？为什么？

实训项目

办理特许经营备案

◆ **实训目的**

通过实训，使学生能运用所学习的知识和技能，根据《商业特许经营管理条例》和《商业特许经营备案管理办法》的规定，办理特许经营的备案手续，以进一步巩固特许经营活动的相关知识和技能，为将来从事特许经营活动打好基础。

◆实训内容

根据教师提供的材料和相关的法律规定，明确备案所需要的必要资料，然后根据流程要求报备案。

◆方法步骤

1. 教师介绍备案的基本要求和主要内容；

2. 学生查阅相关的法律法规的规定；

3. 学生上网明确流程；

4. 学生按要求办理备案。

专题三

连锁企业财产法律制度

连锁企业的财产权包括有形财产权和无形财产权，有形财产权又分为物权与债权两大类，无形财产权即知识产权。经营者必须了解企业财产权的构成情况；熟悉财产所有权的取得、移转方法；了解所有权消灭的原因；熟悉商标注册、专利申请的条件和程序；能依法行使并妥善保护物权、商标权、专利权等企业财产权。

第五章　物权法

引　言

我国《物权法》是一部明确物的归属、保护物权、充分发挥物的效用的重要法典。物权法是大陆法系国家所特有的概念，在大陆法的民法体系中，调整财产关系的法律由物权法和债权法构成。债权法调整平等主体之间的债权债务关系，而物权法调整平等主体间因物的归属与利用而产生的民事关系。连锁企业在对外经营过程中无不涉及财产关系的相关内容。因此，掌握物权一般原理，尤其是物权显现出来的一系列效力，显得尤为重要。

学习目标

- ◆ 了解物权的概念和基本类型
- ◆ 掌握物权法的基本原则
- ◆ 掌握物权的效力及保护方法
- ◆ 掌握财产所有权的取得、移转方法
- ◆ 了解所有权消灭的原因
- ◆ 能依法行使抵押权、质押权和留置权

第一节　物权法概述

案例导读

甲公司为某一项目的开发，拟斥资5 000万元购买专利、采购设备、兴建厂房等，为此需要向银行贷款1 000万元，遂与乙银行达成协议，由该银行提供贷款，借款期限为一年，甲公司以一栋办公楼（价值900万元）和两辆奔驰轿车（价值200万元）设定抵押，均办理了抵押登记。一年后，甲公司因开发项目市场需求冷淡而损失惨重，无力偿还乙银行的贷款。乙银行拟行使抵押权，经查，该办公楼有一层已经于半年前出租给丙公司，租期两年；轿车之一已经出卖给丁，双方签订了买卖合同，尚未办理过户登记手续，但车已经交付丁使用；轿车之二在一次交通事故中被违章驾驶的戊的卡车撞击损毁，正在索赔中，估计可获得保险金60万元。问：

1. 本案中，甲公司与乙银行间的抵押是否有效？为什么？

2. 本案应如何处理？为什么？

一、物权的概念与特征

（一）物权的概念

物权，是指权利人依法对特定的物享有直接支配和排他的权利，包括所有权、用益物权和担保物权。物权的概念从物的直接支配性、排他性和客体的特定性方面揭示了物权的基本内涵。

（二）物权的特征

1. 物权是权利人直接支配物的权利

物权以直接支配标的物为内容。物权人可以依自己的意志就标的物直接行使其权利，无须他人的意思或者义务人的行为的介入，就可获得权利的内容。

2. 物权是排他性的权利

物权是权利人直接支配物的权利，所以必然具有排他性。例如：一间房屋上不能同时有两个所有权，即使是几个人对某一房屋享有共有权，也只是几个共有人共同享有一个所有权，并不是一间房屋上有几个所有权。

3. 物权的客体是物，且为有体物

物权关系是民事主体之间对物质资料的占有关系，所以，物权的客体是物而不是行为。当然根据《物权法》的规定，物权的客体还可以是权利，如《物权法》中关于权利质押的规定中的各种权利。

二、物——物权客体简述

物权作为一种支配权，必须以特定的物作为其支配的客体，因此，只有那些能够为权利人所支配和控制的物，才能成为物权的客体。《物权法》第二条第二款规定："本法所称物，包括不动产和动产。法律规定权利作为物权客体的，依照其规定。"所以，自然界的物并不能都成为物权的客体。依据不同标准，物的分类包括：

（一）动产与不动产

以物能否移动并且是否因移动而损害其价值为标准，可以将物分为动产与不动产，这是物权法上关于物的最重要的分类。动产是能够移动并且不致损害其价值的物，如桌子、电视机等；不动产是指性质上不能移动或虽可移动但移动会损害其价值的物，如土地、建筑物等。

区分动产和不动产的主要意义在于：

（1）物权变动的法定要件不同。不动产物权的变动，以向国家行政主管机关登记为要件，否则不受法律保护；动产物权的变动，一般以物的实际交付为要件，无须登记。

（2）用益物权的客体一般是不动产，而在担保物权中，抵押权的客体可以是动产，也可以是不动产，质押的客体一般是动产，留置权的客体是动产。

（3）诉讼管辖不同。因不动产发生的纠纷，一律由不动产所在地的人民法院或有关主管机关负责处理，所依据的法律为不动产所在地法；而动产纠纷的管辖则灵活得多。

（二）主物与从物

根据两个独立存在的物在用途上客观存在的主从关系，把物分为主物与从物。同属一人所有的两个独立存在的物，结合起来才能发挥经济效益，才构成主物和从物关系。主物是指在与同属一人所有的其他独立物结合使用时起主要效用的物。从物是指在两个独立物的结合中处于附属地位、起辅助配合作用的物。例如杯子和杯盖，其中杯子是主物，杯盖是从物。

区分主、从物的意义在于：若无相反法律规定或约定，主物的权利变动及于从物。

小案例

甲出售别墅一座给乙，约定价格为人民币 300 万元。二人登记过户时乙发现别墅后附有一个小游泳池，但合同中未约定包括该游泳池。

问：乙能否主张以原价取得小游泳池的所有权？

（三）原物与孳息

根据两物之间存在的原有物产生新物的关系，物可分为原物和孳息。原物是指依其自然属性或法律规定产生新物的物，如产生幼畜的母畜、带来利息的存款等；孳息是原物所产生的收益，如植物的果实、动物的幼仔。孳息又可分为天然孳息和法定孳息：天然孳息是依照物的自然性质而产生的收益物，又称直接孳息，如植物所结出的果实、动物的出产物等；法定孳息是指根据法律关系所产生的孳息，如股利、租金等。

区分原物与孳息的法律意义在于决定孳息的归属：

（1）若无相反约定，天然孳息所有权归用益物权人，无用益物权人的，归原物所有人。

（2）法定孳息，有约定的从约定，无约定的，依交易习惯取得。

三、物权的基本原则

（一）物权法定原则

我国《物权法》第五条规定："物权的种类和内容由法律规定。"这确立了物权法定原则。

物权法定原则包括以下几个方面的内容：第一，物权种类法定，即当事人不得自由创设法律未规定的新种类的物权，如我国的担保物权就只能是抵押、质押和留置三种。第二，物权内容法定，即物权的基本权能必须由法律规定，当事人不能自由创设。如《物权法》第三十九条规定："所有权人对自己的不动产或者动产，依法享有占有、使用、收益和处分的权利。"第三，物权的效力法定，物权的效力是法律赋予物权的强制性作用力，它是基于合法行为而产生物权法效果的保障力。因此，物权包括哪些效力及效力的内容，都应由法律作出明确规定，不允许当事人自由更改。

阅读材料

我国《物权法》为何采纳"物权法定"原则

在《物权法》制定过程中，草案（第六次审议稿）第五条曾规定：物权的种类和内容由法律规定，法律未作规定的，符合物权性质的权利，视为物权。有学者认为，该条中关于"法律未作规定的，符合物权性质的权利，视为物权"的规定会导致物权法基本原则的根本性改变，即由"物权法定原则"变为"物权自由原则"，不应采纳。

而有些赞成物权自由原则的学者则认为，物权法定原则对于物权种类的规定过于保守和僵化，实践中出现的很多新型物权由于法律没有规定，因而都得不到物权法的承认，这不利于经济的发展。因此，有必要采用自由原则以体现法律的灵活性。

目前学界普遍认为，基于物权法的性质与功能，我国仍应坚持物权法定原则。首先，物权的变动关系着一国社会基本财产秩序的稳定与否，所以，物权法需要牺牲自己的灵活性和妥当性来换取社会的稳定性和安全性。其次，物权法固有法的性质，要求物权法的规定只能体现并维护中国的国家主权和中国的法律制度，而不能对任何外国法律上的物权类型，或当事人任意约定的物权类型均予以承认，否则，必将对中国的法律制度和国家主权造成巨大的冲击和损害。

最终，我国《物权法》采纳了物权法定原则。

资料来源：梅夏英：《物权法教程》，北京，中国人民大学出版社，2010。

（二）一物一权原则

一物一权原则包括以下几项内容：第一，从权利的角度而言，一物一权一方面是指一个物上只能设立一个所有权而不能同时设立两个以上的所有权；另一方面，指在一个物上不能同时设立两个或两个以上在性质上相互排斥的定限物权。第二，从物的角度而言，一物一权是指一个物权的客体仅仅为一个物，一个独立物的一部分不能设立一个独立的所有权，也就是说数个物之上应设立数个物权而非一个物权。

（三）物权公示、公信原则

公示原则，是指物权的权利状态必须通过一定的公示方法向社会公开，使第三人在物权变动时知道权利状态，从而交易安全得以维护。根据《物权法》的规定，通常情况下，动产物权的设立和变更以交付为公示方式，不动产物权的设立、变更、转让和消灭以登记为公示方式。

公信原则，是指当物权依据法律规定进行了公示，即使该公示方法表现出来的物权存在瑕疵，对于信赖该物权存在并已从事物权交易的人，法律承认其法律效果，以保护交易安全。公信原则实际上是赋予公示的内容公信力。

四、物权的效力

物权，是权利人直接支配其标的物的排他性权利。物权的这种性质，使物权具有优先效力、追及效力和物上请求权。

（一）优先效力

物权的优先效力，也称为物权的优先权，其主要含义是指同一标的物上有数个利益冲突的权利并存时，效力强的权利排斥效力弱的权利的实现。物权的优先效力通常包括两方面：第一，同一标的物上物权与债权并存时，物权优先于债权；第二，同一标的物上有数个物权并存时，先设立的物权优先于后设立的物权。

（二）追及效力

物权的追及效力，是指物权的标的物不管辗转至何人之手，权利人均可追及标的物之所在，依法行使物权。《物权法》第一百零六条第一款规定：“无处分权人将不动产或者动产转让给受让人的，所有权人有权追回。”这是我国在法律上对所有权的追及效力的明确规定。

小案例

甲将自己的电视机委托乙保管，后乙擅自借给丙用，电视机在丙使用期间被丁偷走，后丁又遗失，被戊捡到。而戊又恰是甲的朋友。一日，甲在戊家发现了自己的电视机，甲要求取回，戊不同意，遂起纠纷。

问：甲是否可以取回电视机？

（三）物上请求权

物上请求权又称物权请求权，指物权人在对其物行使权利的过程中，受到妨害或有受到妨害的可能时，物权人为排除或预防妨害的发生，恢复物权的完满支配状态，而请求妨害人为一定行为或不为一定行为的权利。

五、物权的保护方法

物权的保护是指在物权受到侵害时，依照法律规定的方式恢复物权的完满状态。具体的保护方式有：

（一）确认物权的请求权

确认物权的请求权是指因物权归属不明发生争议时，利害关系人请求有关国家机关确认物权归属、解决物权争议的行为。《物权法》第三十三条规定："因物权的归属、内容发生争议的，利害关系人可以请求确认权利。"该项权利与物上请求权有区别，在实施该项权利时，相对人并没有对物权人的物权施加侵害或妨害，仅仅是对物权的归属有异议。

（二）返还原物请求权

返还原物请求权，是指物权人无权占有或侵夺其物的人，有权要求其返还该物的请求权。返还原物的物权保护方法起源于罗马法上的所有物返还之诉。后来各国都将返还原物请求权作为物权的保护方法之一。我国《物权法》第三十四条也规定："无权占有不动产或者动产的，权利人可以请求返还原物。"

（三）排除妨害请求权与消除危险请求权

（1）排除妨害请求权，是指物权人于其物权的完满状态被占有以外的其他方法妨害时，请求妨害人除去此等妨害的权利。

（2）消除危险请求权，是指对可能给自己占有的物造成损害之设施的物权人或占有人，物权人可以要求其消除危险的请求权。

（四）恢复原状请求权

恢复原状请求权，是指物权人在其物被他人非法侵害致损时，请求加害人通过修理等方式恢复被毁损物至原有状态的权利。

（五）损害赔偿请求权

物权法中的损害赔偿，指的是物权人在遭受损害时，向侵害人提出以货币方式赔偿其损害的请求权。《物权法》第三十七条规定："侵害物权，造成权利人损害的，权利人可以请求损害赔偿，也可以请求承担其他民事责任。"

小思考

在物权保护方式中，"请求返还原物"适用何种情况？

第二节　所有权

案例导读

特许经营起纠纷　权属明确解疑惑

2007 年 3 月 26 日，D 公司与 X 公司签订了 2007—2008 年《酒店特许经营合同》，约定：D 公司为经营管理国内外高档酒店专门开发了具有中西合璧、古今交融特点的“嘉柏管理模式和嘉柏运营体系”，并对其拥有 100%的合法使用权、所有权、转让权和特许权。其中，中英文品牌名称“嘉柏”（JASPER）及标识等专有商标均已在国家商标局正式登记注册。D 公司许可 X 公司使用上述商标。合同从正式签订日起，一年有效。合同签署后不久，X 公司以该特许经营合同属于商标许可使用合同、D 酒店管理有限公司未履行主要合同义务（根本违约）等理由，拒付特许经营费用。之后双方发生争议，起诉至法庭。一审法院判决 X 公司承担相应的违约责任。X 公司不服，提起上诉。二审法院判决：“由于 D 公司已经履行了合同的主要义务，X 公司应向 D 公司支付相应的对价，原审法院据此判决 X 公司应支付 13 万元及相应的银行利息，有充分的事实和法律依据，本院予以支持。”

一审法院认为：D 公司已许可多家四星或五星级酒店使用“嘉柏”商标及“嘉柏管理模式和嘉柏运营体系”，X 公司亦在被许可人之列，这说明 D 公司上述许可内容具有较高的市场价值，考虑到 D 公司已依约履行《酒店特许经营合同》所约定的上述许可义务，而该部分义务构成合同主要义务，且 X 公司客观上亦会因使用上述许可内容而获益，故 X 公司应依约向 D 公司支付该部分合同对价，因 X 公司未依约履行该部分合同对价义务，其应承担相应的违约责任。

二审法院认为：从 D 公司已经履行的义务看，D 公司除了已经将“嘉柏”注册商标许可 X 公司使用外，还履行了部分其他合同义务。相对于其未履行的合同义务来说，D 公司已经履行的上述合同义务，就其内容和性质来看，应是合同的主要义务。

资料来源：http：//lyw. sh. gov. cn。

一、所有权的概念与特征

（一）所有权的概念

所有权，是指所有人依法对自己的财产（动产与不动产）享有的占有、使用、收益和处分的权利。

（二）所有权的特征

1. 具有内容上的完整性

所有权是完整的物权。所有权与其他物权区别的主要表现在于所有人对财产享有占有、使用、收益和处分的完整权利，而其他物权只是具有所有权的部分权能。但所有权人享有上述四个方面的权利，并不意味着所有人必须要实际行使各项权能，他可以将四项权能中的一项或数项权能分离出去由他人享有并行使，从而更好地实现其意志和利益。

2. 是一种绝对权和支配权

所有权的权利主体是特定的，所有权人对物行使权利，不需要任何其他人的协助，通过自己的行为，即可直接实现对其财产的占有、使用、收益与处分。所有权的义务主体是不特定的，所有人之外的任何不特定的民事主体都负有不作为的义务，都属于义务主体。未经所有权人许可，不得对所有权人的财产进行占有、使用、收益或处分，否则便构成侵权。

3. 具有排他性

所有权可以依法排斥他人的非法干涉，不允许其他任何人加以妨碍或者侵害。而且所有权实行一物一权，任何财产只能有一个所有权，不能形成双重所有权，这也是所有权排他性的体现。

二、所有权的权能

所谓所有权的权能是指所有权法律关系中的权利主体（所有权人）所依法所享有的法定权利。所有权包括四项权能，即占有权、使用权、收益权、处分权。

（一）占有权

占有权，是指所有人对其所有物在事实上进行管领的方式。它是所有人对自身财产行使使用、收益和处分权能的前提与基础。占有权是所有权的一项独立的权能，可以在一定条件下与所有权分离。当占有权与所有权分离时，非所有人享有的占有权同样受法律的保护，所有人不得随意请求实施合法占有的非所有人返还原物，以恢复对所有物的占有。当非所有人的合法占有被他人侵夺时，他也可以基于其所享有的占有权请求侵夺人返还原物。

（二）使用权

使用权，是指所有人依照物的属性及用途对物加以利用，从而实现权利人利益的方式。所有人对物的使用是所有权存在的基本目的，人们通过对物的使用来满足生产和生活的基本需要。例如，使用机器人从事生产活动。因此，使用权能在本质上是实现物的使用价值的手段。

（三）收益权

收益权，是指权利人通过合法途径收取基于物所产生的经济利益的权能。收益权能是所有权的一项重要权能，因为人们拥有某物往往是为了获取物上的某种经济利益来满足自己的需要，只有当这种经济利益得到实现后，所有权才是现实的。在民法上，因物而产生的收益主要指物的孳息。

（四）处分权

处分权，是指所有人依法对物进行处置的权能。处分包括事实上的处分和法律上的处分。

处分权是所有权内容的核心，是决定标的物命运的一项重要权能，也是权利人拥有所有权的根本标志。

占有权、使用权、收益权和处分权，构成了完整的所有权的四项权能。财产所有人可以将这四项权能集于一身统一行使，也有权将这四项权能中的若干权能交由他人行使。在社会生活中，财产所有人正是通过这四项权能与自己的不断分离和恢复的方式，来实现生产和生活的特定目的。

阅读材料

产权与所有权

产权与所有权是两个既相互联系，又有不同含义的相关概念。产权以所有权为核心，所有权性质决定着产权性质，甚至可以决定产权的存在与否，但产权并不等于所有权。它们之间的区别主要表现在以下几点：

1. 反映财产关系的角度不同。所有权是指对财产归属关系的权利规定，确定的是财产的最终归属关系，强调财产关系的物质属性。产权是以所有权为核心的若干权能的集合，指的是以财产所有权为核心的一组权利的有机结合体，强调财产关系的社会属性。

2. 概念外延不同。所有权表明的是一种生产资料的所有制关系，而产权不仅表明财产的所有制关系，同时还表明了占有权、使用权、收益权和处分权的关系，也即同时表明了原始所有权和法人财产权的关系。在现代公司制中，公司股东、董事会和经理分别行使原始所有权、法人产权和经营权，现代公司的权利结构是一种“三权分离”的结构。因此，产权比所有权有着更广泛的外延。

3. “财产”一词的含义不同。所有权概念中的财产主要指实物形态的有形资产及现金，内涵比较狭窄。而产权概念中的财产则包括多种形态，除传统的有形财产及现金外，还伴随着现代股份经济的高度发展而产生了股权形态、债权形态以及各种无形资产等，其对应的“财产”概念极为丰富。

4. 运动属性不同。所有权在运动的过程中始终是独占性和垄断性的，是一种具有排他性的独占权。而在产权所分解的四项权能中，只有收益权具有排他性，占有权、使用权和处分权均不具有排他性，而是可以流动、交易的。

5. 所有权与产权的着眼点不同。所有权的着眼点是财产的终极所有权以及财产经营过程中的部分收益，如股息、红利等；而产权的着眼点是经营权和收益权，公司法人是通过获得法人产权而具有对企业资产的经营管理权，并同时取得经营收入。

总之，在产权权能发生分解后，所有权与产权之间不再是对等关系。产权比所有权有着更为深广的内涵和外延，现代企业制度的一个重要内容就是研究现代企业产权制度，而不是研究所有权制度。

三、所有权的取得

所有权的取得，是指民事主体依法获得对特定物的所有权的方式和根据。根据《物权法》和相关法律规定，结合民法原理，所有权的合法取得方式可分为原始取得与继受取得两种。

（一）原始取得

原始取得，是指根据法律规定，最初取得财产的所有权或不依赖于原所有人的意志而取得财产的所有权。原始取得的方式有先占、添附、拾得遗失物、善意取得等。

1. 先占

先占指因首先占有的事实行为而取得动产所有权。构成先占须符合一定的条件：第一，标的物为无主物，如饮用完饮料后扔掉的易拉罐；第二，标的物须为非法律禁止占有的物；第三，须有依所有意思占有标的物的行为。

小案例

农场主甲养有一群奶牛，甲怀疑一奶牛患有严重的传染病，为避免其传染给其他奶牛，甲将该牛牵至一深山老林处扔下，独自下山。适逢农民乙上山采药，发现此牛并牵回。经乙精心调养，该牛成为一头高产奶牛。甲闻讯后欲取回奶牛，乙不允许，遂起纠纷。

问：本案应如何处理？

2. 添附

添附是指民事主体把不同所有人的财产或劳动成果合并在一起，如果恢复原状在事实上不可能或者在经济上不合理的情况下，形成另一种新形态的财产。添附包括附合、混合和加工。

添附后新物所有权的归属应由当事人协商处理，或归一方所有，或归当事人共有。如果不能达成协议，应当比较添附价值与原财产价值，由价值量高的一方所有，但其应当向另一方给付适当的经济补偿。如果添附行为出于恶意，则原所有人有权要求添附人恢复原状，并赔偿损失。需要注意的是，在动产与不动产的附合中，一般由不动产所有人取得新财产的所有权，但应当给动产所有人以补偿。

小案例

甲、乙两公司相邻，同时在公司内进行装修。一天，甲、乙公司负责人均外出采购建筑材料，甲雇用的建筑工人误把乙运来的白灰当做甲的白灰，涂刷于甲公司墙上。甲、乙公司遂起纠纷。

问：该案应如何处理？

3. 拾得遗失物

遗失物，是指非基于遗失人的意志而暂时丧失占有的物。拾得遗失物指发现他人遗失物而予以占有的法律事实。我国《物权法》对遗失物问题的主要规定有：

所有权人或者其他权利人有权追回遗失物。该遗失物通过转让被他人占有的，权利人有权向无处分权人请求损害赔偿，或者自知道或者应当知道受让人之日起两年内向受让人请求返还原物，但受让人通过拍卖或者向具有经营资格的经营者购得该遗失物的，权利人请求返还原物时应当支付受让人所付的费用。权利人向受让人支付所付费用后，有权向无处分权人追偿。

拾得遗失物，应当返还权利人。拾得人应当及时通知权利人领取，或者送交公安等有关部门。有关部门收到遗失物，知道权利人的，应当及时通知其领取；不知道的，应当及时发布招领公告。拾得人在遗失物送交有关部门前，有关部门在遗失物被领取前，应当妥善保管遗失物。因故意或者重大过失致使遗失物毁损、灭失的，应当承担民事责任。

权利人领取遗失物时，应当向拾得人或者有关部门支付保管遗失物等支出的必要费用。权利人悬赏寻找遗失物的，领取遗失物时应当按照承诺履行义务。拾得人侵占遗失物的，无权请求权利人承担保管遗失物等支出的费用，也无权请求权利人按照承诺履行义务。

遗失物自发布招领公告之日起六个月内无人认领的，归国家所有。

小案例

拾得人是否享有报酬请求权？

某日，陈某在一家影院看电影。散场时陈某捡到一个小皮包，包里有现金、存折和一些重要证件。几天后，陈某的亲戚告诉他，报纸上登出了一则“悬赏启事”：失主以2万元作为酬金寻找这个皮包。当陈某找到失主杨某还包时，杨某却变卦了，不肯付给陈某2万元酬金。为此，双方发生纠纷。一方认为拾金不昧是我国的传统美德，应主动返还遗失物；另一方则认为为保管此物付出了劳动，应获得一定报酬，失主应履行其承诺。

资料来源：http：//news. sohu. com。

问：陈某是否享有报酬请求权？

4. 善意取得

善意取得，是指无权处分人在将其占有的他人之物让与给买受人时，如果买受人取得该物时出于善意，则买受人可以取得该物的所有权，原所有人不得要求买受人返还其物。

根据《物权法》第一百零六条的规定，受让人若要依据善意取得制度，取得无权处分人转让的物的所有权，应当同时具备以下条件：第一，受让人受让该不动产或者动产时是善意的，即受让人取得财产时相信财产的让与人为财产的所有人；第二，以合理的价格转让；第三，受让财产已经依照法律的规定进行了公示，即依照法律规定应当登记的已经登记，不需要登记的已经交付给受让人。

受让人依据善意取得制度取得不动产或者动产的所有权的，原所有权人不能要求受让人返还财产，只能向无处分权人请求赔偿损失。

小案例

甲因出国留学，将一古玩委托好友乙保管。在此期间，乙一直将该古玩摆放在自己家中欣赏，来他家的人都以为古玩是乙的。后来乙因急需钱，便将该古玩以5万元的价格卖给不知情的丙。甲回国后，发现自己的古玩在丙家中，询问情况后，向法院起诉。

资料来源：http：//www. eol. cn/minfa _ 5238。

问：该古玩的所有权应归谁？

（二）继受取得

继受取得，又称传来取得，是指通过某种法律行为从原所有人那里取得对某项财产的所有权。这种方式是以原所有人对该项财产的所有权作为取得的前提条件的。继受取得的原因，包括合同、继承遗产、接受遗赠。

四、所有权的移转

所有权的移转，是指所有权从原所有人手中转移到新的所有人手中。所有权移转的完成，通常意味着一个商品交换过程的结束。所有权从何时移转，即从何时开始一方当事人（原所有人）丧失其对财产的所有权，同时另一方当事人成为财产的新的所有人，这是直接关系到交换当事人的合法权益和商品交换秩序的重要问题。

（一）交付——动产所有权移转的原因

《物权法》第二十三条规定："动产物权的设立和转让，自交付时发生效力，但法律另有规定的除外。"《民法通则》第七十二条第二款规定："按照合同或者其他合法方式取得财产的，财产所有权从财产交付时起转移，法律另有规定或者当事人另有约定的除外。"对此，《合同法》亦有类似规定。

上述规定表明，通常情况下，动产所有权的移转以交付为标准，在尚未实际交付标的物以前，所有权并不移转；但是，如果法律另有规定或者当事人另有约定，动产所有权的转移依据法定或约定处理。

在法律上，交付是指将物或所有权凭证移转给他人占有的行为。交付通常指现实交付，即直接占有的移转。但除了现实交付以外，还有以下几种方式的交付，也发生与现实交付同样的法律效果：

第一，简易交付，即受让人已经依法占有动产的情况下，则当双方当事人关于所有权转移的合意成立时，即视为交付；第二，占有改定，即动产物权的让与人与受让人之间特别约定，标的物仍然由出让人继续占有，这样在双方达成物权让与合意时，视为已经交付；第三，指示交付，即动产转让前第三人依法占有该动产的，负有交付义务的人可以通过转让请求第三人返还原物的权利代替交付；第四，拟制交付，即出让人将标的物的权利凭证交付给受让人，以代替物的现实交付。

（二）权属变更登记——不动产所有权的移转原因

不动产物权的取得、消灭和变更，非经登记，不能产生法律效力。因此，不动产物权的移转必须符合法定的形式要件，经登记方能发生所有权转移的效力。另外，一些特殊的动产，如车辆、船舶等所有权的移转，也应当到有关部门办理登记过户手续。

五、所有权的消灭

导致所有权消灭的原因大致有如下几种：第一，客体灭失，如因自然灾害、生活消费、生产消耗等事实或行为引起的所有权客体的灭失；第二，主体消灭，如公民自然死亡或被宣告死亡，法人被撤销或解散，无法再作为所有权人享有所有权；第三，依法转让，如公民或法人通过买卖、赠与等合法方式将其财产出卖、赠与给他人，使得原所有权发生移转；第四，所有权被抛弃，如丢弃某项财物等，导致其不再享有对被弃财产的所有权；第六，依法强制消灭，如国家依法征收某项财产，使原权利人的所有权消灭。

六、财产共有

所谓共有，是指两个以上的民事主体对于同一财产共同享有所有权的法律关系。共有的主体称为共有人，客体称为共有财产或共有物。各共有人之间因财产共有形成的权利义务关系，称为共有关系。依据《物权法》的规定，共有人既包括个人也包括单位，共有物既可以是动产也可以是不动产。《物权法》第九十三条确认了两种共有形式，即按份共有和共同共有。

（一）按份共有

按份共有，又称分别共有，是指两个或两个以上的共有人按照各自的份额分别对共有财产享有权利和承担义务的一种共有关系。《物权法》第九十四条规定，按份共有人对共有的不动产或者动产按照其份额享有所有权。

在按份共有中，各共有人对共有物享有的份额，由共有人自己决定。按份共有人对共有的不动产或者动产享有的份额，没有约定或者约定不明确的，按照出资额确定；不能确定出资额的，视为等额享有。如甲、乙、丙、丁 4 人以 3∶2∶3∶2比例出资购买一辆卡车从事汽车运输，当年底盈利 1 万元，如无约定，则所获收益原则上依上述比例分享。

在按份共有中，每个共有人对共有财产享有的权利和承担的义务，根据其份额确定。

（二）共同共有

共同共有是指两个或两个以上的公民或法人，根据某种共同关系而对某项财产不分份额地共同享有权利并承担义务。《物权法》第九十五条规定，共同共有人对共有的不动产或者动产共同享有所有权。

共同共有的特征是：第一，共同共有根据共同关系而产生，以共同关系的存在为前提，一般发生在互有特殊身份的当事人之间；第二，在共同共有中，共有财产不分份额，只有在共同共有关系终止以后，才能确定各共有人的份额，以分割共有财产；第三，在共同共有中，各共有人平等地享受权利和承担义务。

在司法实践中，应正确区分按份共有和共同共有，以利于共有纠纷的处理。《物权法》第一百零三条规定，共有人对共有的不动产或者动产没有约定为按份共有或者共同共有，或者约定不明确的，除共有人具有家庭关系等外，视为按份共有。

共同共有人对共有财产享有平等的占有、使用权。对共有财产的收益不是按比例分配，而是共同享用。对共有财产的处分，依据《物权法》的规定，必须征得全体共有人的同意，除非共同共有人之间另有协议。

共同共有人对共有财产共同承担义务。因对共有财产进行维护、保管、改良等所支付的费用由各共有人平均分担。各共有人因经营共同事业对外发生债务或对第三人造成损害的，由全体共有人承担连带责任。

共同共有关系存续期间，各共有人无权请求分割共有财产，部分共有人擅自划分份额并分割共有财产的，应认定为无效。

第三节 担保物权

案例导读

甲因向乙借款而将自己的汽车抵押给乙，并办理了抵押登记。后甲因向丙借款，又将自己的汽车出质给丙。现甲无力还款，对该车，乙欲行使抵押权，丙欲行使质权，引起纠纷。

问：本案中，乙、丙的权利谁更优先？为什么？

担保物权是指为确保债权的实现而设定的、以特定物的交换价值作为债务不履行时优先受偿的物权权利。依据《物权法》的规定，具有物权性质的担保方式有抵押、质押、留置三种方式，相应地就产生了抵押权、质押权、留置权三种担保物权。

一、担保物权的一般规定

债权人在借贷、买卖等民事活动中，为保障实现其债权，需要担保的，可以依照《物权法》、《担保法》和其他法律的规定设立担保物权。第三人为债务人向债权人提供担保的，可以要求债务人提供反担保。反担保适用《担保法》和其他法律的规定。

设立担保物权，应当依法订立担保合同。担保合同是主债权债务合同的从合同。主债权债务合同无效，担保合同无效，但法律另有规定的除外。担保合同被确认无效后，债务人、担保人、债权人有过错的，应当根据其过错各自承担相应的民事责任。

担保物权的担保范围包括主债权及其利息、违约金、损害赔偿金、保管担保财产和实现担保物权的费用。当事人另有约定的，按照约定。

担保期间，担保财产毁损、灭失或者被征收等，担保物权人可以就获得的保险金、赔偿金或者补偿金等优先受偿。被担保债权的履行期未届满的，也可以提存该保险金、赔偿金或者补偿金等。

第三人提供担保，未经其书面同意，债权人允许债务人转移全部或者部分债务的，担保人不再承担相应的担保责任。

有下列情形之一的，担保物权消灭：主债权消灭；担保物权实现；债权人放弃担保物权；法律规定担保物权消灭的其他情形。

《担保法》与《物权法》的规定不一致的，适用《物权法》。

阅读材料

《物权法》第一百七十二条规定："设立担保物权，应当依照本法和其他法律的规定订立担保合同。担保合同是主债权债务合同的从合同。主债权债务合同无效，担保合同无效，但法律另有规定的除外。担保合同被确认无效后，债务人、担保人、债权人有过错的，应当根据其过错各自承担相应的民事责任。"

条文释义：本条是关于担保合同的订立、担保合同和主合同的关系以及担保合同无效后的责任承担的规定。担保物权依其设立方式可分为法定担保物权和约定（意定）担保物权，对约定担保物权，需要根据法律规定通过订立担保合同来设定。担保物权是对主债权的保全，主合同和担保合同之间存在主从关系，担保合同也就从属于主合同。除法律另有规定外，担保合同因主合同无效而无效，这是由主合同与担保合同之间的主从关系、担保合同从属于主合同的性质所决定的。对于担保合同无效后的责任，因担保合同除了涉及作为合同相对人的担保人和债权人之外，基于主从合同的牵连性，还常常涉及主合同中的债务人，故需要根据债权人、担保人和债务人的过错情况来确定各自的责任。

二、抵押权

（一）抵押权的概念与特征

抵押权，是指债务人或第三人不转移对特定财产的占有而将该财产作为债权的担保，当债务人到期不履行债务或者发生当事人约定的实现抵押权的情形时，债权人就该财产的价值所享有的优先受偿权。在抵押担保中，该特定财产称为抵押物；将他人的财产作为自己债权优先受偿对象的债权人称为抵押权人；提供财产向他人抵押的人称为抵押人，抵押人可以是债务人本人，也可以是债务人以外的第三人。

抵押权具有以下特征：

1. 绝对性和排他性

作为一种物权担保方式，抵押权如同其他物权，是一种绝对权。作为权利主体的抵押权人是一个人，而义务主体除抵押人之外，还包括除抵押权人以外的其他任何人，他们对抵押权人均负有消极的不作为的义务。对同一抵押价值，如有在先抵押权，则在后抵押权就不能先于或同时于在先抵押权而优先受偿，这就是抵押权的排他性的特征。

2. 追及力

正是因为抵押具有绝对性，所以抵押权也能对抗未经其同意而取得财产的买方、受赠人等对抵押物的所有权，在债务人未清偿到期债务的情况下，抵押权人可以以物权人的身份，要求返还抵押物并就抵押物的价值行使优先受偿权。

（二）抵押财产的范围

并非有价值的财产都可以用于抵押，《物权法》第一百八十条规定，可以抵押的财产必须是抵押人具有处分权的财产，具体可以是下列财产中的一项或数项：建筑物和其他土地附着物；建设用地使用权；以招标、拍卖、公开协商等方式取得的荒地等土地承包经营权；生产设备、原材料、半成品、产品；正在建造的建筑物、船舶、航空器；交通运输工具；法律、行政法规未禁止抵押的其他财产。

我国《物权法》规定，禁止抵押的财产是：土地所有权；耕地、宅基地、自留地、自留山等集体所有的土地使用权，但法律规定可以抵押的除外；学校、幼儿园、医院等以公益为目的的事业单位、社会团体的教育设施、医疗卫生设施和其他社会公益设施；所有权、使用权不明或者有争议的财产；依法被查封、扣押、监管的财产；法律、行政法规规定不得抵押的其他财产。

需要注意的是，《物权法》首次在法律上确认了浮动抵押制度。所谓浮动抵押，是指经当事人书面协议，企业、个体工商户、农业生产经营者将现有的以及将有的生产设备、原材料、半成品、产品抵押，当债务人不履行到期债务或者发生当事人约定的实现抵押权的情形，债权人有权就实现抵押权时的动产优先受偿的抵押制度。在浮动抵押中，抵押财产的具体范围不断地发生着数量、存在形态等的变化。但更应明确的是，这种不确定性是暂时的，《物权法》规定，在浮动抵押设定后，抵押财产自下列情形之一发生时确定：债务履行期届满，债权未实现；抵押人被宣告破产或者被撤销；当事人约定的实现抵押权的情形；严重影响债权实现的其他情形。

另外，其他一些特别法中，对抵押物的范围有特别规定的，应按特别规定执行。

（三）抵押权的设定

抵押权的设定是指如何在法律上设定一个有效的抵押权，从而在抵押权人与抵押人之间形成抵押法律关系。依据《物权法》与《担保法》的规定，抵押权的设定有两方面的问题需要考虑：一是应由抵押权人与抵押人订立抵押合同；二是办理抵押登记。

抵押人和抵押权人应当以书面形式订立抵押合同。抵押合同应当包括以下内容：被担保的主债权种类、数额；债务人履行债务的期限；抵押物的名称、数量、质量、状况、所在地、所有权权属或者使用权权属；抵押担保的范围；当事人认为需要约定的其他事项。抵押合同不完全具备上述规定内容的，可以补正。订立抵押合同时，抵押权人和抵押人在合同中不得约定在债务履行期届满抵押权人未受清偿时，抵押物的所有权转移为债权人所有。

抵押登记是设定抵押权的另一个重要的法律步骤。根据《物权法》的规定，抵押登记根据抵押物的不同，可分成必须登记与可以登记两种情况。

当事人以建筑物和其他土地附着物，建设用地使用权，以招标、拍卖、公开协商等方式取得的荒地等土地承包经营权、正在建造的建筑物物抵押的，必须办理抵押物登记，抵押自登记之日起设立；如未办理抵押登记，抵押权人不得享有优先受偿权。

当事人以正在建造的船舶、航空器、生产设备、原材料、半成品、产品、交通运输工具作抵押的，以及在浮动抵押的情况下，可以自愿办理抵押物登记，抵押合同自签订之日起生效；当事人未办理抵押登记的，不得对抗善意第三人。

（四）抵押权的实现

我国《物权法》规定，债务人不履行到期债务或发生当事人约定的实现抵押权的情形，抵押权人可以与抵押人协议以抵押财产折价或以拍卖、变卖该抵押财产所得的价款优先受偿；但当事人的相关协议损害其他债权人利益的，其他债权人可以在知道或者应当知道撤销事由之日起一年内请求人民法院撤销该协议。抵押权人与抵押人未就抵押权实现方式达成协议的，抵押权人可以请求人民法院拍卖、变卖抵押财产。

抵押物折价或者拍卖、变卖后，其价款超过债权数额的部分归抵押人所有，不足部分由债务人清偿，但此时该未足额清偿部分的债权与其他普通债权在法律上的地位相同，对债务人的其他非抵押财产不享有优先受偿权。

对同一财产价值不得重复抵押，但对同一抵押物的不同价值是可以向不同的人设定不同的抵押权的。我国《物权法》规定，同一财产向两个以上债权人抵押的，拍卖、变卖抵押财产所得的价款依照下列规定清偿：抵押权已登记的，按照登记的先后顺序清偿；顺序相同的，按照债权比例清偿；抵押权已登记的先于未登记的受偿；抵押权未登记的，按照债权比例清偿。

三、质押权

（一）质押权的种类

我国《物权法》、《担保法》把质押分成动产质押与权利质押两种。相应地，质押权也可分成动产质押权和权利质押权两种。

动产质押权，是指债务人或者第三人将其特定动产移交债权人占有，将该动产作为债权的担保，当债务人到期不履行债务时，债权人有权依照担保法规定，以该动产折价或者以拍卖、变卖该动产的价款优先受偿的担保物权。

权利质押权，是指债务人或者第三人将其特定权利的权利凭证移交债权人占有或以法定的方式，将该权利作为债权的担保物权。债务人不履行债务时，债权人有权依法规定以该权利折价或者以拍卖、变卖该权利的价款优先受偿的权利。

在质押权担保中，将他人财产作为自己债权优先受偿对象的债权人称为质权人；提供财产向他人质押的人称为出质人；出质人可以是债务人本人，也可以是债务人以外的第三人；质权的标的如为特定动产，则称之为质物。

动产质押与权利质押，虽同为质押，但由于标的特点的不同导致法律上的规定有较大的不同。

质押权如同抵押权，也是一种物权，同样具有绝对性的基本特征。因此原则上来讲，关于质押如无法律特别规定，则适用法律有关抵押的规定。

（二）动产质押的设定

动产质押的设定是指如何在法律上设定一个有效的质押权，从而在质权人与出质人之间形成质押法律关系。总体来讲，动产质押权的设定必须包括以下两个步骤：一是应由质权人与出质人订立质押合同；二是必须移交质物给质权人占有。

出质人和质权人应当以书面形式订立质押合同。质押合同应当包括以下内容：被担保的主债权种类、数额；债务人履行债务的期限；质物的名称、数量、质量、状况；质押担保的范围；质物移交的时间；当事人认为需要约定的其他事项。质押合同不完全具备前述规定内容的，可以补正。出质人和质权人在合同中不得约定在债务履行期届满质权人未受清偿时，质物的所有权转移为质权人所有。

根据《物权法》的规定，设定质押权必须由出质人向质权人移交质物，且质押合同自质物移交于质权人占有时生效。

（三）权利质押的范围与设定

我国《物权法》规定，债务人或者第三人有权处分的下列权利可以出质：汇票、支票、本票；债券、存款单；仓单、提单；可以转让的基金份额、股权；可以转让的注册商标专用权、专利权、著作权等知识产权中的财产权；应收账款；法律、行政法规规定可以出质的其他财产权利。

总体来讲，权利质押的设定有两方面的问题：一是应由质权人与出质人订立质押合同；二是根据权利性质的不同，分别采取移交质押权凭证或登记的办法使质押权取得公信力。

权利质押合同应当包括的内容及法律规定与动产质押相同。

以汇票、支票、本票、债券、存款单、仓单、提单出质的，当事人应当订立书面合同。质押权自权利凭证交付质权人时设立；没有权利凭证的，质押权自有关部门办理出质登记时设立。

以基金份额、股权出质的，当事人应当订立书面合同。以基金份额、证券登记结算机构登记的股权出质的，质押权自证券登记结算机构办理出质登记时设立；以其他股权出质的，质押权自工商行政管理部门办理出质登记时设立。以注册商标专用权、专利权、著作权等知识产权中的财产权出质的，当事人应当订立书面合同。质押权自有关主管部门办理出质登记时设立。

四、留置权

留置权，是指在债务人不履行到期债务时，债权人可以依据法律的规定，扣留已经合法占有的债务人的动产，并有权就该动产的价值优先受偿的担保物权。上述被扣留的动产称为留置财产，债权人称为留置权人。

（一）留置权的产生

留置权是法定担保权，故留置权因法律规定而产生。其法定条件包括以下几项：

（1）权利人只能留置其合法占有债务人的动产。

（2）债权与留置物间须有牵连关系。《物权法》规定，债权人留置的动产，应当与债权属于同一法律关系，但企业之间留置的除外。法律规定或者当事人约定不得留置的动产，不得留置。

（3）债务人的债务须已到履行期。

（4）留置期间应合法。《物权法》规定，留置权人与债务人应当约定留置财产后的债务履行期间；没有约定或者约定不明确的，留置权人应当给债务人两个月以上履行债务的期间，但鲜活易腐等不易保管的动产除外。在前述债务履行期间内，留置权人不得处置留置财产以实现债权。

（二）留置权人的权利义务

留置权一经成立，债权人就成为留置权人，依法对留置物和债务人享有权利，同时也相应地承担义务。

留置权人的权利主要有：留置物的占有权；优先受偿权；留置物孳息的收取权；留置权的最优先受偿权，即留置权人不但优先于普通债权人，而且优于其他类型的担保物权人，以留置财产优先受偿。

留置权人的义务主要有：妥善保管留置物的义务；不超额留置的义务，留置财产为可分物的，留置财产的价值应当相当于债务的金额。

（三）留置权的消灭

留置权因下列原因消灭：债权消灭的；债务人另行提供担保并被债权人接受的。

小思考

1. 比较抵押权与质押权的异同。
2. 当事人依法可否设定不动产质押权？为什么？

案例分析

1. 甲去银行贷款，为担保自己债务的履行，决定将自己的房屋抵押给银行。在甲将房产证押给银行但尚未办理抵押登记的情况下，银行就给甲发放了贷款。债权到期时，甲不能清偿债务，银行要求拍卖其房屋以优先实现自己的债权。

问：银行与甲的抵押权是否成立？

2. 甲与乙签订一份买卖化肥的合同，合同约定甲将 10 吨化肥于 5 日内交付于乙，交货地点为乙方仓库，乙于收获后次日付清货款。甲所在地至乙所在地需要半日车程。合同签订后次日，乙有一熟人丙到甲所在地送货，乙遂与甲联系，甲同意丙到达后即发货交由丙运至乙处。丙到达甲所在地后，甲将10吨化肥交付承运人丙，并在随货的单上注明付讫。甲开出发票时，将运费一同计算在化肥价格内，由乙负担。当承运人丙行至半途时，被丁抢占，强行押运至丁处。在公安部门协调处理时，丁指出乙欠其货款，属于经济纠纷，致使调解无果。甲遂起诉丁，要求丁返还化肥。

问：甲的诉讼请求是否能得到支持?

实训项目

分析物权权属纠纷案例

◆ 实训目的

通过运用《物权法》进行案例分析，合理处理实践中的权属纠纷，能够运用所学的物权相关理论知识及法律制度正确地分析和解决具体的法律问题。

◆实训内容

根据提供的案例，由同学分组收集相关法律规定，对提供的案例资料进行讨论分析，并完成案例分析报告。

◆方法步骤

1. 教师介绍相关案例；
2. 学生分小组阅读案例，查找相关法律制度；
3. 学生进行讨论、交流，得出结论；
4. 学生按小组撰写案例分析报告；
5. 教师对学生所撰写的案例分析报告进行点评。

第六章　知识产权法律制度

引　言

连锁经营中的授权是指包括知识产权在内的无形资产使用权（或利用），而非有形资产或其使用权。因此，在连锁经营过程中，如何运用和保护知识产权显得尤为重要。本章从知识产权的三大核心权利——著作权、专利权、商标权的取得、实施和保护等方面介绍我国知识产权的相关法律规定，为连锁经营企业依法取得知识产权、合理有效地运用知识产权提供法律基础。

学习目标

- 理解知识产权的含义
- 明确著作权的保护对象和保护期限
- 掌握对著作权的限制
- 掌握专利权的主体、客体
- 明确取得专利权的条件和专利权的保护
- 明确商标注册的意义
- 掌握进行商标注册的条件和注册商标的续展
- 理解注册商标的使用许可、转让
- 掌握侵犯商标权的行为

第一节 知识产权概述

案例导读

中华老字号海外维权第一案

2006年7月，王致和集团到德国注册商标时发现，其腐乳、调味品、销售服务三类商标被一家名为“欧凯”的德国公司抢注，并且商标标识完全相同。双方协商未果后，王致和集团在德国慕尼黑地方法院向欧凯公司提起诉讼，追讨其商标权。2007年11月14日，德国慕尼黑地方法院一审认定德国欧凯公司在明知的情况下，恶意抢注王致和商标，已经构成了侵权和不正当竞争。依照德国当地法律，该法院判处禁止欧凯公司在德国市场擅自使用王致和商标，并依法撤销欧凯公司抢注的王致和商标。2008年2月25日，一审败诉的德国欧凯公司向德国慕尼黑高等法院提出上诉。2009年1月22日，慕尼黑高等法院开庭审理了此案。2009年4月23日，慕尼黑高等法院对中华老字号王致和诉德国欧凯商标侵权及不正当竞争一案作出终审判决，判决欧凯公司不得擅自使用王致和商标，否则将对欧凯公司处以25万欧元的罚款或对其主要负责人处以六个月监禁；判决欧凯公司注销其恶意抢注的王致和商标。

一、知识产权的含义与特征

（一）知识产权的含义

知识产权属于民事权利的范畴，它是同人身权、物权、债权并列的民事权利的一个种类。一般认为，知识产权是指创造性智力成果的完成人或工商业标志的所有人依法所享有的权利的统称。按照通常的理解，知识产权的内容分为两部分，即著作权（版权）和工业产权，其中工业产权包含专利权与商标权。

（二）知识产权的特征

知识产权属于民事权利中的一种，具有以下与其他民事权利特别是物权相区别的基本特征：

1. 专有性

专有性即排他性，权利一经确认或授予，权利人享有对权利的独占权，未经权利人许可，他人不得行使这类权利，也不得复制这类权利客体，而且相同的客体只能存在一项知识产权，不能重复授权。

2. 时间性

这是指知识产权有时间的限制，在法律规定的期间内，知识产权的财产权部分受法律保护。当法律规定的保护期届满后，该项权利的客体进入公有领域，为社会公众无偿使用，且使用前无须征求原权利人的同意。但其时间性也不是绝对的，比如，商标权的有效期间是10年，但期满前可以申请续展，续展一次的有效期间也是10年，续展的次数不受限制。

3. 地域性

这是指根据一国法律，在该国取得的知识产权只在该国内生效，权利并不及于其他国家，其他国家没有承认和保护该项权利的义务。但根据目前知识产权国际保护的趋势来看，其地域性有所突破，如根据《保护工业产权巴黎公约》的有关规定，驰名商标即使未在成员国注册，相关成员国亦有保护的义务。

4. 法律确认性

知识产权必须经国家法律直接确认，核准授予，即并非任何形式的智力成果都能产生权利，也并非因智力成果的产生而自然地、直接地产生权利。法律不仅规定权利产生的实质条件，也规定了取得权利的程序条件。

二、知识产权法

知识产权法是调整国家机关、自然人、法人、其他组织之间在智力成果的创造、使用、转让，以及权利确认、保护等过程中产生的社会关系的法律规范的总和。

我国知识产权法经过多年的实践，已经建立了比较完善的法律体系，并与WTO的TRIPS协议相衔接。现行的知识产权方面的法律有：《中华人民共和国著作权法》（1990年9月7日通过，2001年10月27日修正）、《中华人民共和国专利法》（1984年3月12日通过，1992年9月4日第一次修正，2000年8月25日第二次修正，2008年12月27日第三次修正）、《中华人民共和国商标法》（1982年8月23日通过，1993年2月22日第一次修正，2001年10月27日第二次修正），以及与这些法律相配套的《著作权法实施条例》、《专利法实施细则》和《商标法实施条例》。

第二节　著作权

案例导读

作家联盟诉苹果侵权　索赔1 200万元已立案

依靠知识产权的优势发家的美国苹果公司，现在或许要在知识产权的问题上摔跟头了。北京市第二中级人民法院对作家维权联盟诉苹果侵权一事已正式立案。立案涉及9位作家、37部作品，索赔金额共计1 200万元。2011年10月，作家维权联盟发起的一场诉讼，让不少“果粉”得知了一个惊人的消息：苹果应用商店中出售的中国作家著作几乎没有一本是正版的。并且，苹果公司还与盗版者三七分成。作家维权联盟能否从苹果公司拿回属于自己的那份权利？苹果公司认为作家维权联盟寄来的资料不符合其对著作权的认定，希望作家直接与开发者联系、协商，并且认为其所有的资料都是按照中国法律的要求，都是附上了版权证明等资料的。

资料来源：http：//www. cnipr. com。

一、著作权的概念

著作权是指作者基于文学艺术和科学作品依法产生的专有权利。文学艺术和科学作品是著作权产生的前提和基础。在理解这一概念时应从以下几点予以把握：

（1）著作权是作者首先享有的权利。

（2）著作权以作者对其作品的人格利益和财产利益为内容。

（3）著作权不仅是专有权利，而且还表现为一系列权利的总和。

二、著作权的主体、客体和内容

（一）著作权的主体

著作权主体，是指依照法律规定，对文学艺术和科学作品享有著作权的人，即著作权人。确认著作权的主体，不仅是著作权法的一项重要内容，也是实施著作权保护的前提。根据《著作权法》第九条的规定，著作权人包括：作者；其他依照本法享有著作权的公民、法人或者其他组织。

1. 作者

《著作权法》第十一条第二款规定，创作作品的公民是作者。作者必须是直接创作作品的人，为他人创作进行组织工作，提供咨询意见、物质条件，或者进行其他辅助工作的人，不是作者。由法人或者其他组织主持，代表法人或者其他组织意志创作，并由法人或者其他组织承担责任的作品，法人或者其他组织视为作者。

一般而言，如无相反证明，在作品上署名的公民、法人或者其他组织为作者。

2. 其他著作权人

其他著作权人，是指依照法律规定或者通过约定，虽未参加作品创作的公民、法人或者其他组织而成为著作权的主体。

作者以外的公民、法人或者其他组织成为著作权人，主要有以下几种途径：依照法律法规取得著作权，如职务作品，电影、电视、录像作品；依照合同取得著作权，这是其他著作权人取得著作权的主要方式；依照继承关系取得著作权；以其他方式取得著作权，如作者身份不明的作品，由作品原件的所有人行使除署名权以外的著作权。

3. 外国著作权人

依照我国《著作权法》的规定，外国人、无国籍人的作品首先在中国境内出版的，依法享有著作权。外国人、无国籍人的作品在中国境外首先出版后，30 日内在中国境内出版的，视为该作品同时在中国境内出版而受到《著作权法》的保护。

在中国境外首先发表的外国人作品，根据作者所属国或者经常居住地国同中国签订的协议或者共同参加的国际条约亦可享有著作权；未与中国签订协议或者共同参加国际条约的国家的作者以及无国籍人的作品首次在中国参加的国际条约的成员国出版的，其著作权受我国《著作权法》的保护。

（二）著作权的客体

从一般意义上讲，所谓著作权客体，就是指在著作权法律关系中，主体的权利义务共同指向的对象，也就是我国《著作权法》保护的对象。根据《著作权法》第二条第一款的规定，在我国著作权的客体是作品。

作品，是指文学、艺术和科学领域内具有独创性并能以某种有形形式复制的智力成果。根据《著作权法》第三条的规定，受《著作权法》保护的作品有以下几类：文字作品；口述作品；音乐、戏剧、曲艺、舞蹈、杂技艺术作品；美术、建筑作品；摄影作品；电影作品和以类似摄制电影的方法创作的作品；工程设计图、产品设计图、地图、示意图等图形作品和模型作品；计算机软件；法律、行政法规规定的其他作品，如《著作权法》第六条规定的民间艺术作品。

不受《著作权法》保护的客体主要有：依法禁止出版、传播的作品；法律、法规，国家机关的决议、决定、命令和其他具有立法、行政、司法性质的文件，及其官方正式译文；时事新闻，即通过报纸、期刊、广播电台、电视台等媒体报道的单纯事实消息；历法、通用数表、通用表格和公式。

小思考

著作权的保护对象有哪些？

（三）著作权的内容

著作权的内容，即著作权人对其作品享有的权利。根据《著作权法》的规定，著作权的内容包括人身权利和财产权利。

1. 人身权利

著作权中的人身权利，是指基于作品的创作而依法由作者享有的与其人身利益密切相关甚至不可分离的权利。根据《著作权法》的规定，人身权利有下列几项：

（1）发表权，即决定作品是否公之于众的权利。所谓公之于众，是指著作权人自行或者经著作权人许可将作品向不特定的人公开，但不以公众知晓为构成条件。

（2）署名权，即表明作者身份，在作品上署名的权利。

（3）修改权，即修改或者授权他人修改作品的权利。

（4）保护作品完整权，即保护作品不受歪曲、篡改的权利。

2. 财产权利

著作权中的财产权利，是指著作权人依法利用其作品并获得报酬的权利。根据《著作权法》的规定，财产权利有下列几项：复制权、发行权、出租权、展览权、表演权、放映权、广播权、信息网络传播权、摄制权、改编权、翻译权、汇编权以及应当由著作权人享有的其他权利。

三、著作权的限制

著作权是作者基于文学艺术和科学作品依法产生的专有权利，法律赋予这种专有权利是为了激励作者创作。但如果著作权法仅保护作者的利益而不作出一定的限制，则反而会因为这一保护而阻碍了作品的传播与使用，从而不利于人类思想、文化、艺术、科学的发展。因此，有必要对著作权人的专有权利的行使作出一定的限制。根据《著作权法》的规定，对著作权的限制表现在以下几方面：

（一）合理使用

这是指非著作权人在法律规定的情况下，可以不经著作权人许可，不向其支付报酬而使用作品，但应当指明作者姓名、作品名称，并且不得侵犯著作权人依法享有的其他权利。根据《著作权法》第二十二条的规定，以下的情况属于作品的合理使用：

（1）为个人学习、研究或者欣赏，使用他人已经发表的作品；

（2）为介绍、评论某一作品或者说明某一问题，在作品中适当引用他人已经发表的作品；

（3）为报道时事新闻，在报纸、期刊、广播电台、电视台等媒体中不可避免地再现或者引用已经发表的作品；

（4）报纸、期刊、广播电台、电视台等媒体刊登或者播放其他报纸、期刊、广播电台、电视台等媒体已经发表的关于政治、经济、宗教问题的时事性文章，但作者声明不许刊登、播放的除外；

（5）报纸、期刊、广播电台、电视台等媒体刊登或者播放在公众集会上发表的讲话，但作者声明不许刊登、播放的除外；

（6）为学校课堂教学或者科学研究，翻译或者少量复制已经发表的作品，供教学或者科研人员使用，但不得出版发行；

（7）国家机关为执行公务在合理范围内使用已经发表的作品；

（8）图书馆、档案馆、纪念馆、博物馆、美术馆等为陈列或者保存版本的需要，复制本馆收藏的作品；

（9）免费表演已经发表的作品，该表演未向公众收取费用，也未向表演者支付报酬；

（10）对设置或者陈列在室外公共场所的艺术作品进行临摹、绘画、摄影、录像；

（11）将中国公民、法人或者其他组织已经发表的以汉语言文字创作的作品翻译成少数民族语言文字作品在国内出版发行；

（12）将已经发表的作品改成盲文出版。

小案例

2010年9月9日，某市举行文艺晚会，歌星金某应邀参加演出，并演唱了两首歌曲。当地电视台为报道这次晚会，在现场报道时也摄进了金某演唱的3个镜头，同时在当地电视台的节目中予以播放。金某认为：电视台未经许可擅自现场直播表演，侵犯了其权利，要求电视台停止侵权，公开赔礼道歉，并支付报酬10 000元，赔偿损失20 000元。电视台不承认侵权，认为这纯属新闻报道，拒绝了金某的要求，金某于是诉诸法院。

问：电视台是否侵犯了金某的权益？

（二）法定许可

这是指非著作权人在法律规定的情况下，可以不经著作权人许可而使用其作品，但应当支付报酬的一种制度。根据《著作权法》的有关规定，法定许可主要有下列情况：

（1）为实施九年制义务教育和国家教育规划而编写出版教科书，除作者事先声明不许使用的外，可以不经著作权人许可，在教科书中汇编已经发表的作品片段或者短小的文字作品、音乐作品或者单幅的美术作品、摄影作品，但应当按照规定支付报酬，指明作者姓名、作品名称，并且不得侵犯著作权人依照本法享有的其他权利。

（2）作品刊登后，除著作权人声明不得转载、摘编的外，其他报刊可以转载或者作为文摘、资料刊登，但应当按照规定向著作权人支付报酬。

（3）录音制作者使用他人已经合法录制为录音制品的音乐作品制作录音制品，可以不经著作权人许可，但应当按照规定支付报酬；著作权人声明不许使用的不得使用。

（4）广播电台、电视台播放已经出版的录音制品，可以不经著作权人许可，但应当支付报酬。当事人另有约定的除外。

（三）强制许可

这是指非著作权人在法律规定的情况下，向政府主管部门申请并得到批准后，可不经著作权人许可而使用其已经发表的作品，并向著作权人支付报酬的一种制度。我国《著作权法》没有对强制许可作出规定，但是，两个基本的著作权国际公约，即《伯尔尼公约》和《世界版权公约》对强制许可作出了规定。我国是这两个公约的成员国，因而，在必要时可以适用有关强制许可的规定。

小思考

什么是著作权的限制？为什么要对著作权进行限制？

四、著作权的取得和终止

（一）著作权的取得

著作权的取得，即著作权的产生，是指公民、法人或者其他组织依据一定的法律事实或客观事实获得著作权法的保护，享有著作权。

1. 自动取得

这是著作权取得的基本规则，是指著作权因作者创作完成作品这一客观事实而依法自动获得，不需要履行任何手续，也不需要在作品上作任何特别的标示。

2. 自愿登记

我国法律在确认著作权的取得适用自动产生的同时，又规定了著作权的自愿登记制度。为维护作者或其他著作权人和作品使用者的合法权益，有助于解决因著作权归属造成的著作权纠纷，并为解决著作权纠纷提供初步证据，国家版权局于 1994 年 12 月 31 日发布了《作品自愿登记试行办法》，根据该办法第二条的规定，作品实行自愿登记。作品不论是否登记，作者及其他著作权人依法取得的著作权不受影响。

（二）著作权的终止

著作权的终止即著作权的丧失，一般是指著作财产权的终止。导致著作权终止的主要原因是作品的著作权保护期届满。另外，著作权人放弃著作权，也会导致著作财产权的放弃。

著作权终止最直接的法律后果是作品由“专有领域”进入“公有领域”，成为全社会公有的财富，任何人都可以自由使用，而不必经著作权人的同意和支付报酬。不过，这种使用并不是绝对自由的，因为著作财产权的终止并不导致著作人身权的终止。这种自由使用是以尊重作者的署名权、修改权、保护作品完整权等人身权利为前提。

五、著作权的保护期限

著作权的保护期限，是指著作权人对作品享有专有权的有效期限，即在著作权保护期限内，作品的著作权受法律保护；著作权期限届满后，就丧失著作权，不再受法律保护，任何人都可以免费、自由地使用。

（一）人身权利的保护期限

根据《著作权法》第二十条的规定，人身权利中的署名权、修改权、保护作品完整权的保护期不受限制。作者死亡后，其著作权中的署名权、修改权和保护作品完整权由作者的继承人或者受遗赠人保护。著作权无人继承又无人受遗赠的，其署名权、修改权和保护作品完整权由著作权行政管理部门保护。

（二）发表权和财产权利的保护期限

一般作品的保护期为作者终生及其死亡后五十年，截止于作者死亡后第五十年的 12 月 31 日。作者生前未发表的作品，如果作者未明确表示不发表，作者死亡后五十年内，其发表权可由继承人或者受遗赠人行使；没有继承人又无人受遗赠的，由作品原件的所有人行使。作者身份不明的作品，其财产权利的保护期截止于作品首次发表后第五十年的 12 月 31 日。

合作作品的保护期截止于最后死亡的作者死亡后第五十年的 12 月 31 日。

法人或者其他组织的作品、著作权（署名权除外）由法人或者其他组织享有的职务作品，其保护期为五十年，截止于作品首次发表后第五十年的 12 月 31 日，但作品自创作完成后五十年内未发表的，不再保护。

电影作品和以类似摄制电影的方法创作的作品、摄影作品，其保护期为五十年，截止于作品首次发表后第五十年的12月31日，但作品自创作完成后五十年内未发表的，不再保护。

小思考

1. 著作权何时产生?
2. 著作权的保护期限有多久?

第三节　专利权

案例导读

专利遭侵权　浙商赴美告沃尔玛

沃尔玛、百思买等多家美国零售业巨头在美国本土被一家中国企业告上了法庭。2009年7月初，来自中国常州市的亚细亚吸能电子科技有限公司向美国得克萨斯州一家地区法院提起诉讼，指控这几家零售商销售仿冒该公司专利生产的车载电子设备坐垫，侵犯了该公司的设计专利权，并要求赔偿。此案于2010年1月6日达成和解协议，被告承诺停止采购、销售侵权产品。在本次诉讼中，常州亚细亚公司一改以往中国企业在国际知识产权纠纷中被动应诉的局面，首次上演中国中小企业诉美国商业巨头的场景，尽管纠纷解决地在境外，但常州亚细亚公司却以39万元人民币的微小代价成功迫使美国商业巨头主动提出和解，体现了国内企业在海外市场竞争中对涉外知识产权规则运用方面的长足进步，极大地提升了中国企业的国际形象和影响力，对我国相关行业、企业产生极为深远的示范效应。

美国媒体报道将这一诉讼称为一桩少见的中国公司在美国法庭伸张专利权的案件。中国公司此举反映了中国企业对美国专利体系的应用越来越广泛。根据美国专利和商标办公室的数据，2000—2008年期间，中国企业申请的专利数翻了12番。2008年，中国在美国申请了5 129项专利。美国Fish & Richardson律师事务所律师纳斯特表示，中国人正学会利用美国的专利系统，“你会看到更多的中国公司在美国起诉”。“这是中国公司在试水美国司法系统，看看美国法律是如何处理知识产权问题的。”洛杉矶一位律师评论道。

一、专利权和专利法

专利有三种含义：一是指专利权，即发明创造的申请人依照法定程序申请并依法取得的对其发明创造享有的专有权利；二是指取得专利权的发明创造，即专利权所保护的发明创造客体；三是指专利文献，即经国务院专利行政管理机关依照法定程序审查后，依法出版记载发明创造内容的文件。

我国《专利法》于1984年3月12日由第六届人大常委会第四次会议通过，1985年4月1日正式实施；1992年9月4日，第七届人大常委会第二十七次会议通过第一次修订；2000年8月25日，第九届人大常委会第十七次会议通过第二次修订；2008年12月27日，第十一届人大常委会第六次会议通过第三次修订。

二、专利权的主体与客体

（一）专利权的主体

专利权的主体是指有权提出专利申请和获得专利权，并承担相应的义务的人，包括自然人和法人。根据《专利法》的规定，专利权主体可以是发明人或设计人、职务发明创造者所属单位、外国人，以及专利权的合法受让人。专利权可以为一个自然人或法人所有，也可以为两个或两个以上的自然人或法人共有。

1. 发明人或设计人

即真正完成发明创新，对其实质性特点作出了创造性贡献的人。

2. 职务发明创造者所属单位（职务发明创造）

执行本单位的任务或者主要是利用本单位的物质条件所完成的发明创造为职务发明创造。职务发明创造申请专利的权利属于单位，申请被批准后，该单位为专利权人。

3. 外国人

主要有两种情况：一是在我国有经常居住地或营业场所的，与我国公民在专利的申请和保护方面享有同样的权利；二是在我国没有经常居住地或营业场所的，依其所属国同我国签订的协议或共同参加的国际公约，或依照互惠原则，依《专利法》进行办理。

4. 专利权的合法受让人

指通过转让、继承、赠与方式获得专利权的人。

小案例

2007年12月，H化工研究院工程师梁某在一次技术洽谈会上与G化工厂厂长张某结识。张某请梁某帮助解决污水净化重复利用的技术难题，梁某答应试试。2008年春节，梁某与其在大学读书的儿子在H化工研究院院内一个废弃多年的人防工程里，用三个箩筐、一堆渣土、扫帚、水桶等工具，以及自费购买的十余种试剂、试纸、电炉等物品，对G化工厂的污水水样进行净化实验。实验结果达到了G化工厂的技术指标要求。梁某将实验资料交给H化工研究院一份，院里认为梁某为该院工程师，污水净化又是其业务研究范围，此成果应是职务技术成果，便以研究院的名义于2008年5月向国务院专利行政部门提交了“HI—PQ703污水净化方法”专利申请。2011年7月，研究院获得专利权。在此期间，梁某一直认为自己的成果是非职务发明，故强烈要求办理专利权人变更手续。双方争执不下，梁某诉至法院。

问：梁某和H化工研究院谁的主张成立？为什么？

(二)专利权的客体

1. 发明

发明是对产品、方法或者其改进所提出的新的技术方案。发明专利具有以下特点:

(1)发明是一种技术方案。这种技术方案是发明人利用自然规律的结果,是将自然规律在特定技术领域的结合和应用。

(2)发明是一种具体的技术方案。应当能够解决特定的技术问题,具有一定的实用性,不能是单纯的设想。

(3)发明必须是一种新的技术方案。申请专利的发明与现有技术相比,必须是前所未有的,有一定的创造性。

(4)发明必须是符合法律规定的技术方案。发明的内容不能违反国家法律规定。

(5)发明的种类可以是产品的发明、方法的发明或者产品和方法改进的发明。

2. 实用新型

实用新型是对产品的形状、构造或者其结合所提出的适于实用的新的技术方案。实用新型专利具有下列特点:

(1)必须是一种具有形状或构造的产品,即实用新型必须是一种产品,而且应当具有一定的空间构造。

(2)必须具有应用性技术特征,即具有价值,能够在工业上再现。

(3)必须具有创造性,应当是一种新的技术方案,与现有技术相比具有一定的创造性。

3. 外观设计

外观设计是对产品的形状、图案、色彩或其结合所作出的富有美感并适于工业上应用的新设计。具有以下特点:

(1)必须是对产品的外表所作的设计。外观设计不保护产品的内部构造。

(2)构成外观设计的要素是产品的形状、图案或者其结合;色彩与形状、图案的结合。色彩不能单独构成外观设计。

(3)外观设计必须富于美感。

(4)外观设计应当是适于工业应用的新设计。

?小思考

1. 如果是对一种生产工艺作出了新的技术方案,属于什么发明创造?

2. 外观设计是一种技术方案吗?

三、专利权的取得

(一)专利权取得的实质条件

1. 发明和实用新型

授予专利权的发明和实用新型,应当具备新颖性、创造性和实用性。

(1) 新颖性是指该发明或者实用新型不属于现有技术；也没有任何单位或者个人就同样的发明或者实用新型在申请日以前向国务院专利行政部门提出过申请，并记载在申请日以后公布的专利申请文件或者公告的专利文件中。但申请专利的发明创造在申请日以前六个月内，有下列情形之一的，不丧失新颖性：第一，在中国政府主办或者承认的国际展览会上首次展出的；第二，在规定的学术会议或者技术会议上首次发表的；第三，他人未经申请人同意而泄露其内容的。

(2) 创造性是指与现有技术相比，该发明具有突出的实质性特点和显著的进步，该实用新型具有实质性特点和进步。

(3) 实用性是指该发明或者实用新型能够制造或者使用，并且能够产生积极效果。

2. 外观设计

授予专利权的外观设计应当同申请日以前在国内外出版物上公开发表或者国内公开使用过的外观设计不相同和不相近似，并不得与他人在先取得的合法权利相冲突。

(二) 程序性条件

《专利法》规定了申请发明创造专利权的范围和必须具备的实质性条件，还规定了一系列专利申请的原则和手续，这是获得专利权的形式条件。

1. 申请原则

(1) 书面原则：专利申请必须采用书面形式，按照国家专利行政部门统一规定的要求提交申请文件。

(2) 申请单一性原则：一件发明创造只能被授予一个专利权；属于一个整体构思的两项或两项以上的发明创造可以作为一件专利申请提出。

(3) 先申请原则：两个或两个以上的人分别就同样的发明创造申请专利时，专利权授予最先申请的人。确定申请先后，是以申请日为准，国务院专利行政部门收到专利申请文件之日为申请日；专利申请文件是邮寄的，以寄出邮戳日为申请日；邮戳日不清晰的，除申请人能够提出证明的外，以国务院专利行政部门收到之日为申请日；申请人提出实用新型专利申请缺少说明书附图的，以补交齐附图之日为申请日。

(4) 优先权原则：主要表现为国际优先和国内优先。国际优先是指申请人自发明或者实用新型在国外第一次提出专利申请之日起 12 个月内，或者外观设计在国外第一次提出专利申请之日起 6 个月内，又在中国就相同主题提出专利申请的，依照该外国同中国签订的协议或者共同参加的国际公约，或者依照相互承认优先权的原则，可以享有优先权。国内优先是指申请人自发明或者实用新型在中国第一次提出专利申请之日起 12 个月内，又向国务院专利行政部门就相同主题提出专利申请的，可以享有优先权。

(5) 充分公开原则：发明和实用新型的说明书应该具有清楚、完整的内容，即专利申请人对信息的披露要以清晰、完整的方式公开，以便本专业领域的技术人员能按专利文件实施专利。这一原则是 WTO《与贸易有关的知识产权协议》的要求之一。

2. 申请文件

申请发明和实用新型专利应当准备下列文件：

(1) 请求书：包括发明或实用新型的名称，发明人或设计人的姓名，申请人姓名或者名称、地址，以及其他事项。

（2）说明书及摘要：应当对发明或者实用新型作出清楚、完整的说明，以所属技术领域的技术人员能够实现为准；必要的时候，应当有附图。摘要是对说明书公开内容的概括。

（3）权利要求书：申请人请求专利保护的技术范围。

申请外观专利应当提交设计请求书、图片或照片、外观设计简要说明等。

3. 审批程序

（1）发明专利申请的审批程序为：

1）初步审查。

2）早期公开：国务院专利行政部门收到专利申请后，经初步审查认为符合法定要求的，自申请日起满18个月，即行公布。申请人可以要求早日公布其申请。

3）实质审查：发明专利申请自申请日起三年内，国务院专利行政部门可以根据申请人随时提出的请求，对其进行实质审查；申请人无正当理由逾期不请求实质审查的，该申请即视为撤回。国务院专利行政部门认为必要时，可自行实施实质审查。

4）授权登记和公告：发明专利申请经过实质审查，没有发现驳回理由的，国务院专利行政部门作出授予发明专利权的决定，发给专利证书，同时予以登记和公告。发明专利权自公告之日起生效。

（2）实用新型和外观设计的审批程序为：

1）初步审查。

2）授权登记和公告：实用新型和外观设计专利申请经过初步审查，没有发现驳回理由的，国务院专利行政部门作出授予实用新型或外观设计专利权的决定，发给专利证书，同时予以登记和公告。实用新型和外观设计专利权自公告之日起生效。

小案例

甲单位的工作人员乙在业余时间里主要利用本单位专有的技术资料研制成功一种保健饮料。甲乙双方因该发明创造的专利申请权发生争议，并于2011年7月1日同日向国家知识产权局提出发明专利申请。2011年9月13日，某外国公民丙向中国知识产权局就同样发明创造申请专利，并出示其于2010年8月16日在本国申请专利的证明，要求优先权。经查，该外国与我国订有相互承认优先权的条约。

问：国家知识产权局应当将专利权授予何方？为什么？

（三）不授予专利权的发明创造

根据《专利法》第五条、第二十五条的规定，下列发明创造不授予专利权：（1）违反国家法律、社会公德或者妨碍公共利益的发明创造；（2）违反法律、行政法规的规定获取或者利用遗传资源，并依赖该遗传资源完成的发明创造；（3）科学的发现；（4）智力活动的规则和方法；（5）疾病的诊断和治疗方法；（6）动物和植物品种；（7）用原子核变换方法获得的物质；（8）对平面印刷品的图案、色彩或者二者的结合作出的主要起标识作用的设计。

小思考

如果你有一项发明创造，和你所从事的工作有关，你会去申请专利吗？符合专利权条件的发明创造是否都应该去申请专利呢？

四、专利实施的行政许可和强制许可

（一）专利实施的行政许可

《专利法》第十四条规定，国有企事业单位的发明专利，对国家利益或者公共利益具有重大意义的，国务院有关主管部门和省、自治区、直辖市人民政府报经国务院批准，可以决定在批准的范围内推广应用，允许指定的单位实施，由实施单位按照国家规定向专利权人支付使用费。

（二）专利实施的强制许可

（1）有下列情形之一的，国务院专利行政部门根据具备实施条件的单位或个人申请，可以给予实施发明或者实用新型专利的强制许可：一是专利权人自专利权被授予之日起满三年，且自提出专利申请之日起满四年，无正当理由未实施或者未充分实施其专利的；二是专利权人行使专利权的行为被依法认定为垄断行为，为消除或者减少该行为对竞争产生的不利影响的。

（2）在国家出现紧急情况时，或者为了公共利益目的，国务院专利行政部门可以给予发明或者实用新型专利的强制许可。

（3）为了公共健康目的，对取得专利权的药品，国务院专利行政部门可以给予制造并将其出口到符合中华人民共和国参加的有关部门国际条约规定的国家或者地区的强制许可。

（4）一项取得专利权的发明或者实用新型比前一已经取得专利权的发明或者实用新型具有显著经济意义的重大技术进步，其实施有赖于前一发明或者实用新型专利实施的，国务院专利行政部门可以根据后一专利权人的申请给予实施前一发明或者实用新型专利的强制许可。反之亦然。

给予强制许可应当规定实施范围和时间。理由消除，应当根据专利权人请求，解除强制许可。取得强制许可的，应当向专利权人支付合理使用费。产生使用费纠纷的，可请求国务院专利行政部门裁决。对强制许可决定不服、对强制许可使用费裁决不服，可自收到通知之日起三个月内向人民法院起诉。

五、专利权的法律保护

专利权的法律保护是指国家通过法律从行政和司法程序中保障专利权人依法独立自主地实施其权利，制止和制裁侵犯其专利权的行为，在专利的申请、审批、实施、转让等方面给予专利申请人和专利权人以法律保护的制度。

（一）专利权的期限

我国《专利法》规定，发明专利的期限为20年，实用新型专利权和外观设计专利权的期限为10年。专利权期限均自申请日起计算，而不是从授权日起计算，而专利权的保护是从授予之日才开始。超过保护期限就进入公共领域，任何人可以使用。

小思考

对专利权的保护从何时开始？

（二）侵犯专利权的行为

侵犯专利权的行为是指在专利有效期间内，未经专利权人许可，以生产经营为目的，实施其专利的行为。所谓实施是指为生产经营目的制造、使用、许诺销售、销售、进口其专利产品，或者使用其专利方法以及使用、许诺销售、销售、进口依照该专利方法直接获得的产品。

1. 侵犯专利权的行为表现

（1）以生产经营为目的制造、使用、销售或进口专利产品，或使用专利方法以及使用、销售、进口依该方法获得的产品，或制造、销售或进口外观设计专利产品，而又未经专利权人许可的行为。

（2）假冒他人专利的行为。根据《专利法实施细则》第八十四条的规定，以下行为属于假冒他人专利行为：未经许可，在其制造或者销售的产品、产品的包装上标注他人的专利号；未经许可，在广告或者其他宣传材料中使用他人的专利号，使人将所涉及的技术误认为是他人的专利技术；未经许可，在合同中使用他人的专利号，使人将合同涉及的技术误认为是他人的专利技术；伪造或者变造他人的专利证书、专利文件或者专利申请文件。

2. 不视为侵权的情形

有下列情形之一的，不视为侵犯专利权：（1）专利产品或者依照专利方法直接获得的产品，由专利权人或者经其许可的单位、个人售出后，使用、许诺销售、销售、进口该产品的；（2）在专利申请日前已经制造相同产品、使用相同方法或者已经做好制造、使用的必要准备，并且仅在原有范围内继续制造、使用的；（3）临时通过中国领陆、领水、领空的外国运输工具，依照其所属国同中国签订的协议或者共同参加的国际条约，或者依照互惠原则，为运输工具自身需要而在其装置和设备中使用有关专利的；（4）专为科学研究和实验而使用有关专利的；（5）为提供行政审批所需要的信息，制造、使用、进口专利药品或者专利医疗器械的，以及专门为其制造、进口专利药品或者专利医疗器械的。

（三）专利权的保护方式

侵犯专利权引起纠纷的，由当事人协商解决；不愿协商或者协商不成的，专利权人或者利害关系人可以向人民法院起诉，也可以请求管理专利工作的部门处理。管理专利工作的部门处理时，认定侵权行为成立的，可以责令侵权人立即停止侵权行为，当事人不服的，可以自收到处理通知之日起十五日内依照我国《行政诉讼法》向人民法院起诉；侵权人期满不起诉又不停止侵权行为的，管理专利工作的部门可以申请人民法院强制执行。进行处理的管理专利工作的部门应当事人的请求，可以就侵犯专利权的赔偿数额进行调解；调解不成的，当事人可以依照我国《民事诉讼法》向人民法院起诉。为生产经营目的使用、许诺销售或者销售不知道是未经专利权人许可而制造并售出的专利侵权产品，能证明该产品合法来源的，不承担赔偿责任。假冒专利的，除依法承担民事责任外，由管理专利工作的部门责令改正并予公告，没收违法所得，可以并处违法所得四倍以下的罚款；没有违法所得的，可以处二十万元以下的罚款；构成犯罪的，依法追究刑事责任。

第四节　商标权

案例导读

涉嫌商标侵权　淘宝网及店主遭起诉索赔 50 万元

傲胜（中国）公司称淘宝网店主魏女士未经其授权，擅自开设冠以“傲胜官方旗舰店——唯一授权北京店”名号的网店，大肆销售假冒傲胜商标的伪造品，侵犯了公司的商标专有权，而淘宝网却对此不闻不问，还为其售假提供便利。因与二被告交涉赔偿事宜未果，傲胜（中国）公司将魏女士和淘宝网一并诉至北京市顺义区法院，要求停止侵权行为，连带赔偿 50 万元，并在媒体进行公开道歉。傲胜（中国）公司诉称，其为新加坡傲胜国际有限公司（简称傲胜国际公司）在华的全资子公司，也是傲胜牌按摩器械在中国地区的独家销售代理商。其在中国区域内独占使用傲胜国际公司注册和持有的全部商标、商号、图片及有关宣传资料，并在自己设立的专柜或专卖店进行独家销售。近年，公司发现第一被告魏女士未经其授权，擅自在淘宝网上开设了一家冠以“傲胜官方旗舰店——唯一授权北京店”名号的网店。该网店在显著位置多次使用了傲胜（中国）公司独占使用的商标，并放置了大量“傲胜”产品图片及宣传资料（含商号、商标及企业 LOGO），以大肆销售假冒傲胜商标的伪造品。而第二被告淘宝网则为魏女士销售的伪造产品提供了盖有伪售后服务章的伪保修卡，对消费者关于该网店销售产品的真实性产生了误导。自 2011 年 5 月以来，公司一直试图与淘宝网就有关侵权事宜进行交涉，但淘宝网始终置之不理。傲胜（中国）公司故将魏女士与淘宝网一同诉至法院，请求判令二被告共同承担连带赔偿责任 50 万元，在大众媒体上公开赔礼道歉，并停止侵权行为。

资料来源：http：//www. ipr. gov. cn。

一、商标法概述

（一）商标与注册商标

商标，就是通常所说的“牌子”，是商品的标记。它是使一个特定企业的商品或服务得以同其他企业的商品或服务区别的标志，即是用于商品或服务上的一种特定的标记，消费者凭之可以标识或者确认该商品的生产者或服务的提供者。因此，商标的本质作用是区别商品的来源，区别性是商标的一项基本功能或称本质特征。

注册商标是经商标管理机关核准注册的商标。在我国，只有经过注册的商标才具有商标专用权，从而受到法律的保护。使用注册商标，可以在商品、商品包装、说明书或者其他附着物上标明“注册商标”或者注册标记。使用注册标记，应当标注在商标的右上角或者右下角。

（二）商标的国际保护

作为一种知识产权，商标专用权也具有地域的特点，即它只有在商标核准注册国或权利产生国的国内有效。这与国际贸易的发展是格格不入的，因此，有关商标的国际保护日益受到重视。主要的保护方法是通过签订一系列的双边或多边条约，使得成员国之间的公民互相能享受国民待遇。

目前关于商标国际保护的主要国际公约有 1883 年 3 月 20 日在巴黎签署的《保护工业产权巴黎公约》（简称《巴黎公约》）、1891 年 4 月 14 日在马德里签署的《商标国际注册马德里协定》（简称《马德里协定》），以及世界贸易组织框架下的多边协议《与贸易有关的知识产权协议》（即 TRIPS 协议）。

二、商标注册的申请

（一）商标管理机关

国务院工商行政管理部门商标局主管全国商标注册和管理的工作，商标局和地方各级工商行政管理部门负责商标的日常管理，商标评审委员会负责处理商标争议事宜。

（二）商标注册的原则

商标注册以自愿为原则。商标使用者可以自己决定是否对使用的商标申请注册，注册商标和未注册商标都可以使用。但只有注册商标享有商标专用权。自愿注册原则亦有例外。根据《商标法》第六条的规定，国家规定必须使用注册商标的商品，必须申请商标注册，未经核准注册的，不得在市场销售。国家工商行政管理局 1988 年 1 月 4 日《关于公布必须使用注册商标的商品的通知》中明确规定，对人用药品和烟草制品等国家规定的商品必须使用注册商标。

? 小思考

什么是商标？什么是商号？两者之间有何关系？

（三）商标注册的条件

1. 申请人的资格

根据《商标法》第四条的规定，自然人、法人或者其他组织均可作为申请人向商标管理机关提出注册申请。

2. 商标须具备的条件

（1）商标必须具备法定的构成要素。根据《商标法》第八条的规定，任何能够将自然人、法人或者其他组织的商品与他人的商品区别开的可视性标志，包括文字、图形、字母、数字、三维标志和颜色组合，以及上述要素的组合，均可以作为商标申请注册。

（2）商标必须具备显著特征。对申请注册商标的显著性的要求，是由商标本身的性质决定的。商标是据以区别不同商品和服务的标志，其有表示商品和服务的质量，进行广告宣传的作用。如果商标没有显著性，就无法实现商标的功能，也就不成为商标。

（3）商标必须不是禁止使用或者禁止注册的标志。根据《商标法》第十条的规定，下列标志不得作为商标使用：同中华人民共和国的国家名称、国旗、国徽、军旗相同或者近似的，以及同中央国家机关所在地特定地点的名称或者标志性建筑物的名称、图形相同的；同外国的国家名称、国旗、国徽、军旗相同或者近似的，但该国政府同意的除外；同政府间国际组织名称、旗帜、徽记相同或者近似的，但经该组织同意或者不易误导公众的除外；与表明实施控制、予以保证的官方标志、检验印记相同或者近似的，但经授权的除外；同“红十字”、“红新月”的名称、标记相同或者近似的；带有民族歧视性的；夸大宣传并带有欺骗性的；有害于社会主义道德风尚或者有其他不良影响的。

县级以上行政区划的地名或者公众知晓的外国地名，不得作为商标。但是，地名具有其他含义或者作为集体商标、证明商标组成部分的除外；已经注册的使用地名的商标继续有效。同时，我国《商标法》对地理标志作出了比较明确的规定。地理标志，是指标示某商品来源于某地区，该商品的特定质量、信誉或者其他特征，主要由该地区的自然因素或者人文因素所决定的标志。商标中有商品的地理标志，而该商品并非来源于该标志所标示的地区，误导公众的，不予注册并禁止使用；但是，已经善意取得注册的继续有效。地理标志，可以依照有关规定，作为证明商标或者集体商标申请注册，也可以根据《地理标志产品保护规定》向国家质量监督检验检疫总局申请地理标志产品保护。

根据《商标法》第十一条的规定，下列标志不得作为商标注册：仅有本商品的通用名称、图形、型号的；仅仅直接表示商品的质量、主要原料、功能、用途、重量、数量及其他特点的；缺乏显著特征的。上述所列标志经过使用取得显著特征，并便于识别的，可以作为商标注册。

？小思考

1. 在商标须具备的条件中最核心的条件是什么？

2. 不得作为商标使用的标志与不得作为商标注册的标志分别是什么意思？

（四）商标注册的程序

1. 商标注册申请

申请商标注册，应当按照公布的商品和服务分类表按类申请。每一件商标注册申请应当向商标局提交《商标注册申请书》1份、商标图样5份；指定颜色的，并应当提交着色图样5份、黑白稿1份。申请人可以自己向商标局提出申请，也可以委托商标代理机构（即商标事务所）代为申请。申请人应当提交能够证明其身份的有效证件的复印件。商标注册申请人的名义应当与所提交的证件相一致。申请商标注册要注意以下方面：

（1）一类商品、一个商标、一份申请。申请商标注册的，应当按规定的商品分类表（即商标注册用商品和服务国际分类表）填报使用商标的商品类别和商品名称，商标注册申请人在不同类别的商品上申请注册同一商标的，应当按商品分类表提出注册申请。

（2）申请在先、使用在先。商标注册的申请日期，以商标局收到申请文件的日期为准。两个或者两个以上的申请人，在同一种商品或者类似商品上，分别以相同或者近似的商标在同一天申请注册的，各申请人应当自收到商标局通知之日起30日内提交其申请注册前在先使用该商标的证据。同日使用或者均未使用的，各申请人可以自收到商标局通知之日起30日内自行协商，并将书面协议报送商标局；不愿协商或者协商不成的，商标局通知各申请人以抽签的方式确定一个申请人，驳回其他人的注册申请。商标局已经通知但申请人未参加抽签的，视为放弃申请，商标局应当书面通知未参加抽签的申请人。

（3）优先权。根据《商标法》第二十四条的规定，商标注册申请人自其商标在外国第一次提出商标注册申请之日起六个月内，又在中国就相同商品以同一商品提出商标注册申请的，依照该外国同中国签订的协议或者共同参加的国际条约，或者按照相互承认优先权的原则，可以享有优先权。

2. 商标注册申请的审核

商标局对受理的商标注册申请，依照《商标法》及《商标法实施条例》的有关规定进行审查，凡不符合规定或者同他人在同一种商品或者类似商品上已经注册的或者初步审定的商标相同或者近似的，由商标局驳回申请，不予公告，书面通知申请人并说明理由。

对初步审定的商标，自公告之日起三个月内，任何人均可以提出异议。对初步审定、予以公告的商标提出异议的，商标局应当听取异议人和被异议人陈述事实和理由，经调查核实后，作出裁定。经裁定异议成立的，不予核准注册。公告期满无异议的，予以核准注册，发给商标注册证，并予公告；经裁定异议不能成立的，予以核准注册，发给商标注册证，并予公告。

对驳回申请、不予公告的商标，商标局应当书面通知商标注册申请人。商标注册申请人不服的，可以自收到通知之日起十五日内向商标评审委员会申请复审，由商标评审委员会作出决定，并书面通知申请人。当事人对商标局所作出的异议裁定不服的，可以自收到通知之日起十五日内向商标评审委员会申请复审，由商标评审委员会作出裁定，并书面通知异议人和被异议人。

当事人对商标评审委员会的裁定不服的，可以自收到通知之日起三十日内向人民法院起诉。当事人在法定期限内对商标局作出的裁定不申请复审或者对商标评审委员会作出的裁定不向人民法院起诉的，裁定生效。

三、注册商标的续展、转让和使用许可

（一）注册商标的续展

我国《商标法》规定，注册商标的有效期为十年，自核准注册之日起计算。如果期满后，一般就不再享有专用权，从而也得不到法律的保护，就如同未注册商标一样。

在注册商标有效期满时，若要继续使该注册商标受到法律的保护，则须经过一定的法定程序来延长商标专用权的有效期限，此即注册商标的续展。

注册商标有效期满，需要继续使用的，应当在期满前六个月内申请续展注册；在此期间未能提出申请的，可以给予六个月的宽展期。需要续展注册的，应当向商标局提交商标续展注册申请书。宽展期满仍未提出申请的，注销其注册商标。商标局核准商标注册续展申请后，发给相应证明，并予以公告。每次续展注册的有效期为十年，续展注册商标有效期自该商标上一届有效期满次日起计算。

小思考

在宽展期内提出续展申请与在期满前六个月内申请续展注册有什么不同?

（二）注册商标的转让

注册商标的转让是指注册商标专用权人根据自己的意愿，按照一定的条件和规定的程序，将其注册商标转移给他人，由他人享有其商标专用权的法律行为。注册商标的转让是商标专用权人行使其商标权的一种形式。注册商标的转让包括合同转让和继承转让。

合同转让是指转让人与受让人通过签订合同的方式转让注册商标专用权。继承转让是指原商标专用权人因死亡而由其继承人继承其注册商标专用权。

在实践中最常见的是合同转让，法律中所规定的转让大多也是针对合同转让。转让注册商标的，转让人和受让人应当签订转让协议，并共同向商标局提出申请。转让人和受让人应当向商标局提交转让注册商标申请书。转让注册商标申请手续由受让人办理。受让人应当保证使用该注册商标的商品质量。转让注册商标经核准后，予以公告。受让人自公告之日起享有商标专用权。

转让注册商标的，商标注册人对其在同一种或者类似商品上注册的相同或者近似的商标，应当一并转让；未一并转让的，由商标局通知其限期改正；期满不改正的，视为放弃转让该注册商标的申请，商标局应当书面通知申请人。

（三）注册商标的使用许可

注册商标的使用许可，是指注册商标专用权人通过签订使用许可合同，在一定期限

内，依据一定的条件许可他人使用其注册商标的法律行为。注册商标的使用许可，只是发生了注册商标使用权的转移，而不产生商标专用权的转让。商标的使用许可包括独占使用许可、排他使用许可和普通使用许可。

商标注册人许可他人使用其注册商标，必须签订商标使用许可合同。商标使用许可合同应当报商标局备案。向商标局办理商标使用许可合同备案事宜的，可以委托国家工商行政管理局认可的商标代理组织代理，也可以直接到商标局办理。商标使用许可合同未经备案的，不影响该许可合同的效力，但当事人另有约定的除外。商标使用许可合同未在商标局备案的，不得对抗善意第三人。

小思考

注册商标的转让与使用许可有什么不同?

四、商标使用管理

商标使用管理是指国家主管机关依据《商标法》有关规定，在其职责范围内，对注册商标和未注册商标的使用及商标印制所进行的管理活动。国家工商行政管理总局商标局负责全国商标注册和管理工作，地方各级工商行政管理部门负责地方的商标管理工作。

（一）注册商标的使用管理

注册商标的使用管理是指商标主管机关依据《商标法》，监督注册商标使用人在商标的商业使用中，依法在核定使用的商品上正确使用核准注册的商标，保证商品质量的管理行为。

使用注册商标，有下列行为之一的，由商标局责令限期改正或者撤销其注册商标：自行改变注册商标的；自行改变注册商标的注册人名称、地址或者其他注册事项的；自行转让注册商标的；连续三年停止使用的。有上述第一、第二、第三种行为之一的，由工商行政管理部门责令商标注册人限期改正；拒不改正的，报请商标局撤销其注册商标。有上述第四种行为的，任何人可以向商标局申请撤销该注册商标，并说明有关情况。

其商品粗制滥造，以次充好，欺骗消费者的，由各级工商行政管理部门分别不同情况，责令限期改正，并可以予以通报或者处以罚款，或者由商标局撤销其注册商标。

注册商标被撤销的或者期满不再续展的，自撤销或者注销之日起一年内，商标局对与该商标相同或者近似的商标注册申请，不予核准。规定被撤销的注册商标，由商标局予以公告；该注册商标专用权自商标局的撤销决定作出之日起终止。

（二）未注册商标的使用管理

未注册商标，是未经商标局核准注册的商标，是不受法律保护的。但不受法律保护，并不意味着可以不遵守法律的规定。在我国，根据《商标法》的规定，采取的是自愿注册原则，因此，未注册商标是大量存在的。从保护注册商标专用权和维护消费者利益出发，对未注册商标的使用管理也是必要的。

使用未注册商标，有下列行为之一的，由地方工商行政管理部门予以制止，限期改正，并可以予以通报或者处以罚款：冒充注册商标的；将《商标法》规定的禁用标志作为商标使用的；粗制滥造，以次充好，欺骗消费者的。

五、注册商标专用权的保护

（一）注册商标专用权的概念

注册商标专用权是指注册商标专用权人对其注册商标享有的独占使用权，未经其许可，任何人都不得在同一种商品或者类似商品上使用与其注册商标相同或者近似的商标。《商标法》第五十一条规定："注册商标的专用权，以核准注册的商标和核定使用的商品为限。"但注册商标中含有的本商品的通用名称、图形、型号，或者直接表示商品的质量、主要原料、功能、用途、重量、数量及其他特点，或者含有地名，注册商标专用权人无权禁止他人正当使用。

（二）侵犯注册商标专用权的行为

根据《商标法》第五十二条的规定，有下列行为之一的，均属侵犯注册商标专用权：

（1）未经商标注册人的许可，在同一种商品或者类似商品上使用与其注册商标相同或者近似的商标的。《最高人民法院关于审理商标民事纠纷案件适用法律若干问题的解释》中称，所谓商标相同，是指被控侵权的商标与原告的注册商标相比较，二者在视觉上基本无差别；所谓商标近似，是指被控侵权的商标与原告的注册商标相比较，其文字的字形、读音、含义或者图形的构图及颜色，或者其各要素组合后的整体结构相似，或者其立体形状、颜色组合近似，易使相关公众对商品的来源产生误认或者认为其来源与原告注册商标的商品有特定的联系；所谓类似商品，是指在功能、用途、生产部门、销售渠道、消费对象等方面相同，或者相关公众一般认为其存在特定联系、容易造成混淆的商品。

（2）销售侵犯注册商标专用权的商品的。

（3）伪造、擅自制造他人注册商标标识或者销售伪造、擅自制造的注册商标标识的。

（4）未经商标注册人同意，更换其注册商标并将该更换商标的商品又投入市场的。

（5）给他人的注册商标专用权造成其他损害的。根据《商标法实施条例》第五十条的规定，有下列行为之一的，属于所称的给他人的注册商标专用权造成其他损害的行为：在同一种或者类似商品上，将与他人注册商标相同或者近似的标志作为商品名称或者商品装潢使用，误导公众的；故意为侵犯他人注册商标专用权行为提供仓储、运输、邮寄、隐匿等便利条件的；将与他人注册商标相同或者相近似的文字作为企业的字号在相同或者类似商品上突出使用，容易使相关公众产生误认的；复制、摹仿、翻译他人注册的驰名商标或其主要部分在不相同或者不相类似商品上作为商标使用，误导公众，致使该驰名商标注册人的利益可能受到损害的；将与他人注册商标相同或者相近似的文字注册为域名，并且通过该域名进行相关商品交易的电子商务，容易使相关公众产生误认的。

小案例

甲公司自2004年起在其生产的西裤上使用“长城”商标。2006年，乙公司也开始在其生产的服装上使用“长城”商标。2011年3月，乙公司的“长城”商标经国家商标局核准注册，其核定使用的商品为服装等。2011年5月，乙公司发现甲公司在其生产的西裤上使用“长城”商标，很容易误导消费者。因此甲、乙双方发生纠纷。

问：甲、乙两个公司谁构成侵权？为什么？侵权方能否继续使用“长城”商标？请你提出可行性建议。

（三）对侵权行为的处理

侵犯注册商标专用权行为引起纠纷的，其处理途径可以由当事人协商解决；不愿协商或者协商不成的，商标注册人或者利害关系人可以向人民法院起诉，也可以请求工商行政管理部门处理。对侵犯注册商标专用权的行为，工商行政管理部门有权依法查处；涉嫌犯罪的，应当及时移送司法机关依法处理。

从处理措施上看，对侵犯注册商标权的行为，可以追究侵权人的民事责任、行政责任、刑事责任。

侵犯商标专用权的赔偿数额，为侵权人在侵权期间因侵权所获得的利益，或被侵权人在被侵权期间因被侵权所受到的损失，包括被侵权人为制止侵权行为所支付的合理开支。侵权人因侵权所得利益，或者被侵权人因被侵权所受损失难以确定的，由人民法院根据侵权行为的情节判决给予五十万元以下的赔偿。

销售不知道是侵犯注册商标专用权的商品，能证明该商品是自己合法取得的并说明提供者的，不承担赔偿责任。

对侵犯注册商标专用权的行为，工商行政管理部门有权依法查处。工商行政管理部门处理时，认定侵权行为成立的，责令立即停止侵权行为，没收、销毁侵权商品和专门用于制造侵权商品、伪造注册商标标识的工具，并可处以罚款。侵犯商标专用权的行为情节严重构成犯罪的，除赔偿被侵权人的损失外，依法追究刑事责任。

案例分析

1. 某收藏家购得某著名画家年轻时习作一副，后来收藏家在某学院举办一次个人收藏画展览。此时恰遇画家来学院讲学，见到画后认为其不能代表自己的水平，要求收藏家撤下该画，但收藏家不同意。画家认为收藏家侵犯了自己的著作权，故提起诉讼。请问：收藏家是否侵犯了画家的著作权？为什么？

2. 某乡镇企业自1995年以来一直使用“武汉”和“梅花”商标生产冰块、雪糕、冰淇淋等商品。原来由于企业的生产规模很小，一直都没有申请注册该商标。2011年，企业扩大了生产规模，准备申请注册一个商标。这家企业原本打算申请注册“武汉”商标。但当企业委托一家商标事务所代理申请注册时，该事务所称“武汉”商标不符合商标法的规定，不能作为商标申请注册。于是，企业经研究决定，把“武汉”改为“冰凉”进行申请注册，但该事务所还是说不行。

请问：这家企业为什么不能把“武汉”、“冰凉”作为商标申请注册？该企业未注册使用“武汉”和“梅花”商标的行为是否合法？为什么？

实训项目

注册商标

◆ 实训目的

通过实训，使学生能运用所学习的知识和技能，结合商标法的相关内容，为公司注册一个商标，以进一步巩固知识产权法和商标法的相关知识，为将来开展连锁经营活动打下良好的基础。

◆实训内容

根据实训手册中某连锁公司进行某一商标注册要求，到相关网站下载注册申请书等注册时需要提交的材料，并结合实训手册中所给的具体材料填写相关资料，并提请注册。

◆方法步骤

1. 教师介绍商标注册的基本要求和主要程序；
2. 学生阅读实训手册的具体内容；
3. 学生上网下载申请文件；
4. 学生按下载的申请文件填写；
5. 提交注册。

专题四

市场交易法律制度

在经营活动中，作为市场交易的主体，连锁企业要与供应商签订商品买卖合同，与物流商签订货物运输合同；作为提供商品和服务的经营者，连锁企业要与消费者发生买卖关系。同时，连锁企业要扩大经营必须进行必要的宣传推广，还面临与同行的竞争。因此，在连锁经营中，必须熟悉《合同法》、《产品质量法》、《消费者权益保护法》、《食品安全法》、《反不正当竞争法》等法律规定，做到合法经营、依法维权。

第七章　合同法

引　言

在市场经济条件下，一切交易活动都是通过缔结和履行合同来进行的，因此合同关系成为市场经济社会最基本的法律关系，合同法也就成为调整市场经济关系最基本的法律规范。连锁企业在经营活动中与供应商、物流商等合作伙伴发生的交易关系毫无疑问要由合同法调整。合同法主要规范合同的订立、效力及履行、变更和解除、担保、保全以及违约责任等方面的问题，其中要约、承诺制度，合同的成立与生效，违约责任的承担等，都有很强的现实性，应该在学习合同法时重点掌握。另外，应注意买卖合同、货物运输合同的特别规定。

学习目标

- 掌握合同成立的条件和合同订立程序
- 明确要约和承诺的法律效力
- 熟悉合同的内容
- 掌握缔约过失责任的构成要件
- 了解合同的生效条件和合同的效力
- 熟悉无效合同和被撤销合同的法律后果
- 掌握合同履行规则
- 正确理解并有效运用合同保全制度和合同担保措施
- 能正当行使合同履行中的抗辩权
- 熟悉合同法定解除的情形和合同解除的法律后果
- 掌握违约责任的主要承担形式
- 了解买卖合同、运输合同的特别规定

第一节　合同法概述

案例导读

某年，某建筑公司因施工急需黄沙，遂于9月10日与某建材公司签订一份合同，约定建筑公司向建材公司购买黄沙30车，每吨价格300元。合同签订一个月以后，由建材公司送货，货到付款。没想到合同签订后，黄沙价格从每吨300元涨到350元，建材公司经理见状不愿如数供货，遂于10月12日给建筑公司去电话，提出因货源紧张，要求少供货，建筑公司不肯。建材公司遂于10月13日安排两辆“130”型货车装沙（每车装载2吨），送到建筑公司，并要求以后都用“130”型货车为标准计算交货数量。建筑公司提出建材公司的做法不合理，尽管交货数量为30车，但应以“东风牌”大卡车作为计算标准，每车装载4吨，共120吨。为此，双方发生纠纷，建筑公司于是向法院起诉，认为建材公司已构成故意违约，应承担违约责任；建材公司则提出，双方对交货数量的计算标准发生重大误解，应撤销该合同。

问：哪家公司的理由成立？为什么？

一、合同与合同法

合同是平等主体的自然人、法人、其他组织之间设立、变更、终止民事权利义务关系的协议。

合同法有广义与狭义之分。广义的合同法是指调整合同关系的法律规范的总称；狭义的合同法特指我国《合同法》。

二、合同法的适用范围

从合同法的适用范围来看，我国合同法中所说的“合同”仅仅包括财产合同，而不包括身份合同。因此，婚姻、收养、监护等有关身份关系的协议，不适用合同法，而适用其他法律的规定。不过，身份关系中以财产关系为内容的协议仍由合同法调整。

三、合同法的基本原则

合同法的基本原则既是制定合同法律规范、从事合同行为时必须遵循的基本准则，也是司法机关和仲裁机构在法无明文规定时据以裁判的主要依据。

（一）平等原则

合同法中的平等原则，是民法中的平等原则在合同法中的体现。合同当事人是平等的民事主体，他们的法律地位是平等的，一方不得将自己的意志强加给另一方，同时法律也对双方提供平等的法律保护。

平等原则所要求的是法律上的平等、法律地位的平等，而不是要求当事人实体权利上的平等或者经济上的平等。

（二）合同自由原则

合同自由，是指合同双方当事人有权自由地为自己设定合同权利和义务，依合同负担义务并受强制履行之约束。具体地说，合同自由原则的内容主要包括：缔约意思的自由；选择合同相对人的自由；决定合同内容的自由；决定合同方式的自由；变更和解除合同的自由；选择解决合同纠纷方式的自由；选择适用法律的自由。

通过自由协商共同确定双方的权利义务关系被概括为合同自由原则，其中包括当事人可以自由地决定合同的内容，国家只有在出现损害国家、集体和第三人利益等特殊事由的情况时才主动对合同予以干预。

（三）公平原则

合同法中的公平原则，其实也是民法中的公平原则的贯彻与体现，它要求合同所确定的权利和义务符合正义的法律价值，达到利益均衡，不使合同双方的利益显失公平。

（四）诚实信用原则

在合同法中，诚实信用原则就是指合同主体在从事合同行为时，应诚实守信，以善意的方式履行其义务，不得滥用权利及规避法律或合同规定的义务。

诚实信用原则贯穿于合同订立和履行的全过程：在合同订立阶段，尽管合同尚未成立，但当事人彼此间已具有订约上的联系，应依据诚实信用原则，负有通知、照顾、保护等附随义务；在合同订立以后、尚未履行以前，当事人双方都应当依据诚实信用原则，严守诺言，认真做好各种履约准备；在合同的履行阶段，遵守诚信原则，要求当事人除了应履行法律和合同规定的义务以外，还应履行依诚信原则所产生的各种附随义务；在合同关系终止以后，尽管双方当事人不再承担合同义务，但亦应根据诚信原则的要求，承担某些必要的附随义务，包括保密、忠实等义务。

（五）合法原则

当事人订立、履行合同，应当遵守法律、行政法规，尊重社会公德，不得扰乱社会经济秩序，损害社会公共利益。

四、合同的分类

一般来说，合同可以作如下分类：

（一）双务合同与单务合同

所谓双务合同是指当事人双方互负对待给付义务的合同，例如买卖、租赁合同等均为双务合同。所谓单务合同，是指合同当事人双方并不互相享有权利和承担义务，而主要由一方负担义务，另一方并不负有相对义务的合同，例如在赠与合同中，只有赠与人负有按约定交付赠与物的义务。

在法律上区分单务合同和双务合同的意义在于：双务合同适用合同履行抗辩权原则，而单务合同不适用。

（二）有偿合同与无偿合同

根据当事人是否可以从合同中获取某种利益，可以将合同分为有偿合同与无偿合同。有偿合同，是指一方通过履行合同规定的义务而给对方某种利益，对方要得到该利益必须为此支付相应代价的合同。有偿合同是商品交换最典型的法律形式。在实践中，绝大多数反映交易关系的合同都是有偿的。无偿合同，是指一方给付对方某种利益，对方取得该利益时并不支付任何报酬的合同。

有偿合同与无偿合同的区分意义，首先在于确定某些合同的性质，其次对合同主体的要求也不同。

小案例

学生张某放暑假回家，将价值1万余元的电脑交给同宿舍的李某保管，并允许李某使用。李某一日用毕，将电脑放在床上就和朋友出去玩，到凌晨3点钟才回来，发现宿舍门锁被撬开，电脑被盗。

问：李某应否承担责任？

（三）诺成合同与实践合同

诺成合同，是指当事人一方的意思表示一旦经对方同意即能产生法律效果的合同。实践合同，是指除当事人双方意思表示一致以外尚须交付标的物才能成立的合同。绝大多数合同是诺成合同，而实践合同则必须有法律特别规定。

诺成合同与实践合同的主要区别在于两者成立与生效的时间是不同的。诺成合同自双方当事人意思表示一致（即达成合意）时起即告成立；而实践合同则在当事人达成合意之后，还必须由当事人交付标的物才能成立。

（四）要式合同与不要式合同

根据合同是否以一定的形式为要件，可将合同分为要式合同与不要式合同。所谓要式合同，是指必须根据法律规定的方式而成立的合同。对于一些重要的交易，法律常要求当事人必须采取特定的方式订立合同。所谓不要式合同，是指当事人订立的合同依法并不需要采取特定的形式，当事人可以采取口头形式，也可以采取书面形式。

合同除法律有特别规定以外，均为不要式合同。

（五）有名合同与无名合同

根据法律是否赋予特定名称并设有规范，合同可分为有名合同与无名合同。有名合同又称为典型合同，是指在法律上已设有规范并赋予名称的合同。如我国《合同法》所规定的十五类合同，均为有名合同。无名合同又称非典型合同，是指在法律上尚未确立一定的名称和规则的合同。根据合同自由原则，在不违反强行法及社会公共利益和社会公德的前提下，允许当事人订立任何内容的合同，此即合同类型自由。因此，当事人订立法律未作规定的非典型合同并无不可。实际上，随着社会的不断发展和交易关系的日益复杂，当事人往往不得不在法定合同类型之外另创新的合同形态，以满足现实需要。非典型合同在实践中大量存在，纯粹非典型合同，即以法律全无规定的事项为内容，或者说其内容不属于任何典型合同所涉事项的合同。

区分有名合同与无名合同的意义，主要在于两者适用的法律规则不同。对于有名合同，应当直接适用合同法的规定。在确定无名合同的法律适用时，首先，应当考虑适用合同法的一般规则；其次，若无名合同涉及某些有名合同的内容，应当比照类似的有名合同规则，参照合同的经济目的及当事人的意思等予以处理。

（六）主合同与从合同

根据合同相互间的主从关系，可以将合同分为主合同与从合同。所谓主合同，是指不需要其他合同的存在即可独立存在的合同。所谓从合同，就是以其他合同的存在为前提的合同。由于从合同要依赖主合同的存在而存在，所以从合同又被称为“附属合同”。

一般情况下，主合同不能成立，从合同就不能有效成立；主合同转让，从合同也不能单独存在；主合同被宣告无效或被撤销，从合同也将失效；主合同终止，从合同亦终止。

合同分类归纳如表 7—1 所示。

表 7—1　　合同分类

合同分类	分类标准	区分的法律意义
双务合同与单务合同	以双方当事人互负对待给付义务为标准	双务合同适用合同履行抗辩权原则，而单务合同不适用；由于不可归责于双方当事人的原因而不能履行合同的风险负担不同；因当事人的过错而致使合同不履行的后果不同。
有偿合同与无偿合同	以当事人取得权益是否支付代价为标准	对合同主体的要求不同；当事人的责任程度不同；债权人行使撤销权的条件不同；第三人构成善意取得的条件不同。
诺成合同与实践合同	以合同的成立是否须交付标的物为标准	合同成立要件不同：诺成合同仅以当事人的合意为成立要件；实践合同则在当事人达成合意之后，还必须由当事人交付标的物才能成立。
要式合同与不要式合同	以合同成立是否应符合法律或者当事人的要求的形式要件为标准	合同除法律有特别规定以外，均为不要式合同。不要式合同只要当事人的意思表示一致即可成立；要式合同除当事人意思表示一致外，还应满足一定的形式要件才成立。
有名合同与无名合同	以法律上是否为某一合同确定一个特定的名称并设有相应的规范为标准	二者在适用法律上的区别：有名合同可以直接适用《合同法》分则的有关规定或者其他法律的相关规定；无名合应根据合同的目的以及当事人的意思，参照适用与其类似有名合同的规定。
主合同与从合同	以相互间的主从关系为标准	从合同具有从属性，从属于主合同而存在。主合同变更，从合同原则上随之变更；主合同被宣告无效或终止，从合同原则上消灭，法律另有规定的除外。

小思考

双务合同就是有偿合同吗？单务合同就是无偿合同吗？它们有什么区别？

小案例

甲顾客进乙超市购物，进去之前在超市的寄物柜存包，购物出来后包不见了。问：

1. 甲和乙之间是什么法律关系？是借用、委托还是保管合同？请说明理由。

2. (1) 如果甲购物出来发现包遭窃，那么甲和乙是什么法律关系？

(2) 如果甲在超市逛了一圈，没有中意的东西而没有购买，那么甲和乙又是什么法律关系？

(3) 如果甲进超市只是为了借用厕所，甲和乙是什么关系？

第二节　合同的订立

案例导读

王某与信盟公司连锁经营许可纠纷案

王某是一个体户，经商多年以后有了一定的积蓄，准备开一家连锁店，于是与信盟公司联系，希望获得该公司的连锁经营许可权。信盟公司答复，欲获得其经营许可需要在六个月内递交一份详细的计划书，并有100万元的资金投入。王某于是开始为达成该合同做积极准备，他变卖了以前的经营店，筹划合适的新店址，筹集资金并申请了贷款，参加了学习班以学习经营管理知识，并高薪请人撰写了经营计划书。但当五个月后他将订立合同的一切工作准备就绪，向信盟公司提出授予专营许可权要求的时候，信盟公司却通知他由于公司进一步规范连锁店经营，要求新的连锁经营许可被授予人必须投资150万元才可授予。王某认为价格变动太大，于是拒绝了这一要求。同时他认为信盟公司出尔反尔，违反了缔约过程中的诚信原则，要求信盟公司按原来的条件授予其经营许可或者补偿他为准备订立合同所发生的一切费用。

问：王某的要求是否合法？为什么？

一、合同订立的概念

合同的订立，是指当事人之间为了建立具体的合同关系，通过磋商达成意思表示一致而形成合意的过程。合同的订立过程就是订约人达成合意的过程，即当事人互为意思表示并实现意思表示一致的状态。

合同订立与合同成立不同。合同成立仅仅是合同订立的组成部分，标志着合同的产生和存在，属于静态协议；而合同订立是一个全过程，既包括合同成立这个环节，也包括订约各方相互协商的动态过程。

合同的订立与合同的生效也不同。合同的成立涉及订约当事人意思表示是否一致，合同关系有没有形成；而合同生效所要解决的是已经成立的合同是否具有法律效力的问题。因此，合同的成立是合同生效的前提。《合同法》第四十四条规定："依法成立的合同，自成立时生效。"

二、合同成立的条件

合同的成立是指当事人就合同的主要条款达成合意。合同的成立必须具备如下条件：

（1）存在双方或多方订约当事人，即订约当事人应当是相互独立的意思主体。所谓订约当事人是指实际订立合同的人，在合同成立以后，这些主体将成为合同的主体。订约当事人既可以是公民，也可以是法人和其他组织（如合伙等）。合同必须存在着两个利益不同的订约主体。合同必须具有双方当事人，只有一方当事人则根本不能成立合同。

阅读材料

合同签订时应审查的签约主体问题

合同主体的问题，就是你在和谁签合同，他究竟有没有资格和你签合同。

1. 合同主体为自然人

法律依据自然人参与民事活动能力的不同，将自然人分为完全民事行为能力人、限制民事行为能力人和无民事行为能力人。依据《民法通则》的规定，完全民事行为能力人有权以自己名义独立实施民事行为，并独立承担民事责任。无民事行为能力人实施的及限制民事行为能力人依法不能独立实施的民事行为，为无效民事行为。限制民事行为能力人只能实施与自己的精神状况相适应的民事行为，其他民事行为如不征得其法定代理人事先同意或事后认可，就可能会成为无效行为，并最终影响当事人利益的实现。实践中，在房屋购销合同签订中，常会出现父母为未成年子女购买房屋而以子女名义签订合同的事。在类似合同签订过程中，必须要求合同相对方出示身份证明，认定其是否具有完全民事行为能力；如无，则必须要求限制民事行为能力人提供其法定代理人的书面同意书。

2. 合同主体为法人内部职能机构或分支机构

法人内部职能机构或者分支机构未经法人授权，不具有独立对外签订合同的能力，因此给债权人造成损失的，由法人承担民事责任。如《最高人民法院关于适用〈中华人民共和国担保法〉若干问题的解释》第十七条第一款和第二款规定："企业法人的分支机构未经法人书面授权提供保证的，保证合同无效。因此给债权人造成损失的，应当根据担保法第五条第二款的规定处理。企业法人的分支机构经法人书面授权提供保证的，如果法人的书面授权范围不明，法人的分支机构应当对保证合同约定的全部债务承担保证责任。”第十八条第一款规定：“企业法人的职能部门提供保证的，保证合同无效。债权人知道或者应当知道保证人为企业法人的职能部门的，因此造成的损失由债权人自行承担。”

3. 合同主体为法人或其他组织

合同是主体双方的合意。法人或其他组织的表意行为只能通过其法定代表人、负责人或其代理人来实施和完成。

法定代表人、负责人是依照法律或组织章程的规定，代表法人或其他组织行使职权的负责人，其具有对外签订合同的能力，而无须另行授权。因此法定代表人和负责人以法人或其他组织名义实施的民事行为依法认定有效，并最终由法人和其他组织承担责任。实践中，有些法人或其他组织可能出于内部控制制度的考虑，会限制其法定代表人或负责人对外签订合同的权限，如限制签订合同的标的额或签订合同的事项。但是，依据《合同法》第五十条“法人或其他组织的法定代表人、负责人超越权限订立的合同，除相对人知道或应当知道其超越权限的以外，该代表行为有效”的规定，除非证明合同相对人恶意签订合同，否则该内部限制并不能阻碍合同的生效及法人依法承担法律责任。

资料来源：http：//www1. tianyaclub. com。

(2) 订约当事人对主要条款达成合意，即意思表示一致。合同成立的根本标志在于合同当事人就合同的主要条款达成合意。主要条款是指根据特定合同性质所应具备的条款，如果缺少这些条款合同是不能成立的。只要当事人就合同的主要条款达成合意，合同就可以成立。

以上只是合同的一般成立要件。实际上由于合同的性质和内容不同，许多合同还可能具有其特定的成立要件。

三、合同订立的一般程序

根据合同法的规定，合同成立需要订约当事人对主要条款达成合意，而合同订立的过程，则须经过要约与承诺两个阶段（见图 7—1）。

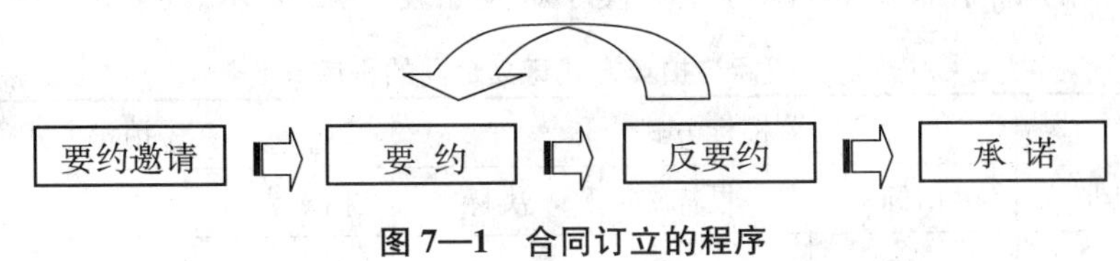

图 7—1　合同订立的程序

（一）要约

1. 要约的概念

要约又称为发盘、出盘、发价或报价等。要约是一方当事人以缔结合同为目的，向对方当事人所作的意思表示。根据《合同法》第十四条的规定，要约是希望和他人订立合同的意思表示。发出要约的人称为要约人，接受要约的人则称为受要约人或要约的相对人。

2. 有效要约的条件

根据《合同法》第十四条的规定，作为要约的意思表示应当符合下列规定：一是内容具体确定；二是表明经受要约人承诺，要约人即受该意思表示约束。

具体地说，一项有效要约应具备下列条件：

(1) 要约是由具有订约能力的特定人作出的意思表示。要约人必须是订立合同的一方当事人，而且要约人应当具有缔约能力，无民事行为能力人或依法不能独立实施某种行为的限制民事行为能力人发出欲订立合同的要约，不能产生行为人预期的效果。

(2) 要约必须具有订立合同的意图。要约是希望和他人订立合同的意思表示，要约中必须表明要约经受要约人承诺，要约人即受该意思表示约束。

(3) 要约必须向要约人希望与其缔结合同的受要约人发出。要约原则上应向一个或数个特定人发出，即受要约人原则上应当特定。

(4) 要约的内容必须具体确定。所谓“具体”，是指要约的内容必须具有足以使合同成立的主要条款。当然，合同的主要条款，应当根据合同的性质和内容来加以判断，合同的性质不同，它所要求的主要条款是不同的。所谓“确定”，是指要约的内容必须明确，而不能含糊不清，要使受要约人理解要约人的真实含义，否则无法承诺。

只有同时具备上述四个要件，才能构成一个有效的要约，并使要约发出后产生应有的约束力。理解要约的概念及有效条件时，要注意把要约与要约邀请区别开。要约邀请又称为引诱要约，根据《合同法》第十五条的规定，它是指希望他人向自己发出要约的意思表示。要约邀请是当事人订立合同的预备行为，在发出要约邀请时，当事人仍处于订约的准备阶段，它不能因相对人的承诺而成立合同。

根据《合同法》第十五条的规定，寄送的价目表、拍卖公告、招标公告、招股说明书、商业广告等为要约邀请。商业广告属于要约还是要约邀请，要视其内容而定，如果商业广告的内容符合要约规定的，视为要约。

招标和拍卖是在订立合同过程中经常采用的两种主要方式，根据《合同法》的规定，招标和拍卖过程的不同阶段与合同订立的程序对应如表7—2所示。

表7—2　以招标与拍卖方式订立合同的程序

项目	招标方式			拍卖方式		
	招标	投标	决标	拍卖表示	应买表示	拍定
要约邀请	●			●		
要约		●			●	
承诺			●			●

阅读材料

普通广告属于要约邀请，悬赏广告属于要约

普通广告与悬赏广告的比较：

第一，含义上的区别：要约是一方当事人以缔结合同为目的，向对方提出条件，希望对方接受的意思表示。辩证地讲，若对方变更了要约人的条件，则构成反要约，原来的要约视为失效。要约邀请是希望对方向自己提出要约的意思表示。可以这样理解，要约邀请提出的不是具体条件而是意思表示（想法）。

第二，后果上的异同：普通广告基本上都是在价格、数量、质地都没限制的范围内希望对方购买（有意向则需要再谈），属于要约邀请。悬赏广告一般是对指定行为的承诺，承诺的条件一定，要求对方行使特定的行为，对方只要完成则合同成立。

3. 要约的法律效力

对于要约的生效时间，我国法律采用了到达主义。《合同法》第十六条规定："要约到达受要约人时生效。采用数据电文形式订立合同，收件人指定特定系统接收数据电文的，该数据电文进入该特定系统的时间，视为到达时间；未指定特定系统的，该数据电文进入收件人的任何系统的首次时间，视为到达时间。"

要约的生效时间还包括要约的存续期间，也就是指要约可在多长时间内发生法律效力。要约的期限由要约人决定，如果要约人没有确定，则只能以要约的具体情况来确定合理期限。合理期限包括三项内容：要约到达受要约人的时间；作出承诺所必需的时间；承诺通知到达要约人所必需的时间。

要约的法律效力表现为，要约一经生效，要约人即受到要约的约束，不得随意撤销要约或对受要约人随意加以限制、变更和扩张。禁止要约人违反法律和要约的规定随意撤销要约及禁止其违反法律和要约的规定变更要约的内容，对于保护受要约人的利益、维护正常的交易安全是十分必要的。

阅读资料

某电器公司新设分支机构，于 2011 年 9 月 23 日开业，在开业前对外发布开业酬宾广告宣传单，该宣传单上明确写着"康佳 32 寸液晶彩电一款 2 500 元"。当日，郭某到该电器公司分店要求按 2 500 元的价格购买康佳 32 寸液晶彩电十台遭拒绝，郭某遂就上述意思表示于当日以函件形式告知该电器公司。2011 年 10 月 10 日，郭某又向该电器公司发函要求履行合同，该公司未同意。郭某遂诉至法院，请求判令电器公司履行合同，向郭某交付康佳 32 寸液晶彩电十台。

审理中，有意见认为：买卖合同是当事人约定一方将财产移归他方所有，他方取得财产所有权并支付价金的协议，故标的与价金即是买卖合同的基本条款。电器公司对外发布的该项商业广告已明确了品名为"康佳 32 寸液晶彩电一款"，至于是哪一款，由电器公司自主确定，郭某认可其中任一款即可，就价金该广告也明确为"2 500 元"。据此，该广告

内容具体明确，且电器公司对外发布该具体、详细、明码标价的广告单，正体现了电器公司欲与广大公众订立买卖合同的意愿，其行为有别于只为了吸引顾客前来询价、商谈买卖的内容笼统、宽泛的广告，故本案电器公司向郭某发放的商业广告在性质上应属要约。郭某在电器公司活动期限内且未标明限量的情况下根据该要约内容向电器公司承诺购买十台的行为，依法应成立合同，电器公司应依法履行成立的合同义务。

另有意见认为：电器公司所作的广告宣传单系商业广告，按照《合同法》的规定是一种要约邀请，其并不具备法律规定的要约构成要件，而郭某发出的函件只是向电器公司发出的要约，依法须经电器公司认可才成立合同，现电器公司未对郭某的要约进行承诺，故郭某与电器公司间的买卖合同还未成立。

确定本案电器公司是否构成违约，首先须判定买卖合同是否成立，而要判定合同是否成立，关键在于认定电器公司所发出的广告宣传单在性质上究竟是要约，还是要约邀请。

资料来源：http：//www. chinacourt. org。

4. 要约的撤回

要约的撤回是指要约人在发出要约以后，未到达受要约人之前，宣告取消要约。《合同法》第十七条规定："要约可以撤回。撤回要约的通知应当在要约到达受要约人之前或者与要约同时到达受要约人。"允许要约人撤回要约，是尊重要约人的意志和利益的体现。由于撤回是在要约到达受要约人之前作出的，所以在撤回时要约并没有生效，撤回要约也不会影响到受要约人的利益。

5. 要约的撤销

要约的撤销，是指要约人在要约到达受要约人并生效以后，将该项要约取消，从而使要约的效力归于消灭。

允许要约人撤销已经生效的要约，必须有严格的条件限制。《合同法》第十八条规定："要约可以撤销。撤销要约的通知应当在受要约人发出承诺通知之前到达受要约人。"根据《合同法》第十九条的规定，如果要约中规定了承诺期限或者以其他形式表明要约是不可撤销的，或者尽管没有明示要约不可撤销，但受要约人有理由认为要约是不可撤销的，并且已经为履行合同作了准备工作，则不可撤销要约。如果受要约人在收到要约以后，基于对要约的信赖，已为准备承诺支付了一定的费用，在要约撤销以后应有权要求要约人给予适当补偿。

6. 要约失效

要约失效，是指要约丧失法律拘束力，即不再对要约人和受要约人产生拘束。要约失效以后，受要约人也丧失了其承诺的能力，即使其向要约人表示了承诺，也不能导致合同成立。

要约失效的原因主要有以下几种：

(1) 拒绝要约的通知到达要约人。拒绝要约是指受要约人没有接受要约所规定的条件。一旦拒绝，则要约失效。

(2) 要约人依法撤销要约。要约在受要约人发出承诺通知之前，可以由要约人撤销要约。一旦撤销，则要约失效。

（3）承诺期限届满，受要约人未作出承诺。凡是在要约中明确规定了承诺期限的，则承诺必须在该期限内作出，超过了该期限，则要约自动失效。

（4）受要约人对要约的内容作出实质性变更。受要约人对要约的实质内容作出限制、更改或扩张，从而形成反要约，既表明受要约人已拒绝了要约，同时也向要约人提出了一项反要约。如果在受要约人作出的承诺通知中，并没有更改要约的实质性内容，只是对要约的非实质性内容予以变更，而要约人又没有及时表示反对，则此种承诺不应视为对要约的拒绝。但如果要约人事先声明要约的任何内容都不得改变，则受要约人更改要约的非实质性内容，也会产生拒绝要约的效果。

（二）承诺

1. 承诺的概念

所谓承诺，是指受要约人同意要约的意思表示。承诺的法律效力在于一经承诺并到达要约人，合同即告成立。

2. 承诺的条件

在法律上，承诺必须具备以下条件，才能产生法律效力：

（1）承诺必须由受要约人向要约人作出。由于要约原则上是向特定人发出的，因此只有接受要约的特定人即受要约人才有权作出承诺。

（2）承诺必须在规定的期限内到达要约人。只有在规定的期限内到达的承诺才是有效的。承诺的期限通常都是在要约人发出的要约中规定的，如果要约规定了承诺期限，则应当在规定的承诺期限内到达；在没有规定期限时，如果要约是以对话方式作出的，承诺人应当即时作出承诺，如果要约是以非对话方式作出的，承诺应当在合理的期限内作出并到达要约人。

（3）承诺的内容必须与要约的内容一致。承诺是对要约的同意，其同意内容须与要约的内容一致，才构成意思表示的一致即合意，从而使合同成立。承诺的内容与要约的内容一致，意味着承诺不得限制、扩张或者变更要约的内容。根据《合同法》第三十条的规定，受要约人对要约的内容作出实质性变更的，不构成承诺，视为对原要约的拒绝并作出的一项新要约，或称为反要约。承诺对要约的内容作出非实质性更改的，除要约人及时表示反对或者要约表明承诺不得对要约的内容作出任何变更的以外，该承诺有效，合同的内容以承诺的内容为准。

（4）承诺的方式必须符合要约的要求。受要约人必须将承诺的内容通知要约人，但受要约人采取何种通知方式，应根据要约的要求确定。

承诺原则上应采取通知方式，但根据交易习惯或者要约表明可以通过行为作出承诺的除外。这就是说，如果根据交易习惯或者要约的内容并不禁止以行为承诺，则受要约人可通过一定的行为作出承诺。

3. 承诺的生效

承诺生效时间以到达要约人时确定。所谓到达，指承诺的通知到达要约人支配的范围内，如要约人的信箱、营业场所等，至于要约人是否实际阅读和了解承诺通知则不影响承诺的效力。承诺通知一旦到达要约人，合同即宣告成立。如果承诺不需要通知，则根据交易习惯或者要约的要求，一旦受要约人作出承诺的行为，即可使承诺生效。

4. 承诺的撤回

所谓承诺撤回，是指受要约人在发出承诺通知以后，在承诺正式生效之前撤回其承诺。《合同法》第二十七条规定："承诺可以撤回。撤回承诺的通知应当在承诺通知到达要约人之前或者与承诺通知同时到达要约人。"如果承诺已经生效，合同已经成立，则受要约人当然无法再撤回承诺。

5. 承诺的迟延

所谓承诺迟延是指受要约人未在承诺期限内发出承诺。

承诺的期限通常是由要约规定的，如果要约中未规定承诺期限，则受要约人应在合理期限作出承诺。超过承诺期限作出承诺，该承诺不产生效力。但受要约人在承诺期限内发出承诺，按照通常情况能够及时到达要约人，但因其他原因（如因邮局传递迟延）承诺到达要约人时超过承诺期限的，则不能一概作为承诺迟延处理，除要约人及时通知受要约人因承诺超过期限不接受该承诺的以外，该承诺有效。

6. 合同确认书

《合同法》第三十三条规定："当事人采用信件、数据电文等形式订立合同的，可以在合同成立之前要求签订确认书。签订确认书时合同成立。"确认书实际上是与承诺联系在一起的，双方达成协议以后，如果一方要求以其最后的确认书为准，则确认书实际上就是其对要约所作出的最终的、明确的、肯定的承诺。可见，确认书是承诺的重要组成部分，是判断是否作出承诺的要素。如果一方在通过信件、数据电文等方式订约时，提出要以最后的确认书为准，那么，在其未发出确认书以前，双方达成的协议不过是一个初步协议，对双方并无真正的拘束力。因而在正式承诺以前的任何阶段，订约当事人均可提出要求签订确认书，而不受初步协议的拘束。

小案例

三星家具厂得知A连锁机构要购置一批办公桌椅，便于2011年4月1日致函A连锁机构以每套1 000元的优惠价格出售办公桌椅。A连锁机构了解到三星家具厂生产的家具质量可靠，便于4月2日回函订购100套桌椅，提出每套价格800元，同时要求3个月内将桌椅送至A连锁机构，验货后7日内电汇付款。三星家具厂收到函件后，于4月4日又发函A连锁机构，同意A连锁机构提出的订货数量、交货时间及方式、付款时间及方式，但同时提出其每套桌椅售价1 000元已属优惠价格，考虑A连锁机构所订桌椅数量较多，可以按每套桌椅900元出售。A连锁机构4月6日发函表示同意。4月7日，三星家具厂电话告知A连锁机构收到4月6日函件。

问：该合同的订立过程经历了哪几个阶段？

四、合同成立的时间与地点

（一）合同成立的时间

合同成立的时间是由承诺实际生效的时间所决定的。由于我国《合同法》采取到达主义，因此承诺生效的时间以承诺到达要约人的时间为准，即承诺何时到达要约人，则承诺便在何时生效。当事人采用合同书形式订立合同的，自双方当事人签字或者盖章时合同成立。当事人采用信件、数据电文等形式订立合同的，可以在合同成立之前要求签订确认书，签订确认书时合同成立；如果签订合同确认书的时间与签字或盖章的时间不同，则将签订合同确认书的时间认定为合同成立时间。

关于当事人在合同书中的签字与盖章问题，实践中，当事人既可以只签字不盖章，也可以只盖章不签字，也可以既签字又盖章。

关于合同成立的时间问题，归纳如表7—3所示。

表7—3　　合同成立的时间

合同类型	不要式合同	要式合同	实践合同
合同成立时间	以双方意思表示达成一致时间为合同成立时间。	以履行合同特定形式或手续为合同成立时间。	以交付完成的时间为合同成立时间。

（二）合同成立的地点

合同成立的地点和时间常常是密切联系在一起的。由于合同的成立地有可能成为确定法院管辖权及选择法律的适用等问题的重要因素，因此明确合同成立的地点十分重要。

从原则上说，承诺生效的地点就是合同成立的地点，但也要根据合同为不要式或要式而有所区别。不要式合同应以承诺发生效力的地点为合同成立地点，而要式合同则应以完成法定或约定的形式或手续的地点为合同成立地点。

《合同法》第三十五条规定："当事人采用合同书形式订立合同的，双方当事人签字或者盖章的地点为合同成立的地点。"而采用数据电文形式订立合同的，收件人的主营业地为合同成立的地点；没有主营业地的，其经常居住地为合同成立的地点。当事人另有约定的，按照其约定。

关于合同成立的地点问题，归纳如表7—4所示。

表7—4　　合同成立的地点

合同类型/形式	不要式合同	要式合同	实践合同	数据电文形式
合同成立地点	以承诺生效地点为合同成立地点。	以完成法定或约定的形式或手续的地点为合同成立的地点。	以交付标的物地点为合同成立地点。	收件人的主营业地为合同成立地点。

小案例

甲连锁企业业务员与乙服装厂业务员受双方公司的书面委托，签订了一份服装买卖合同，总金额50 000元，由于甲连锁企业业务员未带合同专用章，所以合同上只有双方业务员的签名和乙服装厂的合同专用章。乙服装厂答应甲连锁企业业务员将合同带回加盖合同专用章后寄回，收到寄回的合同即发货。乙服装厂在约定的时间未收到甲连锁企业寄回的合同，去函催办。甲连锁企业收到乙服装厂催办函后，要求乙服装厂按所签订合同的要求发货，乙服装厂于是应约发货。然而，在乙服装厂办完托运手续后，却收到甲连锁企业“请勿发货”的电函。但是服装已寄出。服装到站后，甲连锁企业拒收并向乙服装厂发出“退货”电函。乙服装厂按合同约定向甲连锁企业催要货款，遭到拒绝，协商解决不成，乙服装厂将甲连锁企业告到人民法院，请求人民法院判令甲连锁企业支付货款50 000元、运费2 400元、滞港费300元及违约金10 800元。

问：甲连锁企业与乙服装厂签订的服装买卖合同是否成立？甲连锁企业应否承担相应责任？

五、缔约过失责任

（一）缔约过失责任的概念

缔约过失责任，是指在合同订立过程中，缔约一方因违背其依据诚实信用原则所应负的义务，致使对相信该合同为有效成立的相对人，因基于此项信赖而产生的损害，应负的损害赔偿责任。缔约过失责任发生在缔约过程中，所违背的义务是先契约义务（或称先合同义务）。

小案例

2011年1月20日上午9时，张某到某大型超市购物。由于当时是雨后初晴，天气寒冷，加上超市刚刚开门，其门前台阶上尚有一层冰未清理，张某刚跨上该台阶即摔倒在地。超市保安随即将不能动弹的张某送至附近医院，并通知了张某的家人。张某经医院诊断为胫腓骨骨折，住院治疗15日，出院后休息3个月，共花去医疗费2 500元。事后，张某向超市索赔，超市以张某未进入超市营业厅购物，双方之间并未形成买卖合同关系，其没有义务承担营业厅外的安全责任为由拒赔。2011年10月8日，张某向法院提起诉讼，要求超市赔偿医疗费、误工费、护理费、营养费等共计人民币7 321元。

问：超市应否承担赔偿责任？为什么？

（二）缔约过失责任的构成要件

1. 缔约当事人违反先契约义务

缔约过失责任作为一种责任形态存在，必须以先契约义务的存在及违反作为前提。民事主体一旦进入缔约过程中，就应当推定在双方之间形成一种合理的信赖，即一方当事人依据诚实信用原则给予对方以照顾、忠实于对方、告知对方与合同有关并涉及对方财产、人身健康和安全的事由。先契约义务的发生以双方进入缔约过程为标志，如果民事主体之间没有因为缔约而相互接触磋商，则当然不发生缔约过失问题。

2. 缔约相对人有损失

只有缔约一方违反先契约义务造成相对人损害时，才能产生缔约过失责任。缔约相对人的信赖利益的损失主要表现为与缔约有关的费用的支出。

3. 违反先契约义务的一方具有过错

这种过错具体表现为故意和过失两种基本形态。故意是指缔约人预见到自己的行为会产生合同不成立、无效或被撤销，能给相对人造成损失的后果，而仍然进行这种民事行为，希望或放任违法后果的发生。过失是指缔约人应当预见自己的行为可能产生合同不成立、无效或被撤销，造成相对人信赖利益损失这种后果，但因疏忽大意没有尽到协助、通知、保护、保密等义务；或者虽然预见到了但轻信其不会发生。无论是故意还是过失，只要有过错就要承担缔约过失责任。

4. 过错与损失之间有因果关系

缔约一方的过错与对方遭受的信赖利益的损失之间必须存在必然的联系。这就是说损害结果的出现完全是缔约过错行为所必然引起，如果对方遭受的损失非因一方的过错引起，即使发生在缔约过程中，出现了信赖利益的损害，也不产生缔约过失责任。

（三）缔约过失责任的情形

我国《合同法》在第四十二条和第四十三条规定了缔约过失责任的四种情形：

1. 假借订立合同，恶意进行磋商

这是指当事人根本没有订立合同的真实目的，假借订立合同，取得非法利益而损害相对人利益的行为。如甲就某项合同的订立与乙进行谈判，目的在于阻止乙与丙订立合同，或者使乙丧失其他商业机会。行为人要负此种缔约过失责任，必须在主观上具有恶意。所谓“恶意”，是指假借磋商、谈判而故意给对方造成损害。受害人的一方必须证明另一方具有假借磋商、谈判而使其遭受损害的恶意。

2. 故意隐瞒与订立合同有关的重要事实或者提供虚假情况

在缔约过程中，当事人一方故意隐瞒关于其自身的财产状况、履行能力，故意隐瞒出卖的标的物的缺陷、性能和使用方法或者向对方提供不存在的虚假情况，从而给对方造成损失的，即产生缔约过失责任。

3. 泄露或不正当地使用商业秘密

当事人在谈判过程中，一方可能会接触、了解另一方的商业秘密，包括产品的性能、销售对象、市场营销情况等各种商业秘密，对此应依据诚实信用原则负保密义务，不得向外泄露或作不正当使用（如将该秘密转让他人）。否则应当承担缔约过失责任。

4. 有其他违背诚实信用原则的行为

在本节“案例导读”中的案例“王某与信盟公司连锁经营许可纠纷案”中，信盟公司提出的条件不能看作是一个合同的要约。首先，信盟公司提出的条件不是针对特定主体，而是经营管理的一般性规定；其次，该条件内容也不够具体、确定、完整，对申请人提出的计划书还要进行审查；最后，信盟公司也没有与王某签订授予经营许可合同的明确缔约意图。所以，不存在王某以实际行为承诺的问题，信盟公司与王某根本没有达成合意，合同关系并没有成立。但信盟公司所提出的条件已使王某产生了合理信赖，王某也基于这种信赖作了大量的准备工作，他变卖了以前的经营店，筹划合适的新店址，筹集资金并申请了贷款，参加了学习班以学习经营管理知识，并高薪请人撰写了经营计划书。信盟公司改变原来的授予经营许可条件使得合同未能缔结，而合同未能缔结使得另一方当事人王某基于合理信赖的利益未能实现，付出的工作得不到回报。信盟公司在缔约过程中改变授予经营许可条件的行为违反了诚实信用原则，构成客观过失，因而信盟公司应当对王某基于合理信赖的利益损失负赔偿责任。

六、合同的形式

（一）合同的形式概述

合同的形式，是指当事人合意的表现形式，是合同内容的外在表现形式，是合同内容的载体。

合同的形式有狭义和广义之分。狭义的合同形式仅指合同内容的表现形式，包括书面形式、口头形式和其他形式；广义的合同形式除包括合同内容的表现形式外，还包括法律规定和当事人约定应采取的特殊形式，如，法律要求一些特殊的合同须办理登记或审批手续，法律规定或当事人约定合同经公证方生效等。

从合同法的发展过程来看，法律一直努力在交易安全与交易效率之间寻求平衡，反映在合同的形式上，则是兼采法定形式与约定形式、要式与不要式。

我国现行《合同法》与以往的合同法相比，发生了从“要式为主，不要式为辅”到“不要式为主，要式为辅”的转变，除法律、行政法规规定采用书面形式的应当采用书面形式外，多数情形下当事人有选择合同形式的自由。即使法律、行政法规要求采用法定形式的合同中，又区分了此类要求对合同效力的不同影响，即未满足法定的形式要求，并不绝对导致合同不生效。如：《城市房地产管理法》第十五条规定，土地使用权出让，应当签订书面出让合同，但并未规定采用书面形式是土地使用权出让合同的生效要件；《中外合资经营企业法实施条例》第十四条规定，合营企业协议、合同和章程经审批机构批准后生效，即将审批程序作为合资合同的生效要件。因此，对法律、行政法规中“应当”采用书面形式的规定，不应一律推定为强制性规定，否则就扩大了合同无效的范围，不利于鼓励交易活动的进行。《合同法司法解释一》第九条第一款的规定体现了这种鼓励交易活动的价值取向：依照《合同法》第四十四条第二款的规定，法律、行政法规规定合同应当办理批准手续，或者办理批准、登记等手续才生效，在一审法庭辩论终结前当事人仍未办理批准手续的，或者仍未办理批准、登记等手续的，人民法院应当认定该合同未生效；法律、行政法规规定合同应当办理登记手续，但未规定登记后生效的，当事人未办理登记手续不影响合同的效力，合同标的物所有权及其他物权不能转移。可见，法律、行政法规规定应当采用法定形式，但未规定法定形式为合同生效要件的，当事人未采用法定形式时，合同依然生效，只是不产生对第三人的对抗效力。

《合同法》第三十六条规定：“法律、行政法规规定或者当事人约定采用书面形式订立合同，当事人未采用书面形式但一方已经履行主要义务，对方接受的，该合同成立。”由此反推可见，如果法律、行政法规明确规定了合同的书面形式要求，当事人未采用书面形式，且一方未履行主要义务的，视为合同未成立。也就是说，在这种情况下，合同的形式要求被视为合同的成立要件。但需注意的是，这一结论并不能扩大适用于对所有的合同的书面形式要求的理解。本条规定仅适用于实际履行的缔约方式，而不是所有未满足法定的书面形式要求的合同都必然不成立或不生效。

（二）合同的主要形式

1. 书面形式

书面形式是指用文字等有形方式表现当事人之间的意思表示，即当事人的意思表示具有书面的载体。合同书以及任何记载当事人要约、承诺和权利义务内容的文件，都是合同的书面形式的具体表现。《合同法》第十一条规定："书面形式是指合同书、信件和数据电文（包括电报、电传、传真、电子数据交换和电子邮件）等可以有形地表现所载内容的形式。"

书面形式的主要优点在于举证便利，当事人的权利义务表示明确，在商务活动中被广泛采用。在不能即时清结、合同关系复杂、交易数额较大的交易中通常会采用书面形式，以避免举证上的困难和双方当事人的权利义务难以确定等弊端。出于尽可能避免纠纷和保护交易安全以及维护公共利益的需要，法律规定一些合同应当采用书面形式，且规定有些合同以法定的书面及登记、审批形式为生效要件。如我国《中外合资经营企业法实施条例》第十四条规定，合营企业协议、合同和章程经审批机构批准后生效，其修改时同。

2. 口头形式

口头形式是指当事人用语言为意思表示订立合同。口头形式简便易行，效率高成本低，在日常生活中经常被采用。集市的现货交易、商店里的零售等一般都采用口头形式。

凡当事人无约定、法律未规定须采用特定形式的合同，均可采用口头形式。但发生争议时当事人必须举证证明合同的存在及合同关系的内容。合同采用口头形式并不意味着不能产生任何文字的凭证。人们到商店购物，有时也会要求商店开具发票或其他购物凭证，但这类文字材料只能视为合同成立的证明，不能成为合同成立的要件。

由于口头形式的合同在发生合同纠纷时难以取证，不易分清责任，所以，对于不能即时清结的合同和标的数额较大、交易复杂的合同，不宜采用口头形式。

3. 其他形式

其他形式通常主要指推定形式，即当事人未用语言、文字表达其意思表示，仅用行为向对方发出要约，对方接受该要约，作出一定或指定的行为作承诺，则合同成立。也即当事人以积极行为（作为）进行意思表示，从而使合同成立。例如，商家安装自动售货机，顾客将相应的货币投入自动售货机内，买卖合同即成立；又如租赁合同期满，尽管双方当事人并未通过口头或书面形式延长租期，但承租人继续缴纳租金，而出租人继续接受租金，则可以推定当事人之间的租赁合同继续有效。

此外，还有默示形式，即当事人用沉默的方式（不作为）进行意思表示，以使合同成立。但是，需要特别注意的是，根据《最高人民法院关于贯彻执行〈中华人民共和国民法通则〉若干问题的意见（试行）》第六十六条的规定，不作为的默示只有在法律有规定或者当事人双方有约定的情况下，才可以视为意思表示。因此，原则上不作为的默示不构成意思表示，除非法律有规定或者当事人有约定。

七、合同的内容

（一）合同条款

当事人依程序订立合同，意思表示一致，便形成合同条款，构成作为法律行为的合同内容。合同条款规定了当事人各方的权利义务，成为法律关系意义上的合同的内容。

为了示范较完备的合同条款，《合同法》第十二条规定，合同的内容由当事人约定，一般包括以下条款：当事人的名称或者姓名和住所；标的；数量；质量；价款或者报酬；履行期限、地点和方式；违约责任；解决争议的方法。

在上述合同条款中，有一些属于合同的主要条款，如果有所欠缺，合同就不成立。当然，合同的主要条款是由合同的类型和性质具体决定的。

小思考

1. 如果合同内容未包含合同一般应包含的主要条款，是否影响合同成立？
2. 未采用法定或约定的形式的合同是否必然不成立或无效？

（二）格式条款

格式条款是指当事人为了重复使用而预先拟订，并在订立合同时未与对方协商的条款。格式条款可能形成一个固定化的完整书面合同，也可能以一个合同的某一条款或者数个条款的形式表现出来。例如，保险合同、供电合同、运输合同等属于较典型的格式合同，而通知、声明、店堂告示等为较典型的格式条款。

许多格式条款印刷于一定文件（如车船票、飞机票、保险单）上，也可能通过“价目表”、“使用须知”、“通知”、“说明”等形式张贴于一定的营业场所，还可以通过简单的告示表现出来（如“货物出门，概不退换”的告示）。这些情况下，格式条款大多只作为整个合同（如买卖合同、运输合同、保险合同等）的组成部分，即作为合同中的部分条款存在。

格式合同主要有两类：

第一类是将经常发生的商事交易条款进行罗列的合同，如提单、租船合同、保单、商品市场中的各种买卖合同等。这类条款是由商业利益的各方代表，经过多年的谈判固定下来，并被广泛参与。由于这类格式合同通常被交易能力相近的当事人广泛采用，因而这些合同条款一般比较公平。

第二类是具有优势地位的一方当事人单方确定的合同条款，对方要么接受，要么拒绝，没有其他选择余地。这类条款不是当事人协商的产物，而是由交易能力强的一方单方拟订的，因而这类合同条款常含有不公平的内容。

采用格式条款订立合同，可以使订约基础明确，节省交易时间，降低交易成本，提高交易活动的效益；同时，格式条款具有确定性与连续性，其不会因为当事人的合同地位、履约能力以及社会地位的不同而有所差异。但格式条款在一定程度上限制了当事人的合同自由，格式条款的提供者往往在制定格式条款时更多地考虑自己的利益，并尽量减少自己的责任，而对另一方的权利则考虑较少或尽量加重对方的责任。“霸王条款”或免责条款违背了合同法上的公平、诚实信用等基本原则，因而有可能损害相对人的正当权益。

我国《合同法》第三十九条、第四十条和第四十一条对格式条款进行了规定。

第三十九条规定：采用格式条款订立合同的，提供格式条款的一方当事人应当遵循公平原则确定当事人之间的权利和义务，并采取合理的方式提请对方注意免除或者限制其责任的条款，按照对方要求，对该条款予以说明。

第四十条规定：格式条款具有本法第五十二条和第五十三条规定情形的，或者提供格式条款一方免除其责任、加重对方责任、排除对方主要权利的，该条款无效。

第四十一条规定：对格式条款的理解发生争议的，应当按照通常理解予以解释。对格式条款有两种以上解释的，应当作出不利于提供格式条款一方的解释。格式条款和非格式条款不一致的，应当采用非格式条款。

小案例

甲顾客进乙超市购物，进去之前在超市的寄物柜存包，购物出来后发现包不见了。问：

1. 如果存包处张贴有告示说明“贵重物品自行保管”，该告示是什么性质？有什么作用？能否起到免责条款的作用？

2. 若是免责条款，是否为格式条款？如果是，其效力怎样？

3. 告示的位置、大小是否有影响？怎样才能起到告示的作用？

第三节 合同的效力

案例导读

黄某与汉森公司特许加盟合同纠纷案

北京汉森美容有限公司（简称汉森公司）成立于2003年4月30日，2004年6月的经营情况为：资产总额12万元、纳税额0.66万元、实收资本10万元、负债总额2万元、税后利润－0.5万元。汉森公司在其网站上的“企业简介”中称“汉森（HANDSOME）国际男士商务休闲会馆于1998年进入中国国内市场”。《汉森形象报》上的“品牌简介”中称“随着意大利的汉森（HANDSOME）正式落户北京……”、“2000年汉森正式在北京成立中国事务总部……”等。黄某在网上看到汉森公司关于“汉森”男士美容特许加盟的宣传后，经与汉森公司协商，于2004年12月29日与汉森公司就在四川省成都市开设并经营“汉森国际男士健康商务休闲会馆”签订《加盟意向书》，并于次日由成都户信电讯实业发展有限公司（简称户信公司）代黄某交纳了意向定金1万元。后黄某（乙方）于2005年1月2日与汉森公司（甲方）正式签订《汉森特许经营连锁店联盟合同》（简称《特许合同》）。双方约定，甲方授权乙方在四川省成都市使用“汉森”商标等经营技术资产，开设“汉森男士健康商务休闲会所”；其中A级城市加盟金25万元、保证金3万元；B级城市加盟金20万元、保证金3万元；C级城市加盟金15万元、保证金2万元；D级城市加盟金10万元、保证金1万元；合同有效期为3年，自2005年1月2日至2008年1月1日；合同生效后，乙方将成为“汉森”商标、服务商标的合法使用者；甲方有义务为乙方提供由国家有关部门核准的专业技术及合同产品、免费提供“汉森”连锁店经营所必需的广告宣传资料、培训资料、管理资料等。签约前，汉森公司没有向黄某披露“汉森”商标的真实情况，及其实际经营状况。

依据《特许合同》，户信公司于2005年1月4日又代黄某交纳了17万元加盟费和保证金，已经交纳的1万元定金也转为加盟费。后汉森公司分两次将18万元中的2.995万元退还黄某。

合同签订后，汉森公司向黄某提供了“乾隆养生法”系列产品及仪器设备。其中“乾隆养生法”系列产品的包装上均标有汉森公司的名称，且不同产品上标注了相同的卫生许可证号和卫妆准字号。黄某认可已经使用了附表中所列价值4 607元的产品。黄某依据《特许合同》于2005年4月22日在成都开始使用“汉森”商标经营男士美容业务。

之后不久，黄某发现汉森公司不具备特许经营的资格，其关于“乾隆养生法”及加盟前景的宣传系虚假宣传，“汉森”不是注册商标，更不是“国际品牌”，所提供的产品均属三无产品。汉森公司存在欺诈行为，且已没有履约能力，于是向北京市朝阳区人民法院起诉，要求撤销双方签订的加盟合同，并要求汉森公司退还其支付的加盟费15万元和保证金3万元。

汉森公司在庭审中辩称：向黄某提供的产品均是从其他生产厂家购买后自己制作的包装，“乾隆养生法”系列产品中不包括自己的配方或其他技术；向黄某提供的“乾隆养生法”系列产品均是合格产品，包装上的“卫妆准字号”为原合作单位的许可证号。汉森公司承认自己并没有注册商标，也没有进行特许经营的备案，“汉森”不是注册商标，也不是意大利或其他国外品牌，仅是汉森公司自己创建的；不能证明“汉森中国事务总部”真实存在。而汉森公司除自营店外只有成都一家加盟店，且自营店已于2005年4月停止经营，公司也同时停业。

资料来源：http：//www.law-lib.com。

一、合同的生效

（一）合同生效的概念

所谓合同生效，是指已经成立的合同在当事人之间产生了一定的法律约束力，即法律效力。依法成立的合同，对当事人具有法律约束力。当事人应当按照约定履行自己的义务，不得擅自变更或者解除合同。

（二）合同的成立与生效的区别

1. 合同的成立与生效

合同的成立与生效常常是密切联系在一起的。如果当事人依据法律的规定订立合同，合同的内容和形式都符合法律规定，则这些合同一旦成立便会自然产生法律约束力，正如我国《合同法》第四十四条第一款规定："依法成立的合同，自成立时生效。"

但合同的成立与合同的生效仍然是两个不同的概念。合同的成立，是指缔约当事人就合同的主要条款达成合意。一旦当事人根据特定合同的性质要求而就主要条款达成协议，合同便宣告成立。但合同的成立只是解决了当事人之间是否存在合意的问题，并不意味着已经成立的合同都能产生法律约束力。即使合同已经成立，如果不符合法律规定的生效要件，仍然不能产生法律效力。合法合同从合同成立时起具有法律效力，而违法合同虽然成立但不会发生法律效力。由此可见，合同成立后并不是当然生效的，合同是否生效，主要取决于其是否符合国家的意志和社会公共利益。

2. 合同的不成立与无效

合同的不成立是指当事人未就合同的主要条款达成合意。而合同的无效是指合同在内容上违反了法律、行政法规的强制性规定以及公序良俗，因此合同具有不得履行性。

从法律后果上看，合同一旦被宣告不成立，那么有过失的一方当事人则应根据缔约过失责任制度，赔偿另一方所遭受的利益的损失，如果当事人已经作出履行，则应当各自向对方返还已接受的履行。但对于无效合同来说，因为它在性质上具有不法性，所以无效合同不仅要产生民事责任，而且可能产生行政责任甚至刑事责任。

（三）合同生效的要件

合同生效的要件是判断合同是否具有法律效力的标准。根据《民法通则》第五十五条和《合同法》的有关规定，合同生效的要件包括：

1. 当事人具有相应的民事权利能力和民事行为能力

《合同法》第九条第一款规定："当事人订立合同，应当具有相应的民事权利能力和民事行为能力。"这就要求合同当事人必须是平等民事主体的自然人、法人或者其他组织；合同的当事人必须具备正确理解自己的行为性质和后果、独立地表达自己的意思的能力。这一规定对于保护当事人的利益、维护社会经济秩序是十分必要的。

限制民事行为能力人、无民事行为能力人，订立了依法不能独立订立的合同，都不能产生预期的法律效果。不过，这种合同并非绝对无效而只是效力待定的合同。

法人的行为能力是特殊的行为能力，法人应当在其核准登记的生产经营和业务范围内活动。但对于法人超越经营范围订立合同的行为是否无效，我国《合同法》未作明确规定，而由法院根据具体情况确定。如法人的缔约行为超越章程范围时，但不能证明相对人为恶意的，则合同仍应有效，在此情况下，仅发生有关负责人对法人的民事责任。

对非法人单位（即《合同法》中所称的其他组织）的缔约能力，应区分两种情况：对于未领取营业执照的非法人单位，不得以自己的名义独立从事民事活动，而只能以设立该组织的自然人的名义订约；而对于领有营业执照的非法人单位，则可以对外签订合同。当然，非法人单位如果不能独立承担民事责任，则应当由设立该组织的自然人承担。

2. 意思表示真实

所谓意思表示真实，是指表意人的表示行为应当真实地反映其内心的意思。意思表示真实是合同生效的重要构成要件。如果当事人是在被胁迫、受欺诈以及重大误解等法律规定的情况下作出的与其真实意思不符的意思表示，那么，根据法律的规定，可以由人民法院或仲裁机关依法撤销该行为，并根据具体情况追究有过错的一方或双方当事人的责任。如果当事人所作出的意思表示违反了法律和行政法规的强行性规定及社会公共利益，那么应当确认此种意思表示无效。

3. 不违反法律和社会公共利益

合同不违反法律，是指合同的内容必须合法，合同的各项条款符合法律、法规的强行性规定，但若仅仅是部分条款违法，确认部分条款无效不影响其他部分的效力。合同内容上也不得违反社会公共利益。

4. 合同必须具备法律所要求的形式

我国法律承认当事人可以依法选择合同的形式。但是，如果法律对合同的形式作出了特殊规定，当事人必须遵守法律规定。有一些合同依照法律规定，当事人在签订书面合同后还必须登记，方为有效。

二、附条件和附期限的合同

（一）附条件的合同

合同中所附的条件可以分为如下两类：

1. 生效条件

生效条件也被称为延缓条件，它是指限制合同效力发生的条件。如果合同附有生效条件，则合同在成立以后还不能立即生效，必须待生效条件成就以后，合同才能产生效力，当事人才可以实际享受权利和承担义务。

2. 解除条件

解除条件也被称为消灭条件，它是限制合同失效的条件。如果合同附有解除条件，则合同已经实际发生效力，只有在条件成就时合同才失效，如果条件不成就，则合同将继续有效。

在附条件的合同成立以后，在条件未成就以前，当事人均不得为了自己的利益，以不正当的行为促成或阻止条件的成就，而只能听任作为条件的事实自然发生。这里所说的不正当行为是指行为人违反法律、道德和诚实信用的原则，以作为或不作为的方式促成或阻止条件的成就。

（二）附期限的合同

合同中所附的期限也能够直接限制合同效力的发生或消失。期限可以分为两种：一是生效期限，又称延缓期限或始期，它是指合同的效力自期限到来时才发生；二是终止期限，又称解除期限或终期，它是指合同的效力自期限到来时消灭。

三、效力待定的合同

（一）效力待定合同的概念

效力待定合同也称效力未定合同，它是指合同虽然已经成立，但因其不完全符合有关生效要件的规定，因此其效力能否发生尚未确定，一般须经有权人表示承认才能生效。

效力待定合同主要是因为当事人缺乏缔约能力或缔约资格以及处分能力有欠缺所造成的。效力待定的合同并不违反法律和社会公共利益，可以因权利人的承认而使合同有效。在权利人承认以前，效力待定合同虽然已经订立，但并没有实际生效，所以，当事人双方都不应作出实际履行。

（二）效力待定合同的种类

常见的效力待定的合同有：无行为能力人所订立的合同；限制民事行为能力人依法不能独立订立的合同；因无权代理而订立的合同；无权处分行为订立的合同。

四、无效合同

（一）无效合同的概念

无效合同，是指合同虽然已经成立，但因违反了法律、行政法规的强制性规定和社会公共利益，法律不予承认和保护的合同。

无效合同自始没有法律效力，当事人在订立无效合同以后，不得依据合同实际履行，也不承担不履行合同的违约责任，但当事人可以依据法律的规定，对无效合同予以更正，如果经过修正使合同在内容上已符合法律的规定，则该合同已转化为有效合同。合同一旦确认无效，就将产生溯及力，使合同自订立之时起就不具有法律效力，以后也不能转化为有效合同。对已经履行的，应当通过返还财产、赔偿损失等方式使当事人的财产恢复到合同订立之前的状态。

（二）无效合同的种类

《合同法》第五十二条规定，有下列情形之一的，合同无效：一方以欺诈、胁迫的手段订立合同，损害国家利益；恶意串通，损害国家、集体或者第三人利益；以合法形式掩盖非法目的；损害社会公共利益；违反法律、行政法规的强制性规定。

（三）部分无效合同

如果合同由若干部分组成，或在内容上可以分为若干部分，即有效部分和无效部分可以独立存在，一部分无效并不影响另一部分的效力，那么无效部分被确认无效后，有效部分继续有效。但是，如果无效部分与有效部分有牵连关系，确认部分内容无效将影响有效部分的效力，或者从行为的目的、交易的习惯以及根据诚实信用和公平原则，决定剩余的有效部分对于当事人已无意义或已不公平合理，则合同应被全部确认为无效。

五、可撤销的合同

（一）可撤销合同的概念

可撤销合同，又称可变更、撤销的合同，它是指当事人在订立合同时，因意思表示不真实，法律允许撤销权人通过行使撤销权而使已经生效的合同归于无效。

可撤销合同在被撤销以前仍然是有效的，但一经撤销合同即归于无效。撤销权人有权请求予以撤销，也可以不要求撤销，而仅要求变更合同的内容。在变更的情况下，合同仍然是有效的。

（二）可撤销合同的种类

根据《合同法》及其相关规定，可撤销合同主要包括：因重大误解订立的合同；显失公平的合同；因欺诈、胁迫而订立的合同；乘人之危订立的合同。

（三）撤销权的行使

撤销权通常由因意思表示不真实而受损害的一方当事人享有。撤销权的行使，不一定必须通过诉讼的方式。如果撤销权人主动向对方作出撤销的意思表示，而对方未表示异议，则可以直接发生撤销合同的后果；如果对撤销问题双方发生争议，则必须提起诉讼或仲裁，要求人民法院或仲裁机构作出裁判。

撤销权人有权提出变更合同，请求变更的权利也是撤销权人享有的一项权利。根据我国《合同法》的规定，如果当事人仅提出了变更合同而没有要求撤销合同，该合同仍然是有效的，法院或仲裁机构不得撤销该合同。

撤销权人必须在规定的期限内行使撤销权。《合同法》第五十五条规定，具有撤销权的当事人自知道或者应当知道撤销事由之日起一年内没有行使撤销权或具有撤销权的当事人知道撤销事由后明确表示或者以自己的行为放弃撤销权，则撤销权消灭。

六、合同被确认无效或被撤销的后果

无效的合同或者被撤销的合同自始没有法律约束力。合同被确认无效和被撤销以后，将溯及既往，自合同成立之日起就是无效的，而不是从确认合同无效之时起无效。一旦合同被确认无效或被撤销，合同关系不复存在，原合同对当事人不再具有任何约束力，当事人也不得基于原合同而主张任何权利或享受任何利益。

合同被确认无效或被撤销以后，虽不能产生当事人所预期的法律效果，但并不是不产生任何法律后果。无效合同的违法性，决定了法律不仅要使这些行为无效并使当事人承担返还财产、赔偿损失的民事责任，而且当事人订立无效合同侵犯了为法律所保护的社会秩序和社会公共利益，因此还应使当事人承担其他法律责任。对于可撤销合同来说，当事人虽然可能不会承担无效合同的某些后果，但因合同被撤销，当事人之间也应承担返还财产或赔偿损失的民事责任。

阅读材料

可撤销合同与无效合同的关系

从法律后果上来看，可撤销合同与无效合同具有同一性，但两者之间的区别也是比较明显的。可撤销合同与无效合同的区别主要有三点：

1. "从内容上来看，可撤销合同主要涉及意思表示不真实的问题。据此，法律将是否主张撤销的权利留给撤销权人，由其决定是否撤销合同。而无效合同在内容上常常违反法律的禁止性规定和社会公共利益。此类行为具有明显的违法性，因此对无效合同的效力的确认不能由当事人选择。即使对无效合同不主张无效，司法机关和仲裁机构也应当主动干预，宣告其无效。"合同无效的主张或请求应当作为合同一方当事人的权利，其有权决定是否行使这一权利。

2. 可撤销合同被撤销以前仍然是有效的，而且根据我国《合同法》第五十四条、第五十六条的规定来看，撤销权人亦可要求不撤销合同而仅要求对合同予以变更，这就表明了可撤销合同并非都是当然无效，这可由享有撤销权的一方当事人进行选择。

3. 对可撤销合同来说，撤销权人行使撤销权必须符合规定的期限，超过该期限，合同即为有效。但是，无效合同因其为当然无效，不存在期限制问题。首先，请求认定合同无效的权利应为请求权，理所当然应受到正确行使其权利的期限限制。其次，对于一个业已存在甚至履行完毕但却又依法应属无效的合同，更不能让其长久处于无效合同的不确定状态。这样很不利于交易的安全。所以对于当事人请求宣告无效的权利也应规定行使的期限，以保证交易的稳定和安全。

资料来源：http：//www.hudong.com。

小思考

1. 合同的成立与生效有何区别？
2. 如何确定合同的效力？

第四节　合同的履行

案例导读

合同履行中的附随义务

2005 年 3 月 4 日，谢某与某市新百姓仓储超市有限公司（下称新百姓超市）签订《驻场合同书》、《专柜合同书》各一份。《驻场合同书》约定驻场经营期限为 2005 年 3 月 4 日—2006 年 3 月 3 日。《专柜合同书》约定：1. 甲方（超市）商场内的所有柜台区的划分与确认由甲方统一安排，并有权根据销售需要进行调整，乙方（谢某）应积极配合。2. 乙方在甲方商场内的一切经营活动应服从甲方的统一管理，并遵守甲方的各项规章制度，否则视为违约。3. 乙方应严格遵守甲方商场内的一切规定，如未按规定执行的，以甲方第三次整改通知时间为准，视为乙方违约，其造成的一切损失由乙方全权负责。4. 甲方收取场地使用费每月 1 000 元。2006 年 2 月间，杨某、彭某、钱某等 6 人合谋盗窃了新百姓超市。其中，彭某、钱某系新百姓超市的保安员。该案中，杨某等人偷走了谢某柜台经营的大量黄金首饰。谢某于是向法院起诉，要求新百姓超市承担赔偿责任。

经审理，一审法院认为，经营场所的安全保障义务是新百姓超市作为超市经营方应尽的附随义务，现新百姓超市违反了其应承担的附随义务，应当承担造成损失的赔偿责任；而谢某对其经营的贵重物品未尽严格的安全注意义务，也应自行承担部分责任。根据公平原则，一审法院判令新百姓超市应赔偿谢某黄金首饰被盗遭受的大部分损失。

新百姓超市不服，提起上诉，二审法院认为，保障经营场所安全是上诉人应尽的附随义务。由于上诉人对其出租的场所在安全保障上存在疏忽的过错，其雇用的保安勾结外人共同作案，导致出租柜台商品被盗，应承担主要的赔偿责任。被上诉人作为承租人对其出售的贵重商品在非经营期间内仅放置于加锁的玻璃柜台内，未尽到严格的安全注意义务，也有过错，亦应自行承担商品被盗的部分损失后果。原审根据公平原则对责任承担作出处理，判决结果适当。判决驳回上诉，维持原判。

资料来源：http：//china. findlaw. cn/quanzhou。

一、合同履行的概念

合同的履行是指债务人全面地、适当地履行其合同义务，使债权人的合同权利得到完全实现的行为。合同的履行是合同法律效力的主要内容，是合同法律制度的核心。

二、合同履行的原则

合同履行原则是贯穿于合同履行的全过程中的具有指导意义的行为准则，是当事人履行合同的基础依据。当事人违反这些原则，将构成违约，就要承担民事责任。

根据《合同法》第六十条的规定，合同履行的基本原则包括：

（一）全面履行原则

全面履行就是当事人按照合同关于履行主体、履行标的、数量、质量、履行时间、履行地点、履行方式、履行费用等内容的约定，全面、准确地履行合同义务。《合同法》第六十条第一款规定："当事人应当按照约定全面履行自己的义务。"

（二）诚实信用原则

当事人应当遵循诚实信用原则，根据合同的性质、目的和交易习惯履行通知、协助、保密等义务。这里所讲的义务并非合同义务，而是依据诚实信用原则所产生的合同附随义务，是基于诚实信用原则所派生出来的合同义务体系的一部分，是用法律来规范人们的行为、保护交易安全、提高社会信用的一个途径，同时也是法律在保证当事人意思自治的前提下，对当事人行为的合理约束。这些义务是法定义务，无论当事人在合同中是否有约定，都不妨碍这些义务的遵循，当事人违反这些义务给对方造成损害的应承担相应的责任。

三、合同内容约定不明确的履行规则

《合同法》第六十一条规定："合同生效后，当事人就质量、价款或报酬、履行地点等内容没有约定或约定不明确的，可以协议补充；不能达成补充协议的，按照合同有关条款或者交易习惯确定。"第六十二条规定，当事人就有关合同内容约定不明确，依照《合同法》第六十一条的规定仍不能确定的，适用下列规定：

第一，质量要求不明确的，按照国家标准、行业标准履行；没有国家标准、行业标准的，按照通常标准或者符合合同目的的特定标准履行。

第二，价款或者报酬不明确的，按照订立合同时履行地的市场价格履行；依法应当执行政府定价或政府指导价的，按照规定履行。

第三，履行地点不明确，给付货币的，在接受货币一方所在地履行；交付不动产的，在不动产所在地履行；其他标的，在履行义务一方所在地履行。

第四，履行期限不明确的，债务人可以随时履行，债权人也可以随时要求履行，但应当给对方必要的准备时间。

第五，履行方式不明确的，按照有利于实现合同目的的方式履行。

第六，履行费用的负担不明确的，由履行义务一方负担。

四、价格变动时的履行规则

执行市场价格的，在合同履行期内价格变动的，仍按合同约定的价格履行，但双方当事人协商变更的除外。

执行政府定价或者政府指导价的，在合同约定的交付期限内政府价格调整时，按照交付时的价格计价。逾期交付标的物的，遇价格上涨时，按照原价格执行；价格下降时，按照新价格执行。逾期提取标的物或者逾期付款的，遇价格上涨时，按照新价格执行；价格下降时，按照原价格执行。

阅读材料

合同履行的主体

合同的履行主体与合同的主体并非同一概念，合同的主体是合同债权人和合同债务人，但合同的履行主体则指履行合同义务的人和接受履行的人。但在通常情况下，合同的履行主体主要是合同的当事人，包括合同债权人和合同债务人。

在债务人履行主体方面，包括单独债务人、连带债务人、不可分债务人、保证债务人等。履行主体也包括债权人。债务人向债权人履行债务，债权人有权受领履行，这表现为一种权利。但同时，受领也是一种义务，因为如果没有债权人的受领行为，债务的履行便不可能顺利地进行，债务人便难以或无法了结其债务。所以，如果债务人依约履行债务，而债权人无正当理由拒绝受领，则债权人构成义务违反，相应免除债务人的责任，或将履行风险归于债权人承担。

除法律规定、当事人约定或性质上必须由债务人本人履行的债务以外，债务可由债务人的代理人代理进行。债务人的代理人代理履行债务不是代替履行债务，不是债务的移转，不是代为清偿，而只是一种代理行为，履行主体仍然是债务人本人，代理人是以债务人的名义进行履行行为的，履行行为后果由债务人承担。同理，债权人的受领也可能通过代理行为进行。故债务人可以向债权人的代理人履行合同义务，债权人的代理人可以代为受领履行。这是合同履行中的代理履行规则。

除了代理履行规则，合同履行中还有一项特别规则，即“第三人”规则。根据《合同法》第六十四条的规定，当事人约定由债务人向第三人履行债务的，债务人未向第三人履行债务或者履行债务不符合约定，应当向债权人承担违约责任。

五、双务合同履行中抗辩权

抗辩权是指权利主体对抗相对人请求权以及其他权利的一种权利。双务合同履行中抗辩权，是指在符合法定条件时，当事人一方对抗对方当事人的履行请求权，暂时拒绝履行其债务的权利。《合同法》第六十六条至第六十九条规定了双务合同中的三种抗辩权，即同时履行抗辩权、先履行抗辩权和不安抗辩权。

（一）同时履行抗辩权

同时履行抗辩权，是指双务合同的一方当事人在另一方当事人未对待给付前，有拒绝自己给付的权利。《合同法》第六十六条规定：“当事人互负债务，没有先后履行顺序的，应当同时履行。一方在对方履行之前有权拒绝其履行要求。一方在对方履行债务不符合约定时，有权拒绝其相应的履行要求。”

同时履行抗辩权的行使，应当具备下列条件：双方当事人基于同一双务合同而互负债务；双方当事人互负的债务没有先后履行顺序，且均已届履行期；对方当事人未履行债务或者履行债务不符合约定；对方当事人的对待给付是可能的。

（二）先履行抗辩权

先履行抗辩权，是指当事人互负债务，有先后履行顺序，先履行一方未履行的，后履行一方有权拒绝其履行要求的权利。

先履行抗辩权的行使，应当具备下列条件：双方当事人基于同一双务合同而互负债务；两个债务须有先后履行顺序；先履行一方当事人未履行债务或者履行债务不符合约定；对方当事人的对待给付是可能的。

小案例

2011年8月10日，河南省喜雨有限公司（以下简称喜雨公司）与深圳东南经济开发公司（以下简称开发公司）在河南省郑州市签订购销合同一份。合同约定：喜雨公司供给开发公司国际中级毛绿豆（含水量2%）3 000吨，每吨价格985元，总货款295.5万元，于同年9月20日前交货，并负责办理商检证、免疫证、产地证、供货证和化验单。需方开发公司在合同生效后预付22万元定金，8月底付足货款的50%，包括定金共147.75万元，余下货款在货到后付清。合同签订后，开发公司于2011年8月11日给付合同定金22万元，并在收到喜雨公司提供的商检证、产地证等和河南省经贸委的绿豆计划外销售批件后，于同年8月25日将合计金额为125.75万元的两张汇票交给喜雨公司。喜雨公司收到定金及汇票后，于9月13日向需方发出毛绿豆3 000吨，并要求需方收到货物后结清余款。需方开发公司在验货后发现毛绿豆的含水量高出合同约定标准，无法制浆，于是需方以供方履约有瑕疵为由，拒付余款。而喜雨公司则认为，合同约定需方在“货到后结清余款”，但需方在收货后迟迟未将余款结清，构成违约，双方遂发生纠纷。

资料来源：http：//www.110.com。

问：需方是否有权拒付余款？为什么？

（三）不安抗辩权

不安抗辩权是指双务合同中，应当先履行债务的当事人有确切证据证明对方出现难为对待给付的法定情形时，在对方未在合理期限内恢复履行能力或者提供适当担保前，有权拒绝先为给付的权利。

《合同法》第六十八条规定，应当先履行债务的当事人，有确切证据证明对方有下列情形之一的，可以中止履行：经营状况严重恶化；转移财产、抽逃资金，以逃避债务；丧失商业信誉；有丧失或者可能丧失履行债务能力的其他情形。

不安抗辩权的行使，应当具备下列条件：双方当事人基于同一双务合同而互负债务；抗辩方负有先给负义务，且已届履行期；后给付义务方出现难为对待给付的法定情形；后给付义务方未提供适当担保。

当事人行使不安抗辩权而中止履行，应当及时通知对方。对方提供适当担保时，应当恢复履行。中止履行后，对方在合理期限内未恢复履行能力并且未提供适当担保的，中止履行方可以解除合同。

小案例

2011年10月，某服装厂与某大卖场签订了一份买卖合同，双方约定服装厂于2012年5月1日前交付西装1 000套，大卖场在收到西装2个月内，支付货款50万元。合同订立后，服装厂即着手进行生产，至2012年3月底生产西装800套。此时，服装厂得到消息，大卖场经营出现危机，为避债将现有资金进行了转移。服装厂于2012年4月诉至法院，要求解除与大卖场的买卖合同。

问：服装厂要求解除合同的请求能否得到法院的支持？

六、合同的保全

合同的保全，是指法律为防止因债务人财产的不当减少致使债权人的债权实现受到危害，允许债权人对债务人或第三人的行为行使代位权或撤销权，由此保全债务人的责任财产，以保护其债权的法律制度。

合同的保全制度包括债权人的代位权和撤销权两个方面的具体制度。

（一）代位权

1. 代位权的概念

代位权是指债权人以自己的名义行使债务人对于第三人的权利的权利。债的关系成立后，当债务人怠于行使其对第三人享有的权利，以致影响债权人债权的实现时，债权人为保全自己的债权，可以以自己的名义依法代位行使债务人对第三人的权利。

《合同法》第七十三条明确规定："因债务人怠于行使其到期债权，对债权人造成损害的，债权人可以向人民法院请求以自己的名义代位行使债务人的债权，但该债权专属于债务人自身的除外。代位权的行使范围以债权人的债权为限。债权人行使代位权的必要费用，由债务人负担。"

2. 代位权的构成要件

《最高人民法院关于适用〈中华人民共和国合同法〉若干问题的解释（一）》第十一条规定，债权人提起代位权诉讼，应当符合下列条件：债权人对债务人的债权合法；债务人怠于行使其到期债权，对债权人造成损害；债务人的债权已到期；债务人的债权不是专属于债务人自身的债权。

3. 代位权的行使

债权人为代位权行使的主体。债务人的债权人为数人时，数个债权人可以共同行使代位权，也可以单独行使代位权；但一个债权人已向某第三人行使了代位权的，其他债权人不得再向该第三人就同一原因行使代位权。债权人行使代位权，应以自己的名义，向人民法院提起代位权诉讼。

4. 代位权行使的效力

若债权人向次债务人提起的代位权诉讼在人民法院审理后认定代位权成立的，由次债务人向债权人履行清偿义务，债权人与债务人、次债务人之间相应的债权债务关系即予消灭。在代位权诉讼中，债权人行使代位权的请求数额超过债务人所负债务额或者超过次债务人对债务人所负债务额的，对超出部分人民法院不予支持。

（二）撤销权

1. 撤销权的概念

撤销权，是指债权人对于债务人所为的有害于债权的行为，可以请求法院予以撤销的权利。《合同法》第七十四条规定："因债务人放弃到期债权或者无偿转让财产，对债权人造成损害，债权人可以请求人民法院撤销债务人的行为。债务人以明显不合理的低价转让财产，对债权人造成损害，并且受让人知道该情形的，债权人也可以请求人民法院撤销债务人的行为。撤销权的行使以债权人的债权为限。债权人行使撤销权的必要费用，由债务人负担。”

2. 撤销权的行使

债权人行使撤销权必须以自己的名义，向人民法院提起诉讼，请求人民法院撤销债务人危害债权的行为。同时，债权人自知道或者应当知道撤销事由之日起一年内行使，自债务人的行为发生之日起五年内没有行使撤销权，该撤销权消灭。

小案例

乙欠甲100万元，到期后乙无力偿还；乙有一套价值100万元的房子，但已赠与丙。问：甲能否起诉撤销乙丙之间的赠与合同关系，以保护自己的债权？

七、合同的担保

（一）合同担保的概念

合同的担保，是指依照法律规定或者由当事人协商约定，对于已经成立的合同债权债务关系所提供的确保债权实现的法律保障措施。

（二）合同担保的方式

合同是债最重要的发生依据。根据我国法律规定，我国债的担保的形式主要有保证、定金、抵押权、质押权和留置权五种。本书“物权法”一章已对抵押权、质押权和留置权作了介绍，这里不再重复。

1. 保证

保证，是第三人与债权人约定，当债务人不履行债务时，由第三人按照约定履行债务或者承担担保责任的行为。此处的第三人即为保证人。

我国《担保法》对于保证人有特别的要求，即“具有代为清偿债务能力的法人、其他组织或者公民，可以作为保证人”。下列组织不得作为保证人：国家机关不得为保证人，但经国务院批准为使用外国政府或者国际经济组织贷款进行转贷的除外；学校、幼儿园、医院等以公益为目的的事业单位、社会团体不得为保证人；企业法人的分支机构、职能部门不得为保证人，但企业法人的分支机构有法人书面授权的，可以在授权范围内提供保证。

保证是债权人与第三人之间的一种保证合同关系，保证合同的当事人是债权人和保证人。保证人与债权人应以书面的形式订立保证合同，保证合同应包括如下内容：被保证的主债权的种类、数额；债务人履行债务的期限；保证的方式，即是一般保证还是连带责任保证；保证担保的范围；保证的期间；双方需要约定的其他事项。如果保证合同不完全具备以上条款，可以补正。保证人与债权人可以就单个主合同分别订立保证合同，也可以协议在最高额债权限度内就一定期间连续发生的借款合同或者某项商品交易合同订立一个保证合同，这种保证即为最高额保证。

保证的方式有一般保证和连带责任保证两种。在一般保证中，保证人享有先诉抗辩权，即一般保证的保证人在主合同纠纷未经审判或者仲裁，并就债务人财产依法强制执行仍不能履行债务前，对债权人可以拒绝承担保证责任。在连带责任保证中，债务人在主合同规定的债务履行期届满没有履行债务的，债权人有权要求债务人履行债务，也可以要求保证人在其保证范围内承担保证责任。当事人对保证方式没有约定或者约定不明确的，按照连带责任保证承担保证责任。

保证担保的范围为主债权及利息、违约金、损害赔偿金和实现债权的费用。保证合同另有约定的，按照约定。当事人对保证担保的范围没有约定或者约定不明确的，保证人应当对全部债务承担责任。

阅读材料

担保合同

甲方：__________

法定代表人：__________

住所地：__________

乙方：__________

法定代表人：__________

住所地：__________

丙方：__________

法定代表人：__________

住所地：__________

甲乙双方于______年______月______日签订了《××合同（或者协议书）》（合同编号为__________，下称主合同）。按照该份主合同的约定，乙方应于______年______月______日支付给甲方款项计人民币__________万元。

为保证上述主合同的履行，丙方自愿作为乙方的保证人。现各方达成本担保合同：

一、丙方的担保范围是乙方在主合同中的全部合同义务和产生的全部合同责任，以及甲方为实现上述权利而支出的差旅费、诉讼费、律师代理费等全部必要费用。

二、担保期限至______年______月______日止。

三、担保方式为连带责任的保证，即甲方届时有权选择向乙方或者丙方主张全部权利。

四、如届时乙方或者丙方未能履行义务的，各方同意甲方在不得已之下向××区人民法院诉讼主张权利。

五、各方明确，为签署本合同，各自已经完成了议事程序和必需的授权，签署本合同是真实自愿的。

六、本合同经各方签章后生效。合同一式三份，各方一份。

甲方：______________

乙方：______________

丙方：______________

______年______月______日

资料来源：http：//china. findlaw. cn。

2. 定金

定金，是指合同当事人为确保合同的履行，依据法律规定或者当事人的约定，由一方当事人在合同订立时或订立后、履行前，预先给付对方当事人一定数额的金钱或其他替代物。

定金与预付款虽然都是在合同履行之前一方当事人向对方当事人交付一定数量的款项，但定金为债的履行的担保，预付款则是为了便于对方履行合同，一方当事人向对方支付一定的款项，不具有担保债的履行的性质。

当事人应当以书面形式约定定金，定金合同中应有明确的交付定金的期限。定金合同为实践性合同，仅有定金合意而无交付行为，定金合同不发生法律效力，定金合同自交付定金之日起生效。定金合同为从合同，以主合同的有效成立为前提，主合同无效时，定金合同无效。

当事人可以就定金的具体数额作出约定，但为保护双方当事人的利益，维护公平正义，法律对于定金的数额有一定的限制，定金的数额不得超过主合同标的额的20%，否则超出的部分无效。

债务人履行债务后，定金应当收回或者抵作价款。给付定金的一方不履行约定的债务的，无权要求返还定金；收受定金的一方不履行约定的债务的，应当双倍返还定金。

小思考

1. 合同内容约定不明确的履行规则如何?
2. 比较双务合同履行中的三种抗辩权。

第五节　合同的变更和转让

案例导读

合同转让纠纷

A卖场与B影像公司签订了DVD碟片购销合同。合同规定：B影像公司分两批向A卖场提供DVD碟片共2 000盒，单价20元；货物分两批交付，每次交付1 000盒，每批货物交付后付款；交货日期分别为4月20日和5月20日；任何一方违反合同，应向对方支付未履行部分货款15%违约金。3月底，B影像公司告知A卖场，因生产任务繁重，希望能改变或解除合同，但A卖场不同意。B影像公司迫不得已，便与C影像公司联系，经过协商，双方签订了合同，由C影像公司为A卖场提供2 000盒与原订合同中订购的相同质量、规格的DVD碟片。事后，B影像公司向A卖场告知了有关情况，但A卖场不同意。4月20日，C影像公司将生产的第一批1 000盒DVD碟片送至A卖场，A卖场拒绝收货，并要求B影像公司承担违约责任。B影像公司认为自己按时提供了约定的制品，并没有违约。A卖场遂向法院提起诉讼，请求法院判令B影像公司承担违约责任。

一、合同的变更和转让的概念

合同变更，指合同依法成立并生效后，当事人在合同没有履行或没有完全履行时，根据当事人之间的协议或法律规定，对原合同内容进行修订或补充。但仅合同主体变更而合同内容不变的（将原合同的权利、义务全部或部分转让给第三人），称为合同的转让。

二、合同变更的规则

合同变更除法律规定的变更和人民法院依法变更外，主要是当事人协议变更。当事人变更合同的合意本身就是合同，因此，合同变更适用《合同法》关于要约和承诺的规定。希望变更合同内容的一方首先向对方提出变更合同的要约，该要约应包括希望对合同的哪些条款进行变更，如何变更，需要增加、补充哪些内容。对方收到后予以研究，如果同意，以明示的方式答复对方，即为承诺；如果不同意，或部分同意部分不同意，也可以提出自己的修改、补充意见，这样双方经过反复协商直至达成一致。

双方经过协商取得一致，变更合同一般应当采用书面形式，以便查考，特别是原来的合同为书面形式的，更应当采用书面形式，不然用口头形式改变书面合同无凭无据，极易发生纠纷。如果对合同的变更约定不明确，或者变更采用口头形式，发生纠纷后又无其他证据证明合同变更内容的，视为合同没有变更。当事人变更的内容约定不明确的，视为未变更。

如果原来的合同是经过公证、鉴证的，变更后的合同应报原公证、鉴证机关备案，必要时还可以对变更的事实予以公证、鉴证。如果按照法律、行政法规的规定原来的合同是经过有关部门批准、登记的，合同变更后仍应报原批准机关批准、登记，未经批准、登记的，变更不生效，仍应按原合同执行。

三、合同转让的规则

债权人转让权利的，应当通知债务人。未经通知，该转让对债务人不发生效力。债务人将合同的义务全部或者部分转移给第三人的，应当经债权人同意。

第六节　合同的权利义务终止

案例导读

水果购销合同纠纷案

原告甲公司与被告乙公司曾于2011年5月10日签订了一份购销合同，合同约定由甲公司供给乙公司各种水果4吨，由于当时物价变动很大，不便把价格定死，双方在合同价款一栏内只写了“依市价而定”，交货时间是2011年11月底。合同订立以后，原告积极组织收购，到当年10月底已收购各种水果3吨，为防止库存积压和腐烂、及时收取部分货款，遂电告被告，要求发运3吨水果。被告复函表示同意。货到以后，被告组织有关工作人员进行了初步检验，认为水果整体颜色、新鲜度均很好，但水果中有个别的已开始腐烂，遂提出产品有质量问题，但考虑到该水果在市场上有销路，且双方有多年良好的合作关系，便同意接受，并对另1吨水果提出了明确的质量要求。15天以后，被告向原告按3元/千克的价格汇去9 000元的货款。原告收到货款后，提出当时的市场价格为4元/千克，按合同约定的内容，应按市价确定合同价格，被告应按1元/千克补足全部货款。但被告一直未予答复。当年11月25日，原告又向被告发函提出其余1吨水果已经备齐，要求发货并同时要求被告补足第一批货物的价款。被告复函提出“第一批水果质量太差，没有销路，因此第二批交付的1吨水果我方不再接受，退回第一批中尚未出售的水果，解除我们之间的合同关系”。双方为此发生争议，因多次协商不成，原告遂向法院起诉，要求被告继续履行合同、支付全部货款并支付违约金。

一、合同权利义务终止的概念

合同的权利义务终止，是指合同生效后，因具备法定情形或当事人约定的情形，合同债权、债务归于消灭。

二、合同权利义务终止的原因

《合同法》第九十一条规定，有下列情形之一的，合同的权利义务终止：债务已经按照约定履行；合同解除；债务相互抵销；债务人依法将标的物提存；债权人免除债务；债权债务同归于一人；法律规定或者当事人约定终止的其他情形。

三、合同权利义务终止后的特殊规定

合同的权利义务终止后，当事人应当遵循诚实信用原则，根据交易习惯履行通知、协助、保密等义务。合同的权利义务终止，不影响合同中结算和清理条款的效力。

四、合同解除

（一）解除合同的概念

合同解除，指合同有效成立后，在没有履行或没有完全履行时，当事人根据约定或法律规定，提前终止合同的权利义务关系。

（二）解除合同的形式

合同解除有以下几种形式：第一，协议解除，指当事人双方通过协商一致达成协议，同意解除合同；第二，约定解除，指当事人可以约定一方解除合同的条件，解除合同的条件成就时，解除权人可以解除合同；第三，法定解除，即合同的解除条件由法律直接规定。法律、行政法规规定解除合同应当办理批准、登记等手续的，依照其规定。

（三）法定解除合同

《合同法》第九十四条规定，有下列情形之一的，当事人可以解除合同：因不可抗力致使不能实现合同目的；在履行期限届满之前，当事人一方明确表示或者以自己的行为表明不履行主要债务；当事人一方迟延履行主要债务，经催告后在合理期限内仍未履行；当事人一方迟延履行债务或者有其他违约行为致使不能实现合同目的；法律规定的其他情形。

当事人一方在法定解除合同的条件出现后依法主张解除合同的，应当通知对方，合同自通知到达对方时解除。对方有异议的，可以请求人民法院或者仲裁机构确认解除合同的效力。

（四）合同解除后的法律后果

合同解除后，尚未履行的，终止履行；已经履行的合同，根据履行情况和合同性质，当事人可以要求恢复原状，采取其他补救措施，并有权要求赔偿损失。合同的权利义务终止，不影响合同中结算和清理条款的效力。

在本节案例导读中，关键要把握好合同解除所需具备的条件。很显然被告提出解除合同的条件不成立。因此，被告要求拒收第二批水果及退回第一批未售出的水果，必须经过双方协商，达成变更合同数量条款的协议，才能实施此种行为。当然，如果原告先前交付的第一批货物质量确实存在瑕疵，被告可以以原告违约为由，要求原告采取补救措施，但不得因此解除合同。

小思考

当法定情形出现时，当事人应如何解除合同？

第七节　违约责任

案例导读

空调买卖合同纠纷案

原告与被告于2005年2月10日订立了一份买卖1 000台空调的合同，合同规定每台空调价格800元，总价款80万元，交货期为2005年3月30日。合同规定："如果逾期交货，乙方（被告）应向甲方（原告）支付违约金10万元。"合同订立后，被告由于多方面原因未能按合同约定的期限交货，原告多次催促，被告一直拖延交货。原告为了履行与其他企业签订的空调买卖合同，被迫从市场上以每台850元的价格购进1 000台相同规格的空调。之后原被告就违约赔偿问题发生争议，原告遂向法院起诉，要求被告支付违约金10万元并赔偿损失5万元。

一、违约行为

违约行为，是指合同当事人不履行合同义务或者履行合同义务不符合约定的行为。违约行为的表现形态有实际违约和预期违约两种。

根据《合同法》第一百零七条和第一百零八条的规定，违约的表现形态包括：

第一，不履行合同义务。不履行合同义务主要表现为拒绝履行。拒绝履行是指合同履行期届至，当事人无正当理由拒绝履行合同规定的全部义务。

第二，履行合同义务不符合约定。履行合同义务不符合约定，是指当事人虽有履行合同的行为，但其履行行为不符合合同的约定，包括迟延履行、不适当履行、部分履行、其他不完全履行的行为。

第三，预期违约。预期违约也称先期违约，是指在履行期限到来之前，一方无正当理由而明确表示在履行期到来后将不履行合同，或者其行为表明其在履行期到来后将不可能履行合同。

二、违约责任的概念

违约责任也称违反合同的民事责任，是指合同当事人不履行合同义务或者履行合同义务不符合约定而应承担的对违约方不利的法律后果。

三、承担违约责任的基本原则

当事人一方不履行合同义务或者履行合同义务不符合约定，应当承担违约责任。违约责任在大多数情况下采取无过错责任原则，只有不可抗力才可以免责。

当事人一方明确表示或者以自己的行为表明不履行合同义务，对方可以在履行期限届满之前要求其承担违约责任。

当事人双方都违反合同的，应当各自承担相应的责任。

当事人一方因第三人的原因造成违约的，应当向对方承担违约责任。当事人一方和第三人之间的纠纷，依照法律规定或者按照约定解决。

四、违约责任的主要形式

违约责任的主要形式如表 7—5 所示。

表 7—5　　违约责任的主要形式

形式	主要知识点
继续履行	只有在非违约方提出要求时适用。非违约方也可以在合理期限提出继续履行的请求。
采取补救措施	违约方按照对方的要求，应采取合理的补救措施。受损害方根据标的的性质以及损失的大小，可以合理选择要求对方承担修理、更换、重作、退货、减少价款或者报酬等违约责任。
赔偿损失	明确损失赔偿范围。损失赔偿额应当相当于因违约所造成的损失，包括合同履行后可以获得的利益，但不得超过违反合同一方订立合同时预见到或者应当预见到的因违约反合同可能造成的损失。

续前表

形式	主要知识点
支付违约金	了解违约金的法律干预。约定的违约金低于造成的损失的，当事人可以请求人民法院或者仲裁机构予以增加；约定的违约金过分高于造成的损失的，当事人可以请求人民法院或者仲裁机构予以适当减少。
定金责任	当事人既约定违约金，又约定定金的，一方违约时，对方可以选择适用违约金或者定金条款。

（一）继续履行

继续履行也称实际履行，是指合同当事人一方在违反合同时，另一方有权要求其依据合同的规定继续履行。根据《合同法》第一百零七条的规定，当事人一方不履行合同义务或者履行合同义务不符合约定的，应当承担继续履行等违约责任。

继续履行这种违约责任形式，只有在非违约方提出要求时才适用。当然，非违约方也可以在合理期限提出继续履行的请求。

（二）采取补救措施

当事人履行合同不符合约定的，违约方应当按照对方的要求，采取合理的补救措施。《合同法》第一百一十一条规定："质量不符合约定的，应当按照当事人的约定承担违约责任。对违约责任没有约定或者不明确的，依照本法第六十一条的规定仍不能确定的，受损害方根据标的的性质以及损失的大小，可以合理选择要求对方承担修理、更换、重作、退货、减少价款或者报酬等违约责任。"

（三）赔偿损失

违约方因不履行合同义务或者履行合同义务不符合约定而给对方造成损失的，应当向对方赔偿损失。

1. 损失赔偿的范围

我国《合同法》对损失的赔偿采用完全赔偿原则。《合同法》第一百一十三条规定："当事人一方不履行合同义务或者履行合同义务不符合约定，给对方造成损失的，损失赔偿额应当相当于因违约所造成的损失，包括合同履行后可以获得的利益，但不得超过违反合同一方订立合同时预见到或者应当预见到的因违反合同可能造成的损失。"

完全赔偿原则要求违约方向受害人赔偿因违约而造成的全部损失，包括可得利益。根据完全赔偿原则，违约方应赔偿受害人的实际损失和可得利益。所谓可得利益，是指合同在正常履行的情况下可以实现和取得的利益。

2. 损失赔偿的限制

根据《合同法》第一百一十三条的规定，损失赔偿额不得超过违反合同一方订立合同时预见到或者应当预见到的因违反合同可能造成的损失。由此可见，只有当违约所造成的损失是违约方在可以预见的情况下，才能认为损害结果与违约之间有因果关系，违约方才对这些损失负赔偿责任。如果发生的损失是不可预见的，则违约方不负赔偿责任。

（四）支付违约金

1. 违约金的概念

违约金是指当事人事先约定的，在违约发生后，由违约方向对方支付的一定数额的货币。这是独立于合同履行以外的一种给付。根据《合同法》第一百一十四条的规定，当事人可以约定一方违约时应当根据违约情况向对方支付一定数额的违约金。

2. 违约金的法律干预

违约金是当事人事先约定的，是对损害赔偿的预先设定，但难免与违约造成的实际损失有出入，从而导致不公平。因此，应当对违约金约定的自由进行必要的限制。《合同法》第一百一十四条第二款规定："约定的违约金低于造成的损失的，当事人可以请求人民法院或者仲裁机构予以增加；约定的违约金过分高于造成的损失的，当事人可以请求人民法院或者仲裁机构予以适当减少。"

（五）定金责任

《合同法》第一百一十五条规定："当事人可以依照《中华人民共和国担保法》约定一方向对方给付定金作债权的担保。债务人履行债务后，定金应当抵作价款或者收回。给付定金的一方不履行债务的，无权要求返还定金；收受定金的一方不履行债务的，应当双倍返还定金。"当事人既约定违约金，又约定定金的，一方违约时，对方可以选择适用违约金或者定金条款。

五、违约责任的免除

违约责任的免除，也称免责，是指在合同履行过程中，由于法定免责条件的出现而导致合同不履行，债务人将免于承担违约责任。

《合同法》第一百一十七条规定："因不可抗力不能履行合同的，根据不可抗力的影响，部分或者全部免除责任，但法律另有规定的除外。当事人迟延履行后发生不可抗力的，不能免除责任。"

不可抗力，指不能预见、不可避免并不能克服的客观情况。通常包括以下几类：一是自然灾害，由自然原因造成，如火灾、水灾、旱灾、地震、风灾等，在合同中订立不可抗力条款时，一般均应列出这些事件；二是社会事件，由社会原因造成，如战争、社会动乱、政策改变等，也应在合同中约定。

当事人一方因不可抗力不能履行合同的，应当及时通知对方，以减轻可能给对方造成的损失，并应当在合理期限内提供证明。

当事人一方违约后，对方应当采取适当措施防止损失的扩大；没有采取适当措施致使损失扩大的，不得就扩大的损失要求赔偿。

当事人因防止损失扩大而支出的合理费用，由违约方承担。

六、违约责任和侵权责任竞合

（一）违约责任和侵权责任竞合的含义

现实生活中，有时侵权责任和违约责任很难截然分开，往往是两种责任都可以适用。

如因产品质量不合格，建筑工程质量低劣造成的损害，同时具备了违约责任和侵权责任的构成要件，这种情况称为违约责任和侵权责任竞合。

（二）违约责任和侵权责任竞合时的选择权

由于两种责任的内容和赔偿范围等有区别，适用哪种责任对当事人利益有重大甚至截然相反的影响。在责任形式的选择上我国《合同法》采用的做法是，权利人可以自由选择对自己最有利的责任形式。《合同法》第一百二十二条规定："因当事人一方的违约行为，侵害对方人身、财产权益的，受损害方有权选择依照本法要求其承担违约责任或者依照其他法律要求其承担侵权责任。"

第八节　买卖合同

案例导读

买卖合同

（01）超买字第102号

买方：甲市金山超市有限公司

卖方：乙市银联服装有限公司

经双方协商，遵照《合同法》的有关规定，订立本合同，由双方共同履行。

品名	牌号	规格	数量	单位	单价（元）	金额（元）
羽绒衣	红叶	85CM	2 000	件	100	200 000

（1）交货期限、地点：2012年度，供方仓库。

（2）交货方式：需方自提，运费需方自付。

（3）产品质量与验收方法：以原封存样品为准，提货时抽样检查。

（4）结算方式：付现金提货，款货当面结清。

买方单位：公章（已盖）
地　　址：（略）
银行账号：（略）
电话号码：（略）

卖方单位：公章（已盖）
地　　址：（略）
银行账号：（略）
电话号码：（略）

问：以上合同有何错误和不完善之处？

一、买卖合同的概念与特征

买卖合同，是出卖人交付标的物并转移标的物的所有权于买受人，买受人支付价款的合同。其中，依约定应交付标的物并转移标的物所有权的一方称为出卖人，应支付价款的一方称为买受人。出卖人应当是买卖合同标的物的所有权人或其他有处分权人。

买卖合同具有以下法律特征：买卖合同是双务合同；买卖合同是有偿合同；买卖合同是诺成合同；买卖合同通常为不要式合同。

二、买卖合同的内容

买卖合同的内容主要由当事人约定，除了标的、数量和质量、价款、履行期限、履行地点、履行方式、违约责任、解决争议的方法等条款以外，买卖合同的当事人还可就包装方式、检验标准和方法、结算方式、合同使用的文字及其效力等内容进行约定。

（一）标的

标的是买卖合同双方当事人权利义务指向的对象。标的是买卖合同的必要条款。标的条款必须清楚地写明标的物的名称、规格、型号、商标、产地等，使标的具体化。标的物不得为法律和行政法规禁止转让的物品，否则买卖合同无效；若标的物为法律和行政法规限制转让的物品，则买卖合同在办理相关审批手续后方可完全生效。

（二）质量和数量

标的物的质量和数量是确定买卖合同标的物的具体条件。标的物的质量要求必须详细具体，标的物的数量要确切，应选择双方共同接受的计量单位，确定双方认可的计量方法，同时应允许规定合理的磅差或尾差。

（三）履行期限、地点和方式

履行期限直接关系到买卖合同义务完成的时间，是确定违约与否的因素之一。履行期限可以规定为即时履行，也可以规定为定时履行，还可以规定为一定期限内履行。如果是分期履行，还应写明每期的准确时间。

履行地点是确定验收地点的依据，是确定运输费用由谁负担、风险由谁承受的依据；有时是确定标的物所有权是否转移、何时转移的依据；还是确定诉讼管辖的依据之一；对于涉外买卖合同纠纷，它是确定法律适用的一项依据。

履行方式，是一次交付还是分批交付，是交付实物还是交付提取标的物的单证，是铁路运输还是空运、水运等，同样事关当事人的物质利益，因此，履行方式应在合同中写明。

（四）价款

价款是买受人取得标的物所应支付的代价，它通常指标的物本身的价款，对于异地交货，还包括运费、保险费、装卸费、报关费等一系列相关的费用。这些费用由谁支付，需在买卖合同的价款条款中写明。

（五）违约责任

违约责任是促使当事人履行债务，使非违约方免受或少受损失的法律措施，如对违约致损的计算方法、赔偿范围等予以明确规定。当然，违约责任是法律责任，即使买卖合同中没有违约责任条款，只要未依法或依约免除，违约方就应承担责任。

（六）包装方式

包装对货物起保护和装潢作用，在买卖合同中应明确约定包装的方式，包括包装材料、装潢，包装物的交付，包装费用承担等内容。产品包装应当按照国家标准或专业（部）标准执行；没有上述标准的，可按承运、托运双方商定并在合同中写明的标准进行包装。有特殊要求或采用包装代用品的，应征得运输部门的同意，并在合同中明确规定。产品包装时必须附有装箱清单。除国家规定由买受人提供的以外，包装物由出卖人提供，运输包装上的标记由出卖人印刷。除国家另有规定者除外，包装费用由出卖人负担，不得向买受人另外收取。

（七）检验标准和方法

合同应对检验标准、检验期限、检验方式，以及对标的物质量和数量提出异议和答复的期限作出明确规定。

（八）结算方式

结算方式应遵守中国人民银行关于结算办法的规定，除法律或者行政法规另有规定的以外，必须用人民币计算和支付；除国家允许使用现金履行义务的以外，必须通过银行转账或者票据结算。为便于结算，合同中应注明双方当事人的开户银行、账户名称、账号和结算单位。

（九）合同使用的文字及其效力

合同使用的文字及其效力，是涉外买卖合同及跨民族买卖合同的重要条款。在这类合同中双方当事人应就合同所使用的文字作出明确约定，当事人应当使用约定的文字订立合同。

三、买卖合同的效力

买卖合同的效力是指生效买卖合同所具有的法律约束力。买卖合同的效力主要体现为合同当事人所享有的权利和所负担的义务，由于买卖合同是典型的双务有偿合同，一方当事人所负担的合同义务是对方当事人所享有的合同权利，所以买卖合同的效力可以通过双方当事人所负担的合同义务来体现。

（一）出卖人的合同义务

出卖人的首要义务是交付标的物，并转移标的物的所有权于买受人。该项义务是出卖人的主合同义务，它主要由两个方面的内容组成：其一为交付标的物；其二为转移标的物的所有权于买受人。

买卖合同中，出卖人应将买卖合同的标的物交付给买受人。出卖人应当按照约定的质量要求交付标的物；出卖人提供有关标的物质量说明的，交付的标的物应当符合该说明的质量要求；质量不符合约定，造成其他损失的，受损方可以请求赔偿损失。出卖人应当按照约定的期限交付标的物；约定交付期间的，出卖人可以在该交付期间内的任何时间交付，但应当在交付前通知买受人；出卖人提前交付标的物的，应取得买受人的同意，否则买受人有权拒收。出卖人应当按照约定的地点交付标的物。

取得标的物的所有权是买受人的主要交易目的，因此，将标的物的所有权转移给买受人，是出卖人的一项主要义务。《合同法》第一百三十三条规定："标的物的所有权自标的物交付时起转移，但法律另有规定或者当事人另有约定的除外。"

另外，出卖人还应当按照约定或者交易习惯向买受人交付有关单证和资料。该项义务为出卖人在买卖合同中所负担的从合同义务。

（二）买受人的合同义务

支付价款是买受人的主要义务，买受人应按照合同约定的数额、地点、时间支付价款。价款数额由单价与总价构成，总价为单价乘以标的物的数量。当事人在合同中约定的单价与总价不一致，而当事人又不能证明总价为折扣价的，原则上应按单价来计算总价。

买受人有依照合同约定或者交易惯例受领标的物的义务，对于出卖人不按合同约定条件交付的标的物，如多交付、提前交付、交付的标的物有瑕疵等，买受人有权拒绝接受。

另外，买受人还应当及时检验出卖人交付的标的物，暂时保管及应急处置拒绝受领的标的物。

阅读材料

出卖人对标的物的质量承担瑕疵担保义务应满足的条件

出卖人的品质瑕疵担保责任应当具备以下条件：

1. 物的瑕疵必须在标的物的风险负担转移时存在。买卖标的物的利益及不利益，自交付时起，一般由买受人承受负担，所以出卖人所担保的瑕疵应在标的物的风险负担转移时存在。如物的瑕疵在标的物的风险负担转移之后发生，则应由买受人负担。

2. 买受人善意并无重大过失。依此要件，买受人在合同订立及标的物交付之前不知有瑕疵存在，如果买受人明知标的物有瑕疵而仍与出卖人订立买卖合同时，出卖人不负担瑕疵担保责任。因为重大过失几乎等于故意，对这种对自己权益漠不关心者，法律自无特别保护的必要。但是若出卖人对标的物的品质有特殊保证或故意不告知买受人物的瑕疵的，即使买受人有重大过失，出卖人仍应承担瑕疵担保责任。因为，在这种情况下，出卖人的恶意行为较买受人的过失更具有可惩罚性。

3. 买受人须履行及时检查并将瑕疵之存在通知出卖人的义务。对于出卖人交付标的物，买受人应当及时验收，如发现应由出卖人负担保责任的瑕疵，应立即通知出卖人。否则，买受人会因超过法定的除斥期间而丧失向出卖人主张权利，但是，关于买受人通知的规定，不应适用于出卖人知道或者应当知道标的物有瑕疵而故意不告知标的物瑕疵的情形。

4. 须买受人非依强制执行或拍卖而取得标的物。通过强制执行、拍卖取得标的物，非出于标的物所有权人的自愿，执行机关、拍卖机关仅就标的物的现状拍卖，并不知道标的物的瑕疵，并且拍卖是公开竞买，买受人亦可当场查清标的物的瑕疵，故于此情况下，出卖人不负瑕疵担保责任。

资料来源：http：//www.hetong365.com。

四、买卖合同中的风险负担与利益承受

（一）买卖合同中的风险负担

买卖合同中的风险是指买卖合同的标的物由于不可归责于买卖合同双方当事人的事由发生毁损、灭失所造成的损失。风险负担是指该损失应由谁来承担。

对于买卖合同中的风险负担，《合同法》第一百四十二条规定："标的物毁损、灭失的风险，在标的物交付之前由出卖人承担，交付之后由买受人承担，但法律另有规定或者当事人另有约定的除外。"

（二）买卖合同中的利益承受

利益承受是指标的物于买卖合同订立后所产生的孳息的归属。标的物于合同订立后所产生孳息的归属与风险的承担是密切相连的，二者遵循同一原则。因此在利益承受上，也采用交付主义原则，即标的物在交付前产生的孳息，归出卖人所有；标的物交付后产生的孳息，归买受人所有。合同另有约定的，依其约定。

五、买卖合同的终止

买卖合同基于合同终止的一般规则而终止，但也有特殊性。这些特殊性表现在：

第一，因标的物的主物不符合约定而解除合同的，解除合同的效力及于从物。因标的物的从物不符合约定被解除的，解除的效力不及于主物。

第二，标的物为数物，其中一物不符合约定的，买受人可以就该物解除，但该物与他物分离使标的物的价值明显受损害的，当事人可以就数物解除合同。

第三，出卖人分批交付标的物的，出卖人对其中一批标的物不交付或交付不符合约定，致使不能实现合同目的的，买受人可以就该批标的物解除。出卖人不交付其中一批标的物或交付不符合约定，致使今后其他各批标的物的交付不能实现合同目的的，买受人可以就该批以及其他各批标的物解除。出卖人已经就其中一批标的物解除，该批标的物与其他各批标的物相互依存的，买受人可以就已经交付和未交付的各批标的物解除。

六、特种买卖合同

在我国《合同法》中，特种买卖合同包括分期付款买卖合同、样品买卖合同、试用买卖合同、招标投标买卖合同和拍卖合同等。

（一）分期付款买卖合同

分期付款买卖是一种特殊的买卖形式，是买受人将其应付的总价款按照一定期限分批向出卖人支付的买卖。分期付款买卖常常用于房屋及高档消费品的买卖。由于买受人的分期支付影响了出卖人的资金周转，故分期付款的总价款可略高于一次性付款的价款。

在分期付款买卖中，为保护买受人的利益，只有当买受人未支付到期价款的金额达到全部价款1/5的，出卖人方可要求买受人支付全部价款或者解除合同。出卖人解除合同的，可以向买受人要求支付该标的物的使用费。因为分期付款买卖中，出卖人须先交付标的物，买受人于受领标的物后分若干次付款，出卖人有收不到价款的风险。因此在实践中，当事人双方就分期付款买卖常有以下特别约定：

1. 所有权保留的特别约定

即在分期付款买卖合同中，买受人虽先占有、使用标的物，但在双方当事人约定的特定条件（通常是价款的部分或全部清偿）成就之前，出卖人仍保留标的物所有权，待条件成就后，再将所有权转移给买受人。

2. 解除合同的损害赔偿金额的特别约定

即当事人双方关于解除合同时一方应向另一方支付的赔偿金额的约定。解除合同时，当事人双方应将其从对方取得的财产返还给对方，有过错的一方还应赔偿对方的损失。

分期付款买卖在因买受人一方的原因而由出卖人解除合同时，为保护出卖人的利益，合同中经常有关于出卖人于解除合同时可以扣留其已受领的价款或请求买受人支付一定金额的约定。但这种约定如过于苛刻则对买受人不利。一般说来，因买受人一方的原因而由出卖人解除合同时，出卖人向买受人请求支付或扣留的金额，不得超过相当于该标的物的通常使用费的金额。如标的物有毁损时，则应再加上相当的损害赔偿金额。如当事人约定的出卖人于解除合同时可以扣留的价款或请求支付的金额超过上述限度，则其超过部分的约定无效。

（二）样品买卖合同

所谓样品，又称货样，是指当事人选定的用以决定标的物品质的货物。样品买卖，又称货样买卖，是指当事人双方约定一定的样品，出卖人交付的标的物应与样品具有相同品质的买卖。由于样品买卖是在普通买卖关系中附加了出卖人的一项“须按样品的品质标准交付标的物”的担保，因此，样品买卖除适用普通买卖的规定外，还产生下列效力：

第一，当事人应当封存样品，并且可以对样品质量予以说明。出卖人交付的标的物应当与样品及其说明的质量相同。

第二，凭样品买卖的买受人不知道样品有隐蔽瑕疵的，即使交付的标的物与样品相同，出卖人交付的标的物的质量仍然应当符合同种物的通常标准。

（三）试用买卖合同

试用买卖合同，是指当事人双方约定，于合同成立时，出卖人将标的物交付买受人试验或检验，并以买受人在约定期限内对标的物的认可为生效要件的买卖合同。这种买卖常见于某些新产品的推销销售领域。

（四）招标投标买卖合同

招标投标买卖合同，是指由招标人向数人或公众发出招标通知或招标公告，在诸多投标中选择自己最满意的投标人并与之订立买卖合同的方式。

（五）拍卖合同

拍卖是指以公开竞价的方法，将标的物的所有权转移给最高应价者的买卖方式。拍卖一般须经如下程序：

1. 拍卖的表示

拍卖的表示，是指拍卖人发出的对标的物进行拍卖的意思表示，它包括拍卖公告和拍卖师在拍卖开始时所作的拍卖表示。

2. 应买的表示

应买的表示是指参加竞买的竞买人发出的购买的意思表示。在拍卖时，是由参加购买的应买人竞争，由出价最高者购买。参加竞争的应买人为竞买人，其提出的价格即为应价。竞买人一经应价，不得撤回，当其他竞买人有更高应价时，其应价即丧失约束力。

在一般情况下，拍卖的表示属于要约邀请，竞买人的应价为要约，竞买人应受其约束，但在其他人有更高应价时，其应价即丧失效力。而在拍卖人说明拍卖标的无保留价时，拍卖的表示即属于要约，竞买人的应价为承诺；竞买人一经应价买卖合同即告成立，但以无其他竞买人的更高应价为生效条件，即：无其他竞买人的更高应价时条件成就，合同生效；有其他竞买人的更高应价时，条件不成就，合同失去效力。

3. 卖定的表示

拍卖以拍卖人拍板或依其他惯用的方法，为卖定的表示。拍卖人作出卖定的表示，则买卖成交，竞争买卖结束。我国《拍卖法》第五十一条规定："竞买人的最高应价经拍卖师落槌或者以其他公开表示买定的方式确认后，拍卖成交。"因此，拍卖人关于卖定的表示应属于承诺，但须以规定的方式公开表示，经拍卖人确认的出最高应价的竞买人即为买受人。拍卖经拍板成交后，买受人和拍卖人应当签署成交确认书。签署成交确认书并不是订立合同，而是对经拍卖成立的买卖合同的一种确认。

小思考

试分析买卖合同中的风险负担。

第九节 运输合同

案例导读

托运危险物品时托运人的责任

费某经营一家私人加油点，某日联系某加油站购买汽油。次日某加油站安排其员工张某运输汽油至费某的加油点。张某驾驶机动车从某加油站将4桶汽油共计840升运往费某的加油点，张某在费某的加油点存储汽油过程中汽油溢出流到地面上，油蒸汽遇到费某家厨房内明火发生燃烧，导致在桶边清除汽油的费某被严重烧伤。

问：某加油站是否应对费某的损失承担责任？

一、运输合同的概念

运输合同是承运人将旅客或者货物从起运地点运输到约定地点，旅客、托运人或者收货人支付票款或者运输费用的合同。

运输合同依据不同标准可以划分为不同种类：(1) 根据运输合同的对象分为货物运输合同和旅客运输合同；(2) 根据运输工具标准分为铁路运输合同、公路运输合同、水路运输合同、航空运输合同；(3) 根据运输方式分为单一运输合同、联合运输合同。

二、运输合同的法律特征

运输合同的法律特征是：运输合同是双务、有偿合同；运输合同一般采用格式合同；合同标的是运输行为；运输合同是诺成合同。

三、货物运输合同

(一) 货物运输合同的概念

货物运输合同，是指承运人将货物从一地运至他地，托运人支付费用的协议。

在货物运输合同中，委托他人运输货物的一方为托运人，接受委托为他人提供运输服务的一方为承运人。依据协议支付的服务费用统称为运费。

(二) 货物运输合同的效力

1. 托运人的主要义务

(1) 支付运费。托运人收货人应当支付运输费用。承运人未按照约定路线或者通常路线运输增加运输费用的，托运人或者收货人可以拒绝支付增加部分的运输费用。

托运人或者收货人不支付运费、保管费以及其他运输费用的，承运人对相应的运输货物享有留置权，但当事人另有约定的除外。

(2) 准确提供信息。托运人办理货物运输，应当向承运人准确表明收货人的名称或者姓名或者凭指示的收货人，货物的名称、性质、重量、数量，收货地点等有关货物运输的必要情况。因托运人申报不实或者遗漏重要情况，造成承运人损失的，托运人应当承担损害赔偿责任。

(3) 办理必要审批手续。货物运输需要办理审批、检验等手续的，托运人应当将办理完有关手续的文件提交承运人。

(4) 妥善包装。托运人应当按照约定的方式包装货物。对包装方式没有约定或者约定不明确的，适用《合同法》第一百五十六条的规定。托运人违反该项规定的，承运人可以拒绝运输。

托运人托运易燃、易爆、有毒、有腐蚀性、有放射性等危险物品的，应当按照国家有关危险物品运输的规定对危险物品妥善包装，作出危险物标志和标签，并将有关危险物品的名称、性质和防范措施的书面材料提交承运人。

托运人违反该项规定的，承运人可以拒绝运输，也可以采取相应措施以避免损失的发生，因此产生的费用由托运人承担。

(5) 及时收取货物。货物运输到达后，承运人知道收货人的，应当及时通知收货人，收货人应当及时提货。收货人逾期提货的，应当向承运人支付保管费等费用。收货人不明或者收货人无正当理由拒绝受领货物的，依照《合同法》第一百零一条的规定，承运人可以提存货物。

(6) 按照约定检验货物。收货人提货时应当按照约定的期限检验货物。对检验货物的期限没有约定或者约定不明确，依照《合同法》第六十一条的规定仍不能确定的，应当在合理期限内检验货物。收货人在约定的期限或者合理期限内对货物的数量、毁损等未提出异议的，视为承运人已经按照运输单证的记载交付的初步证据。

阅读材料

收货人逾期提货应负的责任

一旦收货人接到承运人的通知，应当及时提货。这是收货人的主要义务。如果收货人在收到承运人的提货通知后的规定时间内或者没有规定时间而在合理时间内没有提取货物，逾期提货的，应当向承运人支付逾期的保管费用，如果因为逾期提货给承运人造成损失的，收货人应当承担损失。如果在逾期期间，货物因发生不可抗力而毁损灭失的，承运人不负赔偿责任。收货人提货时，应当将提单或者其他提货凭证交还给承运人，承运人一般也只有在收货人出示了提货凭证后，才能向收货人交付货物。如果按照运输合同的规定或者提货凭证的规定，应当由收货人交付全部或者部分运费的，收货人还应当向承运人履行交付费用的义务后，才有权利提取货物。

资料来源：http：//www.hetong365.com。

2. 承运人的义务

(1) 按照约定期限运输货物。承运人应当在约定期间或者合理期间内将货物安全运输到约定地点。

(2) 按照约定路线运输货物。承运人应当按照约定的或者通常的运输路线将旅客、货物运输到约定地点。

(3) 承担运费损失责任。货物在运输过程中因不可抗力灭失，未收取运费的，承运人不得要求支付运费；已收取运费的，托运人可以要求返还。

(三) 托运货物的风险

1. 承运人承担货物风险

承运人对运输过程中货物的毁损、灭失承担损害赔偿责任。

2. 承运人风险责任的免除

承运人证明货物的毁损、灭失是因不可抗力、货物本身的自然性质或者合理损耗以及托运人、收货人的过错造成的，不承担损害赔偿责任。

阅读材料

货物在运输中因不可抗力灭失的对运费支付风险的处理

托运的货物在运输过程中因不可抗力灭失了，货物的这种灭失不是因为承运人的原因造成的，也不是因为托运人、收货人的过错造成的。在这种情况下，货物灭失的风险根据《合同法》第三百一十一条的规定，承运人不承担货物的损害赔偿责任，但是对于运费的支付风险则要根据《合同法》第三百一十四条规定，未收取运费的，承运人不得请求支付运费。对于已经收取的运费，托运人可以请求返还。这是因为托运人已经因货物的灭失而遭受了极大的损失，如果其还要负担运费，就意味着要承担双重损失，从公平和诚实信用的角度来讲，法律应当允许托运人请求承运人返还已支付的运费，使风险得以合理分担。

资料来源：http://www.hetong365.com。

3. 损失额的计算

货物的毁损、灭失的赔偿额，当事人有约定的，按照其约定；没有约定或者约定不明确，依照《合同法》第六十一条的规定仍不能确定的，按照交付或者应当交付时货物到达地的市场价格计算。法律、行政法规对赔偿额的计算方法和赔偿限额另有规定的，依照其规定。

阅读材料

《货物运输合同》参考文本

甲方：________	乙方：________
地址：________	地址：________
邮编：________	邮编：________

电话：__________　　　　　　　　　　电话：__________

法定代表人（委托代理人）：__________　法定代表人（委托代理人）：__________

开户行：__________　　　　　　　　　开户行：__________

账户：__________　　　　　　　　　　账户：__________

甲乙双方为携手合作、促进发展、满足利益、明确责任，依据中华人民共和国有关法律之相关规定，本着诚实信用、互惠互利原则，结合双方实际，协商一致，特签订本合同，以求共同恪守：

第一条　货物名称、规格、数量、价款：货物：________编号：________品名：________规格：________单位：________单价：________数量：________金额（元）：________

第二条　包装要求：托运人必须按照国家主管机关规定的标准包装；没有统一规定包装标准的，应根据保证货物运输安全的原则进行包装，否则承运人有权拒绝承运。

第三条　货物起运地点：____________

货物到达地点：____________

第四条　货物承运日期：____________

第五条　运输质量及安全要求（略）

第六条　货物装卸责任和方法（略）

第七条　收货人领取货物及验收办法（略）

第八条　运输费用、结算方式（略）

第九条　各方的权利义务：

一、托运人的权利义务

1. 托运人的权利：要求承运人按照合同规定的时间、地点，把货物运输到目的地。货物托运后，托运人需要变更到货地点或收货人，或者取消托运时，有权向承运人提出变更合同的内容或解除合同的要求。但必须在货物未运到目的地之前通知承运人，并应按有关规定付给承运人所需费用。

2. 托运人的义务：按约定向承运人交付运杂费；否则，承运人有权停止运输，并要求对方支付违约金。托运人托运的货物，应按照规定的标准进行包装，遵守有关危险品运输的规定，按照合同中规定的时间和数量交付托运货物。

二、承运人的权利义务

1. 承运人的权利：向托运人、收货方收取运杂费用。如果收货方不交或不按时交纳规定的各种运杂费用，承运人对其货物有扣押权。查不到收货人或收货人拒绝提取货物，承运人应及时与托运人联系，在规定期限内负责保管并有权收取保管费用，对于超过规定期限仍无法交付的货物，承运人有权按有关规定予以处理。

2. 承运人的义务：在合同规定的期限内，将货物运到指定的地点，按时向收货人发出货到的通知。对托运的货物要负责安全，保证货物无短缺、无损坏、无人为造成的变质，如有上述问题，应承担赔偿义务。在货物到达以后，按规定的期限，负责保管。

三、收货人的权利义务

1. 收货人的权利：在货物运到指定地点后有以凭证领取货物的权利。必要时，收货人有权向到站或中途货物所在站提出变更到站或变更收货人的要求，签订变更协议。

2. 收货人的义务：在接到提货通知后，按时提取货物，缴清应付费用，超过规定期限提货时，应向承运人交付保管费。

第十条　违约责任：

一、托运人责任

1. 未按合同规定的时间和要求提供托运的货物，托运人应按其价值的______%偿付给承运人违约金。

2. 由于在普通货物中夹带、匿报危险货物，错报笨重货物重量等而招致调具断裂，货物摔损，调机倾翻、爆炸、腐蚀等事故的，托运人应承担赔偿责任。

3. 由于货物包装缺陷产生破损，致使其他货物或运输工具机械设备被污染腐蚀、损坏，造成人身伤亡的，托运人应承担赔偿责任。

4. 在托运人专用线或在港、站公用线，在到站卸货时，发现货物损坏、缺少，在车辆施封完好或无异状情况下的，托运人应赔偿收货人的损失。

5. 罐车发运货物，因未随车附带规格质量证明或化验报告，造成收货方无法卸货时，托运人应偿付承运人卸车等存费及违约金。

二、承运人责任

1. 不按合同规定的时间和要求配车（船）发运的，承运人应偿付托运人违约金______元。

2. 承运人如将货物错运到货地点或接货人，应无偿运至合同规定的到货地点或接货人。如果货物逾期到达，承运人应偿付逾期交货的违约金。

3. 运输过程中货物灭失、短少、变质、污染、损坏，承运人应按货物的实际损失（包括装费、运杂费）赔偿托运人。

4. 联运的货物发生灭失、短少、变质、污染、损坏，应由承运人承担赔偿责任的，由终点阶段的承运人向负有责任的其他承运人追偿。

5. 在符合法律和合同规定条件下运输，由于下列原因造成货物灭失、短少、变质、污染、损坏，承运人不承担违约责任：（1）不可抗拒因素；（2）货物本身的自然属性；（3）货物的合理损耗；（4）货运人或收货方本身的过错。

本合同正本一式二份，合同双方各执一份；合同副本一式____份，送____等单位各留一份。

托运人：______________　　承运人：______________

代表人：______________　　代表人：______________

地址：______________　　地址：______________

电话：______________　　电话：______________

开户银行：______________　　开户银行：______________

账号：______________　　账号：______________

签约日期：______年______月______日

资料来源：http：//www.wenben114.com。

四、旅客运输合同

（一）旅客运输合同的概念与特征

旅客运输合同，是指承运人将旅客及其行李运送到一定地点，旅客支付相关费用的协议。

旅客运输合同的法律特征是：

（1）旅客运输合同一般为诺成合同，客运合同自承运人向旅客交付客票时成立，但当事人另有约定或者另有交易习惯的除外。

（2）旅客运输合同为格式合同，旅客客票为合同关系的凭证。

（3）旅客运输合同为要式合同。

（4）旅客运输合同一般附有强制性保险条款。承运人依据国家有关法律收取保险费，为旅客代上保险。承运人与保险人之间的保险合同为旅客运输合同的从合同。

（5）旅客运输合同与旅客行李运输合同相伴。

（6）旅客运输合同自承运人为旅客剪票时生效。

（二）旅客运输合同的效力

1. 旅客的主要义务

（1）支付票款及其他费用。旅客应当支付票款或者其他运输费用。

（2）旅客应当持有效客票乘运。旅客无票乘运、超程乘运、越级乘运或者持失效客票乘运的，应当补交票款，承运人可以按照规定加收票款。旅客不交付票款的，承运人可以拒绝运输。

（3）漏乘的责任。旅客因自己的原因不能按照客票记载的时间乘坐的，应当在约定的时间内办理退票或者变更手续。逾期办理的，承运人可以不退票款，并不再承担运输义务。

（4）按照规定或约定携带行李。旅客在运输中应当按照约定的限量携带行李。超过限量携带行李的，应当办理托运手续。

（5）遵守安全规定。旅客不得随身携带或者在行李中夹带易燃、易爆、有毒、有腐蚀性、有放射性以及有可能危及运输工具上人身和财产安全的危险物品或者其他违禁物品。

旅客违反上述规定的，承运人可以将违禁物品卸下、销毁或者送交有关部门。旅客坚持携带或者夹带违禁物品的，承运人应当拒绝运输。

2. 承运人的主要义务

（1）按照约定期限运送旅客。承运人应当按照客票载明的时间和班次运输旅客。承运人迟延运输的，应当根据旅客的要求安排改乘其他班次或者退票。

（2）按照约定路线运送旅客。承运人应当按照约定的或者通常的运输路线将旅客运输到约定地点。

（3）告知义务。承运人应当向旅客及时告知有关不能正常运输的重要事由和安全运输应当注意的事项。

（4）不得擅自变更运输工具和降低服务标准。承运人擅自变更运输工具而降低服务标准的，应当根据旅客的要求退票或者减收票款；提高服务标准的，不应当加收票款。

（5）救助义务。承运人在运输过程中，应当尽力救助患有急病、分娩、遇险的旅客。

（6）保障旅客人身安全。承运人应当对运输过程中旅客的伤亡承担损害赔偿责任，但伤亡是旅客自身健康原因造成的或者承运人证明伤亡是旅客故意、重大过失造成的除外。上述规定适用于按照规定免票、持优待票或者经承运人许可搭乘的无票旅客。

（7）保障旅客财物的安全。在运输过程中旅客自带物品毁损、灭失，承运人有过错的，应当承担损害赔偿责任。旅客托运的行李毁损、灭失的，适用货物运输的有关规定。

案例分析

1. 大华公司因工程急需钢材，向名城公司、振兴公司发出通知，在通知中说明：“我公司需要标号为××的钢材 1 000 吨，如贵公司有货，请速与我公司联系。我公司希望购买此类钢材。”大华公司同一天收到名城公司和振兴公司的复函，都说自己备有其所需的钢材，并将价格一并通知了大华公司。名城公司在发出复函的第二天，派车队先行运载 200 吨钢材送往大华公司。

大华公司在收到两家公司复函后，认为振兴公司提出的价格更为合理，且其质量信得过，所以当天下午即去函称将向其购买 1 000 吨钢材，请其速备货。

振兴公司随即复函大华公司，说其有现货，并于第三天将钢材运往大华公司。在大华公司收到振兴公司复函的第二天，名城公司的车队运输钢材到达大华公司，要求大华公司收货并支付货款。大华公司当即函电振兴公司，请其仅运送 800 吨钢材。振兴公司复电说，1 000 吨钢材已经全部发往大华公司。大华公司收到振兴公司的复电后，就告知名城公司，为减少其损失，只收下其 100 吨钢材，其余的不收。名城公司对此不服，认为大华公司应当收取全部钢材。大华公司再次向振兴公司发函电称，本公司仅收其中的 900 吨钢材，如振兴公司多运送钢材而造成损失，由振兴公司自行承担。第三天，振兴公司的 1 000吨钢材运到大华公司，大华公司仅收取了其中的 900 吨，剩余的 100 吨不予收货，为此双方发生纠纷。振兴公司和名城公司双双向法院起诉，要求大华公司承担赔偿责任。

问：

（1）大华公司向名城公司和振兴公司发出的通知是否构成要约？

（2）名城公司在发出复函的第二天派本公司车队先行运载 200 吨钢材送往大华公司，此行为是否构成承诺？

（3）大华公司致电振兴公司要求其仅运送 800 吨钢材，此行为是属于要约的撤销还是承诺的撤回？

2. 甲公司因经营业务需要，准备购入一套大型设备。乙设备厂得知此情况后，向甲公司发出了一份详细的书面要约，并在要约中注明：“请贵公司在 5 月 15 日前答复，否则该要约将失效。”甲公司接到要约后，仔细对比了乙设备厂与其他厂家的质量与价格，认为乙设备厂的设备性能优良而且价格适中，愿意购买，但由于本公司工作人员的延误，直到5月17日才向乙设备厂发出承诺。乙设备厂收到该承诺后未予理睬。

请回答下列问题：

(1) 若乙设备厂发出要约后想撤销该要约，其是否能行使撤销权？

(2) 甲公司发出的承诺属于什么性质？甲乙之间的合同是否成立？

3. 某超市欲购买某渔业公司的海产品，5月20日超市通过电话与渔业公司联系，请渔业公司寄一份价目表。5月28日，超市收到渔业公司寄来的一份价目表，其中载明带鱼每千克38元、黄鱼每千克52元。超市遂于当日与渔业公司电话联系，称愿购买带鱼和黄鱼各20吨，但带鱼价应降至每千克36元，黄鱼价应降至每千克50元。渔业公司称，价目表规定的价格一般不能变，但由于超市订货量大，可以考虑降价，但需要研究后答复。5月29日，超市向渔业公司正式发去函电，称“带鱼每千克36元，黄鱼每千克50元，各要20吨，可在一周内答复。如无异议，一周后正式订合同，6月份分批交货”。6月1日，有另一家水产公司向超市推销海产品，超市认为其带鱼、黄鱼的价格合理，遂决定向该水产公司购买，双方订立了正式合同。6月2日，渔业公司给超市打电话，称同意按超市提出的价格出售，并已备齐带鱼、黄鱼各10吨，准备交货。超市称已与他处订立合同，故不必发货。双方发生争议，渔业公司认为超市已构成违约，遂向法院提起诉讼，请求超市实际履行合同，接受货物并支付价款，并赔偿损失。

问：超市与渔业公司之间是否订立了有效合同？超市应否为渔业公司赔偿损失？为什么？

4. 甲公司与乙公司签订了一份买卖合同，合同约定：乙公司供给甲公司限量生产的某型号的手表1 000块，单价500元；甲公司应交付定金5万元；如果一方违约，则应支付总价款的20%作为违约金。合同签订后，甲公司立即将5万元定金交付乙公司，并很快与丙公司就同一批货物签订了一份买卖合同，合同约定：甲公司供给丙公司手表1 000块，单价600元；如果一方违约，则应支付10万元违约金。后乙公司没有按期履行合同，导致甲公司无法履行与丙公司之间的合同，为此甲公司向丙公司支付违约金10万元。现甲公司要求乙公司双倍返还其定金共10万元，支付违约金10万元。乙公司则以定金条款无效为由主张合同无效。

问：

(1) 定金条款是否全部无效？

(2) 定金条款无效是否导致合同全部无效？为什么？

(3) 甲公司是否可以要求乙公司既承担违约金责任，又承担定金责任？为什么？

(4) 如果甲公司只请求支付违约金，乙公司要求减少违约金，法院能否支持？甲公司要求增加违约金，法院能否支持？为什么？

(5) 丙公司能否直接要求乙公司对自己承担违约责任？为什么？

(6) 若乙公司本已准备了1 000块手表，但在履行期到来之前三天因突发地震而灭失，乙公司当即向甲公司通报了此情况，乙公司是否应向甲公司承担违约责任？为什么？

(7) 若乙公司不能交付手表的原因是相邻的丁工厂失火（因消防设施不全所致），波及乙公司的仓库，导致1 000块手表灭失，乙公司是否要承担违约责任？为什么？丁工厂应否承担责任？向谁承担责任？

5. 甲公司与乙公司签订一个供货合同，约定由乙公司在一个月内向甲公司提供一级精铝锭 100 吨，价值 130 万元，双方约定如果乙公司不能按期供货，每逾期一天须向甲公司支付货款价值 0.1%的违约金。由于组织货源的原因，乙公司在两个月后才向甲公司交付了 100 吨精铝锭，甲公司验货时发现不是一级精铝锭，而是二级精铝锭，就以对方违约为由拒绝付款，要求乙公司支付一个月的违约金 39 000 元，并且要求乙公司重新提供 100 吨一级精铝锭。但是乙公司称逾期供货不是自己的过错，而是国家的产业政策调整所致，不应该支付违约金，而且所提供的精铝锭是经过质量检验机构检验合格的产品，甲公司不应当小题大做，现在精铝锭供应比较紧张，根本不可能重新提供精铝锭。

甲公司坚持乙公司应当支付违约金和按照合同约定的质量标准履行合同。双方为此发生争议，甲公司起诉至法院，要求乙公司支付违约金和重新履行合同。乙公司在答辩状中称，逾期供货不是自己的本意，也不是自己能控制的，不应当支付违约金，即使支付违约金，也不应当支付 39 000 元之多，甲公司的请求对自己不公平。

问：

(1) 甲公司与乙公司之间签订的合同是否有效？

(2) 乙公司没有在约定的时间内交付货物是客观原因还是主观原因？

(3) 甲公司要求乙公司支付违约金和重新履行合同的说法有无依据？

(4) 乙公司主张不能按时供应货物有无依据？

(5) 乙公司主张违约金的数额太高，不愿承担这么多违约金的说法有无依据？

实训项目

一、拟订一份合同

◆ 实训目的

通过实训，使学生进一步了解合同的主要条款，熟悉合同基本格式，为将来签订有效的商品采购合同、运输合同打下基础。

◆实训内容

根据提供的资料，模拟订约双方，完成要约、反要约、承诺等过程，拟写一份商品买卖合同，要求条款完备、内容合法、格式规范。

◆方法步骤

1. 教师介绍合同主要条款、合同订立的程序及注意事项；
2. 学生阅读提供的资料；
3. 学生上网搜集合同的范本；
4. 学生分组模拟订约双方，进行要约、反要约、承诺环节；
5. 学生按范本格式拟订合同文本；
6. 学生分小组进行交流讨论；

7. 教师对学生所拟订合同文本进行点评。

二、违约责任的界定

◆ 实训目的

通过实训，使学生进一步明确违约行为的表现，熟悉违约责任的承担方式，掌握违约金、损失赔偿额的计算方法。

◆实训内容

根据提供的资料，判断是否违约，计算违约金、损失赔偿额。

◆方法步骤

1. 教师介绍合同违约的案例；
2. 学生分组讨论，分析案例，正确界定违约责任，计算违约金、损失赔偿额。
3. 各学生小组进行交流讨论；
4. 教师对学生的分析进行点评。

第八章　反不正当竞争法

引　言

反不正当竞争法是为了保障社会主义市场经济健康发展、鼓励和保护公平竞争、制止不正当竞争行为、保护经营者和消费者的合法权益而设立的。该法把公认的商业道德纳入法律中，既鼓励正当竞争，又防止竞争“过火”，对连锁企业经营过程中的竞争行为有非常重要的指导作用。

学习目标

- 明确反不正当竞争法的调整对象及原则
- 掌握不正当竞争行为的类型及界定标准

第一节 反不正当竞争法概述

案例导读

哈药集团制药六厂于2004年3月12日申请、同年9月15日获得ZL200430015075.4包装盒外观设计专利权，该专利说明书摘要注明：请求保护的外观设计包含有色彩。制药六厂将该专利使用于其产品新盖中盖牌高钙片的包装盒。该包装盒长5.2cm，宽5.2cm，高10.1cm，整体基色为蓝白色。盒体正面基色由下向上从蓝色向白色变化，蓝色占2/3；正面上部位于蓝白基色交接处为大字“新盖中盖”，“新”为红框白字，“盖中盖”从左到右为红、黄、绿、黄、红逐渐变化，其右下角为红色小字“牌”，左上角为蓝色保健食品标志和批准文号，右上角为蓝色“盖中盖”文字商标；正面中部为蓝色大字“高钙片”，其下方橘黄色长条横框内为白色小字“每片中含：钙500mg维生素D100IU”，再下方为激光防伪图案“盖中盖”文字商标；正面下部底端为红白两条横线，横线上方为白框红色字“哈药集团制药六厂”，其上方左侧的橘黄色小椭圆内为白色小字“低糖”，右侧为白色小字“净含量：2.5g×30片”。盒体背面除没有正面的激光防伪图案外，其余相同。

新天公司新钙中王高钙片的包装盒，长5.1cm，宽5.1cm，高10cm，整体基色为蓝白色。盒体正面基色由下向上从蓝色向白色逐渐变化，蓝色占3/5；正面上部为大字“新钙中王”，“新”为红框白字，“钙中王”从左到右为红、黄、绿、黄、红逐渐变化，左上角为“金源”文字和图形商标；中部位于蓝白基色交接处为蓝色大字“高钙片”，其下方红色长条横框内为白色小字母“HIGHCALCIUNMSLICE”，再下方为白色小字“一天一片健康永伴你……”；底端为红色横线，横线上方为白框红色字“阜阳新天保健品有限公司”，其上方为白色小字“净含量：1.8g×30片”。盒体背面与正面相同。盒体侧面印有与盒体正面相同的“新钙中王”和白色“高钙片”文字，其下方印有“卫生许可证号阜泉卫食字（2004）第0592号”，“公司地址安徽阜阳市阜太路383号”，“生产日期2005年9月8日”。

孙某经营的保健品经销部销售新天公司生产的新钙中王高钙片，每盒售价5元，其生产日期为2005年9月8日。

哈药集团制药六厂以新天公司和孙某为被告向法院起诉，要求被告承担相应的法律责任。制药六厂还举证了被告的产品影响新盖中盖牌高钙片销售情况的说明，主要内容为：自2004年开始，新盖中盖牌高钙片销售利润逐年下降，被告的产品上市对制药六厂销售利润的影响约为300万元。

资料来源：http：//ishare. iask. sina. com. cn。

问：新天公司的行为是否构成侵权？

一、反不正当竞争法概述

（一）不正当竞争的概念

我国《反不正当竞争法》规定，不正当竞争是指经营者违反法律规定，损害其他经营者的合法权益，扰乱社会经济秩序的行为。不正当竞争行为有如下特征：其主体必须是经营者；经营者必须实施了违反自愿、平等、公平、诚实信用原则和公认的商业道德的行为，并且在行为中有过错；必须发生在竞争领域，亦即发生在有竞争的市场交易中；必须是侵犯了其他经营者的合法权益，扰乱了社会经济秩序的行为。

（二）反不正当竞争法的概念及调整对象

反不正当竞争法是指调整在反对不正当竞争中产生的经济关系的法律规范的总称。其调整对象包括：在确立反不正当竞争管理监督体制中产生的经济关系，在确定不正当竞争行为中产生的经济关系，在制裁不正当竞争行为中产生的经济关系三个方面。

我国《反不正当竞争法》自 1993 年 12 月 1 日起实施，是我国第一部由国家立法机关正式制定并公布的反不正当竞争的法律规范，也是我国调整反不正当竞争的主要法律规范。

二、反不正当竞争法的基本原则

反不正当竞争法包含了以下两项基本原则：

（一）公平竞争原则

公平竞争是正当竞争的前提，是市场经济的本质要求，它有两层含义：一是公平竞争，即竞争者应当公开地用正当竞争手段去竞争；二是平等竞争，即竞争者的法律地位是平等的，都有均等的机会参与竞争。公平竞争原则是竞争立法的宗旨、竞争执法的准绳和竞争行为人守法的指南。

（二）诚实信用原则

诚实信用原则，简称诚信原则，是指社会经济活动的当事人应从善意出发，正当地行使权利和承担义务，以维持当事人之间及社会利益之间的平衡关系。

阅读材料

诚实信用原则在反不正当竞争法中的立法基础及功能

诚实信用本身属于道德范畴，是人类改造主观世界的要求。但是，随着市场经济的复杂化，人们之间的关系起来越复杂，社会秩序对人们在市场经济活动中遵守诚信的要求越来越高。立法者逐渐认识到，仅靠道德手段促使人们讲诚实、守信用远远不能达到市场经济的要求，必须从法律上要求民事主体讲诚实、守信用，并把违背诚实信用的行为作为违法行为处理，让行为人承担法律责任，在法律层面上促使民事主体诚实守信，才能维系良好的市场秩序和人际关系。于是，立法者开始在越来越多的法律中规定诚实信用原则，诚实信用开始从道德义务上升为法律义务，诚实信用原则完成了道德的法律化或法律的道德化的过程。

我国著名民法学家梁慧星先生曾将诚实信用原则的功能归纳为三项：第一，指导当事人行使权利、履行义务的功能。即要求当事人在行使权利、履行义务时，应兼顾对方当事人利益和社会一般利益，使自己的行为符合诚实商人的标准，只在不损害他人利益和社会利益的前提下追求自己的利益。第二，解释、评价和补充法律行为的功能。即诚实信用原则适用之结果，可创造、变更、消灭、扩张、限制约定之权利义务，也可发生履行拒绝权、解除权及请求返还之拒绝权。第三，解释和补充法律的功能。即进行法律解释时，必须受诚实信用原则的支配，始终维持公平正义。此外，在法律有欠缺或不完备时，亦须以诚实信用原则为最高准则予以补充。

第二节　不正当竞争行为

案例导读

湖南老百姓大药房连锁有限公司诉宁乡县老百姓大药房不正当竞争纠纷案

原告湖南老百姓大药房连锁有限公司是一家于2001年10月25日在湖南省工商行政管理局登记注册的民营连锁企业。由于其独特的经营方式和低廉的售价，开业后迅速在省内引起人们的普遍关注。其“老百姓”字号和商品（服务）的知名度、美誉度大大提升，2004年销售额在全国连锁药店排名第一。为易于识别，公司还将“老百姓”文字及相关图案使用在自己销售的商品包装上。2005年5月28日被告宁乡县老百姓大药房以现有名称在湖南省宁乡县开店营业，2005年5月30日在宁乡县工商行政管理局进行了登记。被告不仅以原告的知名名称进行了登记注册，而且在店面装修、广告用语等诸多方面使用与原告相同或相似的方式和方法，故意模仿原告，甚至在其开业当天的宣传页上，故意只写“老百姓大药房”，将名称中的“宁乡”两字隐去，其误导消费者的目的非常明显。原告认为，被告采用各种不正当竞争的手段误导消费者，促使消费者误以为被告系原告在宁乡县的分支机构，其行为给原告造成了损害，遂向法院起诉。

经法院审理查明：2001年10月25日，原告湖南老百姓大药房连锁有限公司成立，由湖南省工商行政管理局批准设立。该公司以开设连锁店的方式经营药品销售。除本省外，原告在湖北省、河北省、广东省、浙江省、河南省、山东省、陕西省、广西壮族自治区及天津市等均设立了子公司及连锁店，原告的连锁店及其销售包装均采用统一设计的企业标识和风格、色调（浅蓝色为主），突出使用“老百姓”斜体文字标识及“一切为了老百姓”等宣传语。原告的经销行为为其取得了较好的经济效益和社会效益。根据《中国药店》杂志2005年第4期中《2005中国连锁药店排行榜（分店数量）》记载，原告在全国共有连锁店52家，分布在湖南、江西、陕西、山西、浙江、广西、山东、广东、河北、天津、上海、湖北、河南等地。该杂志同期刊登的《2005中国连锁药店排行榜（2004年销售额）》中，原告以销售额18.2亿元排全国连锁药店首位。

被告宁乡县老百姓大药房系由宁乡县工商行政管理局颁发营业执照的个人独资企业，营业执照的颁发日期为2005年5月30日。在此之前，该店在2005年5月27日的《今日宁乡》报上以专版投入开业广告，其广告词为“老百姓大药房登陆宁乡”及“老百姓大药房规模就是大，价格自然低”等。在其店标上写有“想老百姓所想”、“急老百姓所急”等宣传语，店面风格采用浅绿色为主色调。被告店面招牌突出使用较大的“老百姓大药房”斜体文字，“宁乡”二字字体较小。店面玻璃上直接贴上了“老百姓大药房”文字。

法院认为，经营者在经营时应当遵循诚实信用的原则，遵守商业道德。原告作为同行业知名企业，对其企业名称、字号在一定范围内享有专用权，并有权请求人民法院保护其合法经营的权利。被告未经原告许可在企业名称中使用了“老百姓”文字，并借助原告已有的市场影响，进行虚假广告宣传，构成对原告之知名字号“老百姓”的侵害；被告还在其店面装修时使用与原告之特有装潢相近的风格，均已构成对原告的不正当竞争，其行为应予制止。根据法律规定，被告应当赔偿原告因不正当竞争行为所受的经济损失，并承担原告因调查其侵权所支付的合理费用。

资料来源：http：//www.lawtime.cn。

不正当竞争行为是针对市场竞争中的正当竞争行为而言的，它泛指经营者为了争夺市场竞争优势，违反公认的商业习俗和道德，采用欺诈、混淆等经营手段排挤或破坏竞争，扰乱市场经济秩序，并损害其他经营者和消费者利益的竞争行为。

不正当竞争行为在现实生活中纷繁复杂、形式多样，为了针对某些危害特别严重的行为进行有效的规制，各国在立法中除了对不正当竞争行为进行概括定义以外，还通过列举具体竞争行为的方式，来补充概括意义上对不正当竞争行为的定义。我国的《反不正当竞争法》对不正当竞争行为的界定采用了世界各国的通常做法。首先，在该法的总则部分规定了市场交易的基本准则，实际上是把违背这些基本准则的行为界定为不正当竞争行为；其次，对不正当竞争行为作了概括性的界定，即“经营者违反本法规定，损害其他经营者的合法权益，扰乱社会经济秩序的行为”。

根据《反不正当竞争法》的规定，不正当竞争行为主要有以下十一种：

一、假冒混同行为

假冒混同行为是指经营者采用欺骗手段从事市场交易，使自己的商品或服务与特定竞争对手的商品或服务相混淆，造成或足以造成购买者误认误购的不正当竞争行为。假冒混同行为有以下四种：

（1）假冒他人的注册商标。商标是商品的牌子，也是商品生产者将自己的产品区别于他人产品的标志。注册商标对于企业的作用是十分重要的，一个著名的注册商标可以为企业带来巨额的财富，其本身经资产评估就是一笔巨额资产。假冒他人注册商标的行为就是侵犯他人的知识产权，与侵犯他人的有形财产权无异。根据我国《商标法》及《商标法实施细则》的规定，这种侵权行为包括：1）未经注册商标所有人的许可，在同一种商品或者类似商品上使用与其注册商标相同或者近似的商标；2）销售明知是假冒注册商标商品的行为；3）伪造、擅自制造他人注册商标标识或者销售伪造、擅自制造他人注册商标标识的行为。

（2）擅自使用知名商品特有的名称、包装、装潢，或者使用与知名商品近似的名称、包装、装潢，造成和他人的知名商品相混淆，使购买者误认为是该知名商品。知名商品特有的名称、包装、装潢是该商品的无形资产，它不仅起到区别于其他同类商品的作用，同时也在一定程度上反映了商品生产经营者的商业信誉和商品声誉，直接关系到商品市场销售情况。因此，擅自使用知名商品的外在形象，也就是对企业无形财产的侵犯。

（3）擅自使用他人的企业名称或者姓名，引人误认为是他人的商品。企业名称、商号以及个体经营者的姓名、字号等的专用权同样是企业和经营者所拥有的合法垄断的财产，代表了企业的外在形象，也关系到该经营者的商业信誉和商品、服务的声誉，对经营者和消费者都是至关重要的。作为一种无形财产，企业和个人对其名称和姓名享有专用权。在我国《民法通则》中，从保护公民和法人、个体工商户以及个人合伙组织的名称或姓名权的角度规定了上述权利不容侵害；《产品质量法》又从产品质量管理的角度规定生产者、销售者禁止伪造或冒用他人的厂名；《企业名称登记管理规定》明确提出企业享有名称的专用权，并“保护企业名称专用权”。擅自使用他人的企业名称或者姓名，引人误认为是他人的商品，引起消费者的误解，势必造成市场秩序的混乱。

（4）在商品上伪造或者冒用认证标志、名优标志等质量标志，伪造产地，对商品质量作引人误解的虚假表示。质量认证标志是指经国际或国内质量认证机构认证合格后在商品上或商品包装上使用的标志。它是一个公正的证明，表明产品可信赖的程度。取得认证标志有助于经营者提高商品的知名度和竞争力。名优标志是指由国际或国内有关部门或社会团体评定颁发、在产品或其包装上使用的质量荣誉标志。我国的《产品质量法》和《反不正当竞争法》分别从加强产品质量管理和维护公平竞争两个不同的角度规定经营者不得伪造或冒用认证标志和名优标志。所谓商品产地是指商品的制造地、加工地、出产地或商品生产者的所在地。伪造商品产地是经营者在商品上虚假地标上名优产品或特有产品的原产地，其目的在于引诱消费者误认为是信誉好、技术先进、质量好的地区的产品而购买该商品。

上述行为有的可以纳入商标法、产品质量法、专利法、著作权法的调整范围，但有的却只能由反不正当竞争法进行规制。无论在哪一种情况下，以反不正当竞争法对这些行为进行调整，都能够及时、有效地制止违法行为，更加充分地保护合法正当的权利。

二、限购排挤行为

限购排挤行为，是指公用企业或者其他依法具有独占地位的经营者为了排挤其他经营者而限定他人购买其指定的经营者的商品的行为。这种不正当竞争主要有如下表现：电信部门在安装电话时，要求用户只能购买其提供的电话机；煤气公司在安装煤气管道时，要求用户必须购买某企业生产或经销的煤气灶；供电部门在安装电表时，要求用户必须购买其经销的电表；自来水公司在安装水表时，要求用户必须购买其指定或经销的水表。

三、商业贿赂行为

商业贿赂行为是指经营者为销售或者购买商品而采用财物或者其他手段暗中收买对方单位或者个人，以获得交易机会或有利交易条件的行为。商业贿赂既可以用财物，也可以用其他手段。

（一）商业贿赂行为的基本特征

商业贿赂行为具有以下四个方面的基本特征，这也是构成商业贿赂行为的要件：

（1）商业贿赂行为的主体包括行贿者和受贿者双方在内的经营者及相关人员。

（2）主观上以排斥商业竞争为目的。商业贿赂行为大多发生于竞争较为激烈的行业中。商业贿赂的行贿者借用贿赂手段促成交易或在交易中排挤同业竞争者，取得竞争优势。实践中只要以不正当手段推销或购买商品就可以认为是主观上具有排斥商业竞争的目的。

（3）商业贿赂是以不正当方式进行的行为。不正当的方式表现为向单位或单位的有关人员提供财物或其他利益。随着商业贿赂的非法性不断为社会所认识，法律对商业贿赂的打击也越来越严厉，商业贿赂的形式开始向非货币化转变，豪华旅游、住房补贴、境外利益以及提供色情服务等都成为商业贿赂的方式。

（4）商业贿赂行为具有违法性。商业贿赂一般是暗中进行的，钱款等财物的支付与个人收受过程都是通过隐秘的方式进行，通常采用不入账或伪造会计账册的形式进行掩盖。它违反了《反不正当竞争法》等法律的规定，违背了诚实信用原则和公认的商业道德，损害了其他经营者的合法利益，扰乱了市场秩序。

（二）与商业贿赂相关的行为

要注意区别下列与商业贿赂相关的行为：

1. 回扣

回扣是指经营者为了销售或者购买商品，在账外暗中给予交易对象或有关人员财物，属于商业贿赂行为；但如果对方以明示方式给予回扣，收受单位或个人如实入账的，则被视同折扣。

2. 折扣

折扣又称让利或打折，是指经营者为销售或购买商品，以公开明示的方式向交易对象支付一定数额的财物。折扣必须以明示方式公开支付，是正常的商业促销行为，受法律保护。

3. 佣金

佣金是指在市场交易中，经营者以公开明示方式给付促成交易的中间人的劳务报酬。佣金必须以公开明示的方式给付，并且给付的对象只能是中间人。这既可以调动中间人从事中介活动的积极性，也有助于杜绝中间人暗自私下收取酬金。

小思考

回扣与折扣和商业贿赂有何区别？

小案例

某医院于2010年3月与某医药站签订了一份“药品购销合同”，在“药品购销合同”的基础上又签订了一份“赠车协议”。“赠车协议”中规定，“药品购销合同”全面生效后一个月，医药站购买一辆价值14.6万元的桑塔纳轿车给医院使用；医院若在14个月内从医药站采购药品总价值达120万元，桑塔纳轿车就归医院所有。2010年5月医药站将车交给医院使用，至2011年6月份合同履行完毕，轿车归医院所有。

问：医院的做法是否正确？该如何处理？

四、虚假宣传行为

虚假宣传行为是指经营者为获取市场竞争优势和不正当利益，利用广告或者其他方法，对产品或者服务的质量、制作成分、性能、用途、生产者、有效期限、产地等作虚假广告或其他形式的引人误解的宣传行为。根据我国《广告法》的规定，广告是指“商品经营者或者服务提供者承担费用，通过一定的媒介和形式直接或者间接地介绍自己所推销的商品或者所提供服务的商业宣传行为”。它包括利用报刊、广播、电视、路牌、橱窗、印刷品、霓虹灯等媒体，进行刊播、设置、张贴广告等。其他形式的宣传行为，是指广告以外的各种宣传形式，它包括商品及其包装上的标签和说明，对商品作现场演示或口头说明，散发、邮寄商品的说明书和宣传品，通过行业协会等社会团体推荐宣传非广告性质的纪实报道等。

虚假宣传行为以虚假广告为主要表现形式，它具有以下几个特征：

（1）行为的违法性。虚假广告违反了我国的《广告法》、《消费者权益保护法》和《反不正当竞争法》等法律的有关规定，违背了公序良俗，损害了消费者或者其他生产经营者的合法权益，具有一定程度的社会危害性。

（2）内容的不真实性。虚假广告之所以虚假，根本在于广告的内容未能真实客观地介绍有关商品或服务的情况，即广告内容与实际商品或服务情况明显不符。

(3) 手段的欺骗性。虚假广告采取虚构事实、隐瞒真相等手段，故意欺骗或误导消费者，使其产生错误的认识，进而购买其宣传的商品或接受其宣传的服务。

(4) 主体的复杂性。虚假广告的主体既包括广告主，也包括广告经营者，还包括广告发布者。

广告的经营者在明知或应知的情况下，代理、设计、制作、发布虚假广告，亦属此行为。除此之外，经营者在商品上对商品的安全标准、使用性能、用途、规格、等级、主要成分和含量、生产日期、有效期限、保质期等与商品质量相关的内容作虚假表示的，误导公众，扰乱市场竞争秩序，构成虚假宣传行为。

五、侵犯商业秘密行为

商业秘密是指不为公众知晓，能为权利人带来经济利益，具有实用性并经权利人采取保密措施的技术信息和经营信息。

商业秘密主要包含以下三类：第一类是技术秘密，指人们从经验中或技艺中得来的，能在实践中特别是在工业中应用的技术信息、技术数据或技术知识；第二类是经营秘密，指具有秘密性质的经营管理方法及与经营管理方法密切相关的信息和资料，包括推销计划、客户名单、产品价格、销售网络、招投标的标底、公关技巧等；第三类是管理秘密，指组织生产和经营管理的秘密，特别是合理有效地管理各部门、各行业之间相互协作，使生产与经营有效运行的经验性信息，如管理模式等。

侵犯商业秘密行为，是指经营者通过不正当手段，违法获取、披露、使用或者允许他人使用权利人的商业秘密的行为。

根据《反不正当竞争法》的规定，侵犯商业秘密的行为主要包括如下几类：盗窃、利诱、胁迫或者利用其他不正当手段获取权利人的商业秘密；披露、使用或者允许他人使用以不正当手段获取的权利人的商业秘密；违反约定或者违反权利人有关保守商业秘密的要求，披露、使用或者允许他人使用其所掌握的商业秘密。此外，第三人明知或应知上述违法行为，获取、使用或者披露他人的商业秘密的，视同侵犯商业秘密。

六、低价竞销行为

低价竞销行为是指经营者为了排挤竞争对手而以低于成本的价格销售商品的行为。根据《反不正当竞争法》的规定，有下列情形之一的，不属于不正当竞争行为：销售鲜活商品；处理有效期限即将到期的商品或者其他积压的商品；季节性降价；因清偿债务、转产、歇业降价销售商品。

七、不正当有奖销售行为

有奖销售是指经营者销售商品或提供服务时，附带性地向购买者提供物品、金钱或者其他经济利益的一种促销行为，它实际上是一种赠与行为。有奖销售作为一种促销手段，在引发消费欲望、促进销售增长、刺激经济发展方面有一定的作用。然而随着有奖销售愈演愈烈，其严重违反公平竞争原则的消极作用也越来越明显。

有奖销售行为在各个国家都普遍存在，只是表现形式、表现程度有所不同。从各国的竞争立法来看，限制和禁止的有奖销售大致可以划分为抽奖式有奖销售和附赠式有奖销售两种。抽奖式有奖销售是销售方以抽奖等带有偶然性的方法决定购买方是否中奖，并提供奖品或奖金的销售方式。抽奖式有奖销售是利用购买者贪小便宜的心理推销商品，容易导致社会风气的衰退。至于利用有奖销售推销劣质产品更是为市场秩序所不允许。因此，各国对抽奖式有奖销售都有相应的规制措施和具体的规定，

不正当有奖销售行为，指经营者利用财物、金钱或其他经济利益引诱购买者与之交易，以达到排挤竞争对手的不正当竞争行为。

根据《反不正当竞争法》的规定，以下几种欺骗性的抽奖式有奖销售行为应受到禁止：

（1）欺骗性有奖销售。根据《反不正当竞争法》第十三条的规定，“采用谎称有奖或者故意让内定人员中奖的欺骗方式进行有奖销售”的行为都属于欺骗性有奖销售行为。如经营者对外诈称其商品为有奖销售，实则并未采取任何有奖销售或只设小奖而不设大奖；或故意将设有中奖标志的商品、奖券不投放市场或者不与商品、奖券同时投放市场；或故意将带有不同奖金金额、奖品、奖券按不同时间投放市场，致使许多购买者上当受骗；或故意让内定人员中奖，即将有奖号码作特殊处理，使此奖只能由其内定的人员得到，而广大购买者虽然从理论上有中奖的可能性，但实际上却无法得奖。

（2）利用有奖销售推销质次价高的商品。所谓“质次价高”的商品需要由工商行政管理部门根据同期市场同类商品的价格、质量和购买者的投诉进行认定。利用有奖销售推销质次价高的商品是违背公认的商业道德的行为。利用购买者的投机获利的侥幸心理，搞有奖销售来推销质次价高的商品，对于市场秩序和整个社会公共利益都是有害的。

（3）巨额奖品的有奖销售。所谓巨额奖品是指抽奖的奖品、奖券超过法律规定的允许设奖的金额限度。允许设奖的金额限度各国规定不一。我国《反不正当竞争法》规定，抽奖式的有奖销售，最高奖的金额不得超过 5 000 元。若以非现金的物品或者其他经济利益作奖励的，按照同期市场同类商品或者服务的正常价格折算其金额。

八、附不正当约束条件的交易行为

附不正当约束条件的交易行为，是指经营者在销售商品或提供服务时，违背购买者的意愿搭售商品或者附加其他不合理条件的行为，通常有两种表现形式：一是违反消费者的意愿搭售商品；二是在签订合同时提出或强迫对方接受不合理的条件，以限制对方进行正常的经营活动，如限制选择原材料、限制改进和发展技术、限制选择或扩大市场等。

九、诋毁竞争对手行为

诋毁竞争对手行为，是指经营者为了削弱或挤垮竞争对手，故意捏造、散布虚假事实，损害竞争对手的商业信誉和商品信誉的行为。在现实经济活动中，诋毁、贬低竞争对手的方式多种多样，如利用散布公开信，向有关经济监督管理部门寄假检举信，唆使他人

造谣、中伤竞争对手等。这种不正当竞争行为，违背了公认的商业道德和市场竞争规则，理应受到法律的制裁。

小案例

某市甲、乙两厂均生产一种“记忆增强器”产品。甲厂产品的质量比乙厂的产品好得多，因而其市场占有率远远高于乙厂。王某是甲厂的技术员，乙厂为了提高本厂产品的市场占有率，付给王某一大笔“技术咨询费”，获取其提供的甲厂技术秘密。乙厂利用这些技术改进了自己的产品，同时乙厂在本市电视台发布广告，声称本厂的“记忆增强器”功效迅速、质量可靠，其他厂家生产的同类产品质量无保证，呼吁消费者当心。另外，乙厂还以高额回扣诱使本市几家大型商场的采购人员不再采购甲厂产品。本市消费者李某等人在使用乙厂产品一段时间后，不仅记忆力没有增强，反而出现了神经衰弱症状。李某等人在电视台的协助下，向乙厂反映情况。乙厂随后发现，王某提供的甲厂技术资料缺少几项关键技术，致使乙厂产品存在质量缺陷。

问：乙厂实施了哪些不正当竞争行为？

十、排他行为

排他行为，主要是指采取利诱、胁迫或者其他强制手段使他人与自己进行交易，使他人不与自己的竞争对手交易，阻碍他人与竞争对手建立正常的交易关系等。这种行为违背了“自愿、平等”的原则，扰乱了社会经济秩序，为法律所不容。

十一、串通投标行为

串通投标行为，是指投标者之间私下串通，抬高或压低标价，以及投标者与招标者之间相互勾结以排挤竞争对手的行为。这种行为违反了公平竞争的原则，破坏了正常的招投标秩序，为法律所不容。

第三节　不正当竞争行为的监督检查及法律责任

案例导读

甲乙两厂均为某市生产饮料的企业，使用在饮料上的商标分别注册为A和B，甲厂是老牌企业，乙厂是后起之秀。乙厂饮料质优价廉，销路很好，导致甲厂的经济效益下滑。甲厂为在竞争中取胜，在该市电视台加大广告宣传力度，广告词中称：目前，本市有一些厂家生产的同类商品与本厂生产的保健饮料在质量上有根本差别，系本厂产品的仿制品，唯有本厂生产的A牌饮料不含化学成分，是正宗保健饮料，特提醒广大消费者注意，购买保健饮料时请认准A牌商标，谨防上当受骗。甲厂的广告在本市电视台播出后，许多经营乙厂保健饮料的客户纷纷找乙厂退货，称其为仿制产品，致使乙厂效益严重下滑，造成近十万元的经济损失。于是，乙厂向工商行政管理机关反映，要求处理。问：

1. 甲厂行为的性质是什么？
2. 工商行政管理机关应如何处理此案？
3. 乙厂是否有权要求赔偿损失？损失额应当如何计算？

一、监督检查机关

根据《反不正当竞争法》的规定，县级以上人民政府工商行政部门对不正当竞争行为进行监督检查；法律、行政法规规定由其他部门监督检查的，依照其规定。据此，县级以上人民政府工商行政管理部门是反不正当竞争行为的主要执法机关，依据《反不正当竞争法》的规定，对不正当竞争行为进行监督检查；其他部门依据其他法律、法规的规定，对属于不正当竞争性质的违法行为进行监督检查。

二、监督检查机关的职权

根据《反不正当竞争法》的规定，监督检查部门有权行使下列职权：

(1) 按照规定程序询问被检查的经营者、利害关系人、证明人，并要求提供证明材料或者与不正当竞争行为有关的其他资料。

(2) 查询、复制与不正当竞争行为有关的协议、账册、单据、文件、记录、业务函电和其他材料。

(3) 检查与假冒他人商品标识的不正当竞争行为有关的财物，必要时，可以责令被检查的经营者说明该商品的来源和数量，暂停销售，听候检查，不得转移、隐匿、销毁该财物。

三、不正当竞争行为的法律责任

不正当竞争行为是一种侵犯消费者和经营者利益以及国家利益、扰乱经济秩序的行为，具有严重的经济危害，必须对其采取严厉的制裁措施。按照规定，违反反不正当竞争法的行为，要分别承担民事责任、行政责任和刑事责任。

“违反《反不正当竞争法》的规定”和“给被侵害的经营者造成损害”是不正当竞争行为的民事责任的构成要件。违反《反不正当竞争法》的规定给被侵害的经营者造成损害的，应当承担损害赔偿的民事责任。损害赔偿的范围通常适用《民法通则》有关赔偿责任的一般规定，按实际损失赔偿。但被侵害的经营者的损失难以计算的，损害赔偿额为侵害人在侵权期间因侵权所获得的利润，并且侵害人应当承担被侵害的经营者因调查侵害人的不正当行为所支付的合理费用。

监督检查部门可对违反《反不正当竞争法》的经营者依法给予行政处罚，包括责令停止违法行为、责令改正、没收违法所得、罚款和吊销营业执照等。经营者侵犯他人注册商标、销售伪劣商品、以贿赂手段销售商品、侵犯商业秘密等情节严重，构成犯罪的，应依法追究刑事责任。

案例分析

1. A厂、B厂都生产同种产品，A厂的市场信息来源不足，销售遇到困难；而B厂市场信息充足，销售情况好。由于B厂对其经营信息采取了保密措施，A厂无法从公开渠道直接获取其经营信息。A厂为获取B厂的经营信息尤其是客户名单，在B厂附近租用了一间小屋，安装了自制窃听装置。从2011年6月初开始，A厂厂长派本厂两名职工通过电信线路，对B厂销售科电话内容进行窃听、录音。到7月中旬，共获取B厂经营信息300多条，其中有价值的客户20多家。在获得这些客户名单后，A厂逐一与B厂的客户进行联系，并采取低于B厂报价的方式与其中10家客户做成了业务，共推销本厂产品15台。

问题：A厂的行为属于哪种不正当竞争行为？应如何处理？

2. 某市A机械厂2011年12月经介绍人刘某介绍，向某市B铸造厂订购车床主构架100套，单价3万元，总价款为300万元。B厂为争取今后的业务发展，与A厂厂长协商一致，在订货合同上订明：B厂给予A厂总价款10%的优惠。2012年1月15日B厂依照合同履行义务，发货至A厂；A厂依照合同通过银行转账支付了270万元货款。B厂也作为营业收入的抵减项目记了账。为酬谢介绍人，B厂付给刘某“好处费”2 000元；A厂向刘某支付“介绍费”1 000元。两厂又分别将“好处费”、“介绍费”支出入了账，并代为扣缴了刘某的个人所得税。

问题：

(1) B厂与A厂的“优惠”约定属什么性质？是否属于不当竞争行为？为什么？

(2) 两厂向刘某支付“好处费”、“介绍费”属于什么性质？是否属于不正当竞争行为？为什么？

(3) 试说明在上述行为中，合法行为与违法行为的区别。

实训项目

不正当竞争行为的判断和防范

◆ **实训目的**

根据所提供的典型案例及相关法律文书，让学生运用《反不正当竞争法》进行案例分析和合理处理实践中的权属纠纷，能够运用所学的相关理论知识及法律规定正确地分析和解决具体的法律问题；使学生掌握不正当竞争行为的种类，能够对不正当竞争行为进行判断与防范。

◆实训内容

根据教师提供的典型案例，由学生分组进行相关资料的收集、讨论等工作，并撰写对案例作出判断的实训报告。

◆方法步骤

1. 教师介绍相关案例的主要内容；
2. 学生阅读案例，明确要求；
3. 学生分小组进行交流讨论，撰写分析案例，形成实训报告；
4. 教师对学生撰写的实训报告进行点评。

第九章　食品安全法与产品质量法

引　言

食品安全与产品质量事关国计民生。近几年来我国政府高度重视产品质量、食品安全，有关的产品、食品质量不断提升。但是，部分产品质量和食品安全还存在着一些问题。通过食品安全法和产品质量法的学习，了解我国《食品安全法》和《产品质量法》的基本规定，明确经营者所承担的义务和责任，掌握相关民事责任的法律规定。

学习目标

- 了解食品安全标准和食品生产经营的基本要求
- 明确生产者、销售者的产品质量责任和义务
- 了解产品责任构成要件

第一节 食品安全法

案例导读

2012 年 1 月 26 日，阎某在某超市买了一盒价格为 270 元的“利可塔芝士”。该商品的外包装上注明：生产日期 2011 年 12 月 22 日，保质期至 2012 年 1 月 25 日。阎某购买该商品后发现已超过保质期，没有食用。同年 7 月 11 日，阎某向法院起诉，要求超市退还购物款 270 元，赔偿十倍货款 2 700 元。超市表示，原告购买的“利可塔芝士”确实是自己出售的，因为超市刚开张，工作上存在疏失，贴错了标签，愿意退还 270 元。但是原告购买时食品过期才一天，而且原告之前在法院有多起针对被告的相关诉讼，因此，原告并不是普通的消费者，而是以此为生的职业打假人。超市认为自己不存在欺诈行为，不同意原告的诉讼请求。

2009 年 2 月 28 日第十一届全国人民代表大会常务委员会第七次会议通过、于 2009 年 6 月 1 日起施行的《中华人民共和国食品安全法》共十章一百零四条。2009 年 7 月 20 日公布并施行了《中华人民共和国食品安全法实施条例》。

一、食品安全法的适用范围

在中华人民共和国境内从事下列活动，应当遵守食品安全法：（1）食品生产和加工（以下称食品生产），食品流通和餐饮服务（以下称食品经营）；（2）食品添加剂的生产经营；（3）用于食品的包装材料、容器、洗涤剂、消毒剂和用于食品生产经营的工具、设备（以下称食品相关产品）的生产经营；（4）食品生产经营者使用食品添加剂、食品相关产品；（5）对食品、食品添加剂和食品相关产品的安全管理。

供食用的源于农业的初级产品（以下称食用农产品）的质量安全管理，应遵守我国《农产品质量安全法》的规定。但是，制定有关食用农产品的质量安全标准、公布食用农产品安全有关信息，应当遵守食品安全法的有关规定。

? 小思考

经营者从事什么样的活动要遵守食品安全法的相关规定?

二、食品安全标准

食品安全标准是强制执行的标准。除食品安全标准外，不得制定其他的食品强制性标准。食品安全标准应当包括下列内容：（1）食品、食品相关产品中的致病性微生物、农药残留、兽药残留、重金属、污染物质以及其他危害人体健康物质的限量规定；（2）食品添加剂的品种、使用范围、用量；（3）专供婴幼儿和其他特定人群的主辅食品的营养成分要求；(4) 对与食品安全、营养有关的标签、标识、说明书的要求；(5) 食品生产经营过程的卫生要求；(6) 与食品安全有关的质量要求；(7) 食品检验方法与规程；(8) 其他需要制定为食品安全标准的内容。

三、食品生产经营

(一) 食品生产经营的要求

食品生产经营应当符合食品安全标准，并符合下列要求：

(1) 具有与生产经营的食品品种、数量相适应的食品原料处理和食品加工、包装、贮存等场所，保持该场所环境整洁，并与有毒、有害场所以及其他污染源保持规定的距离。

(2) 具有与生产经营的食品品种、数量相适应的生产经营设备或者设施，有相应的消毒、更衣、盥洗、采光、照明、通风、防腐、防尘、防蝇、防鼠、防虫、洗涤以及处理废水、存放垃圾和废弃物的设备或者设施。

(3) 有食品安全专业技术人员、管理人员和保证食品安全的规章制度。

(4) 具有合理的设备布局和工艺流程，防止待加工食品与直接入口食品、原料与成品交叉污染，避免食品接触有毒物、不洁物。

(5) 餐具、饮具和盛放直接入口食品的容器，使用前应当洗净、消毒，炊具、用具用后应当洗净，保持清洁。

(6) 贮存、运输和装卸食品的容器、工具和设备应当安全、无害，保持清洁，防止食品污染，并符合保证食品安全所需的温度等特殊要求，不得将食品与有毒、有害物品一同运输。

(7) 直接入口的食品应当有小包装或者使用无毒、清洁的包装材料、餐具。

(8) 食品生产经营人员应当保持个人卫生，生产经营食品时，应当将手洗净，穿戴清洁的工作衣、帽；销售无包装的直接入口食品时，应当使用无毒、清洁的售货工具。

(9) 用水应当符合国家规定的生活饮用水卫生标准。

(10) 使用的洗涤剂、消毒剂应当对人体安全、无害。

(11) 法律、法规规定的其他要求。

(二) 禁止生产经营的食品

禁止生产经营下列食品：

(1) 用非食品原料生产的食品，或者添加食品添加剂以外的化学物质和其他可能危害人体健康物质的食品，或者用回收食品作为原料生产的食品。

(2) 致病性微生物、农药残留、兽药残留、重金属、污染物质以及其他危害人体健康的物质含量超过食品安全标准限量的食品。

(3) 营养成分不符合食品安全标准的专供婴幼儿和其他特定人群的主辅食品。

(4) 腐败变质、油脂酸败、霉变生虫、污秽不洁、混有异物、掺假掺杂或者感官性状异常的食品。

(5) 病死、毒死或者死因不明的禽、畜、兽、水产动物肉类及其制品。

(6) 未经动物卫生监督机构检疫或者检疫不合格的肉类，以及未经检验或者检验不合格的肉类制品。

(7) 被包装材料、容器、运输工具等污染的食品。

(8) 超过保质期的食品。

(9) 无标签的预包装食品。

(10) 国家为防病等特殊需要明令禁止生产经营的食品。

(11) 其他不符合食品安全标准或者要求的食品。

(三) 国家对食品生产经营实行许可制度

从事食品生产、食品流通、餐饮服务，应当依法取得食品生产许可、食品流通许可、餐饮服务许可。取得食品生产许可的食品生产者在其生产场所销售其生产的食品，不需要取得食品流通的许可；取得餐饮服务许可的餐饮服务提供者在其餐饮服务场所出售其制作加工的食品，不需要取得食品生产和流通的许可；农民个人销售其自产的食用农产品，不需要取得食品流通的许可。食品生产加工小作坊和食品摊贩从事食品生产经营活动，应当符合《食品安全法》规定的与其生产经营规模、条件相适应的食品安全要求，保证所生产经营的食品卫生、无毒、无害，有关部门应当对其加强监督管理，具体管理办法由省、自治区、直辖市人民代表大会常务委员会依照《食品安全法》制定。

(四) 食品进货查验记录制度

食品经营者采购食品，应当查验供货者的许可证和食品合格的证明文件。食品经营企业应当建立食品进货查验记录制度，如实记录食品的名称、规格、数量、生产批号、保质期、供货者名称及联系方式、进货日期等内容。食品进货查验记录应当真实，保存期限不得少于两年。实行统一配送经营方式的食品经营企业，可以由企业总部统一查验供货者的许可证和食品合格的证明文件，进行食品进货查验记录。

小思考

食品经营企业的食品进货查验记录应包括哪些内容?

(五) 食品添加剂

国家对食品添加剂的生产实行许可制度。申请食品添加剂生产许可的条件、程序，按照国家有关工业产品生产许可证管理的规定执行。

申请利用新的食品原料从事食品生产或者从事食品添加剂新品种、食品相关产品新品种生产活动的单位或者个人，应当向国务院卫生行政部门提交相关产品的安全性评估材料。国务院卫生行政部门应当自收到申请之日起六十日内组织对相关产品的安全性评估材料进行审查。对符合食品安全要求的，依法决定准予许可并予以公布；对不符合食品安全要求的，决定不予许可并书面说明理由。

食品添加剂应当在技术上确有必要且经过风险评估证明安全可靠，方可列入允许使用的范围。国务院卫生行政部门应当根据技术必要性和食品安全风险评估结果，及时对食品添加剂的品种、使用范围、用量的标准进行修订。食品生产者应当依照食品安全标准关于食品添加剂的品种、使用范围、用量的规定使用食品添加剂；不得在食品生产中使用食品添加剂以外的化学物质和其他可能危害人体健康的物质。食品添加剂应当有标签、说明书和包装。食品和食品添加剂的标签、说明书，不得含有虚假、夸大的内容，不得涉及疾病预防、治疗功能。生产者对标签、说明书上所载明的内容负责。食品和食品添加剂的标签、说明书应当清楚、明显、容易辨识。食品和食品添加剂与其标签、说明书所载明的内容不符的，不得上市销售。

（六）食品召回制度

国家建立食品召回制度。食品生产者发现其生产的食品不符合食品安全标准，应当立即停止生产，召回已经上市销售的食品，通知相关生产经营者和消费者，并记录召回和通知情况。食品经营者发现其经营的食品不符合食品安全标准，应当立即停止经营，通知相关生产经营者和消费者，并记录停止经营和通知情况。食品生产者认为应当召回的，应当立即召回。食品生产者应当对召回的食品采取补救、无害化处理、销毁等措施，并将食品召回和处理情况向县级以上质量监督部门报告。食品生产经营者未依照规定召回或者停止经营不符合食品安全标准的食品的，县级以上质量监督、工商行政管理、食品药品监督管理部门可以责令其召回或者停止经营。

第二节　产品质量法

案例导读

段某在使用刚从单位（电子产品检验所）拿回的卡式炉时，卡式炉发生爆炸，段某的手被炸伤。事后段某找到有关部门，有关部门对此进行调查。原来该卡式炉是某市一家电器公司的新产品，出事前几天送到段某单位请求测试，段某认为该电器公司产品质量一直不错，于是就顺手拿一台回家使用，谁想竟发生事故。

问：若段某起诉卡式炉制造者（即某市电器公司），能否胜诉？为什么？

一、产品的概念和特征

产品质量法所称的产品是指经过加工、制作，用于销售的产品，但建设工程除外。而建设工程使用的建筑材料、建筑构配件和设备，则属于产品质量法中所称的产品。这表明该法所调整的产品的范围小于一般意义上的产品，并不是所有的产品都由产品质量法来调整。据此，产品质量法中的产品必须同时具备四个条件，也即具有以下四个特征：

第一，必须是人们的劳动产品。那些未经人们加工、制作的天然物品和自然生长物品，如原始森林、地下矿藏、野生植物等，在没有经过人们的劳动加工之前，都是天然的财富，即自然资源，而不是产品。

第二，必须是经过加工、制作的制成品。也就是说必须是完成全部生产过程，不需要进一步加工、制作就可以供社会使用的产品。半成品或在制品不是产品质量法中所指的产品。

第三，必须是动产。不动产，即建设工程，如房屋、桥梁、铁路、公路等，虽然也是劳动产品，但不是我国产品质量法中所指的产品。

第四，必须是用于销售的产品。那些非用于销售的产品，不在产品质量法调整范围内。

二、产品质量的管理与监督

（一）产品质量监督管理体制

《产品质量法》第八条规定了我国产品质量监督管理体制。国务院产品质量监督部门主管全国产品质量监督工作。国务院有关部门在各自的职责范围内负责产品质量监督工作。县级以上地方产品质量监督部门主管本行政区域内的产品质量监督工作。县级以上地方人民政府有关部门在各自的职责范围内负责产品质量监督工作。

（二）产品质量管理制度

产品质量管理制度，是国家为了普遍提高产品质量的水平，防止不符合质量要求的产品流入市场而损害消费者的利益，对产品的生产、流通等进行宏观管理的法律制度。产品质量管理制度主要有企业质量体系认证制度、产品质量认证制度、生产许可证制度、标准化制度、计量制度等内容。

（三）产品质量监督制度

产品质量监督，从广义上讲，是指国家、社会、用户、消费者以及企业自身等，对产品质量和产品质量认证体系所做的检验、检查、评价、措施等一系列活动的总称。从狭义上讲，是指国家有关机关对产品质量的监督检查。产品质量监督可分为企业监督、社会监督、国家监督三种基本形式和途径，其中最为权威的是国家监督。

具体而言，产品质量的监督管理主要包括以下方面：

1. 出厂检验

《产品质量法》第十二条规定：“产品质量应当检验合格，不得以不合格产品冒充合格产品。”产品本身的质量应当符合《产品质量法》第二十六条的规定，买卖合同对产品质量有特定要求的，产品还应符合合同的要求。

2. 推行企业质量体系认证，推行产品质量认证

国家推行企业质量体系认证和产品认证。认证采用自愿原则。企业申请认证应当向国务院产品质量监督部门认可的或者国务院产品质量监督部门授权的部门认可的认证机构提出申请。经认证合格，由认证机构颁发认证证书，获得产品质量认证证书的企业可以在其

产品或者其包装上使用产品质量认证标志。

3. 监督检查

监督检查的主要方式是抽查，监督检查的对象是可能危及人体健康和人身、财产安全的产品，影响国计民生的重要工业产品以及消费者、有关组织反映有质量问题的产品。

4. 强制措施

《产品质量法》第十八条规定，县级以上产品质量监督部门根据已经取得的违法嫌疑证据或者举报，对涉嫌违反本法规定的行为进行查处时，可以行使下列职权：

（1）对当事人涉嫌从事违反本法的生产、销售活动的场所实施现场检查；

（2）向当事人的法定代表人、主要负责人和其他有关人员调查、了解与涉嫌从事违反本法的生产、销售活动有关的情况；

（3）查阅、复制当事人有关的合同、发票、账簿以及其他有关资料；

（4）对有根据认为不符合保障人体健康和人身、财产安全的国家标准、行业标准的产品或者有其他严重质量问题的产品，以及直接用于生产、销售该项产品的原辅材料、包装物、生产工具，予以查封或者扣押。

三、生产者、销售者的产品质量义务

（一）积极义务

1. 产品质量应符合的要求

（1）不存在危及人身、财产安全的不合理的危险，有国家标准、行业标准的，应当符合该标准。

（2）具备产品应当具备的使用性能，但是对产品存在使用性能的瑕疵作出说明的除外。

（3）符合在产品或者其包装上注明采用的产品标准，符合以产品说明、实物样品等方式表明的质量状况。

2. 包装及产品标识应符合的要求

（1）特殊产品（如易碎、易燃、易爆的物品，有毒、有腐蚀性、有放射性的物品，其他危险物品，储运中不能倒置和有其他特殊要求的产品）其标识、包装质量必须符合相应的要求，依照规定作出警示标志或者中文警示说明。

（2）普通产品，应有产品质量检验的合格证明，有中文标明的产品名称、生产厂的厂名和地址；根据需要标明产品规格、等级、主要成分；限期使用的产品，应标明生产日期和安全使用期或者失效日期；产品本身易坏或者可能危及人身、财产安全的产品，有警示标志或者中文警示说明。

（二）消极义务

（1）不得生产国家明令淘汰的产品；

（2）不得伪造产地，不得伪造或者冒用他人的厂名、厂址；

（3）不得伪造或者冒用认证标志、名优标志等质量标志；

（4）不得掺杂、掺假，不得以假充真、以次充好，不得以不合格产品冒充合格产品。

小思考

下列哪些产品的包装不符合产品质量法的要求？（　　）

A. 某商场销售的“三星”彩电只有韩文和英文的说明书

B. 某厂生产的火腿肠没有标明厂址

C. 某厂生产的香烟上没有标明“吸烟有害身体健康”

D. 某厂生产的瓶装葡萄酒没有标明酒精度

四、产品质量法律责任

产品质量一般是指产品满足人们需要的各种特征的总和，如可用性、耐久性、安全性、可维修性等。从法律角度来看，产品质量表现为国家通过法律、法规、质量标准等规定的或合同约定的产品所应当具有的特性。产品质量责任是指产品质量因不符合国家法律、法规、质量标准的规定或合同约定时，产品的生产者或销售者所应承担的责任。产品质量责任是一个社会问题，涉及民法、经济法、行政法、刑法等多个法律部门，只有多部门集中协作，才能从根本上解决这个问题。因此，产品质量责任是一种综合责任，包括有关产品质量的民事责任、行政责任和刑事责任。民事责任又分为因产品瑕疵而发生的合同责任以及因产品缺陷而发生的产品责任。

小案例

赵某的妻子在家使用高压锅时，高压锅突然爆炸，被锅盖击中头部，抢救无效死亡。据负责高压锅质量检测的专家鉴定，高压锅爆炸的直接原因是高压锅的设计有问题，导致锅盖上的排气孔堵塞。由于高压锅的生产厂家距离遥远，赵某要求出售此高压锅的商场承担损害民事赔偿责任。但商场声称产品缺陷不是由自己造成的，而且商场在出售这种高压锅（尚处于试销期）的时候已与买方签订了一份合同，约定如果产品存在质量问题，商场负责退货，并双倍返还货款，因而商场只承担双倍返还货款的违约责任。

问：赵某可否向该商场请求承担责任？为什么？赵某可以请求商场承担违约责任还是侵权赔偿责任？

（一）产品质量民事责任

1. 销售者的产品合同责任

售出的产品有下列情形之一的，销售者应当负责修理、更换、退货；给购买产品的消费者造成损失的，销售者应当赔偿损失：（1）不具备产品应当具备的使用性能而事先未作说明的；（2）不符合在产品或者其包装上注明采用的产品标准的；（3）不符合以产品说明、实物样品等方式表明的质量状况的。

销售者负责修理、更换、退货、赔偿损失后，属于生产者的责任或者属于向销售者提供产品的其他销售者（以下简称供货者）的责任的，销售者有权向生产者、供货者追偿。

2. 产品责任

产品责任是指因产品存在缺陷造成人身、缺陷产品以外的其他财产（以下简称他人财产）损害的，生产者应当承担赔偿责任。因此，“产品责任”特指生产者应当承担的侵权责任。

产品责任构成要件主要包括：

（1）产品有缺陷。缺陷是一个具有特定法律含义的概念。根据《产品质量法》的规定，缺陷是指产品存在危及人身、他人财产安全的不合理的危险，或者不符合保障人体健康，人身、财产安全的国家标准、行业标准。产品缺陷一般包括设计缺陷、制造缺陷、指示缺陷等。当产品缺陷造成消极后果时，就引发了产品缺陷责任问题。产品缺陷责任即产品责任。

（2）损害事实的存在。一般来说，损害是指由一定的行为或事件造成的人身伤害或财产上的损失。具体是指缺陷产品所导致的死亡、人身伤害和财富损失以及其他重大损失。损害可以分为人身损害和财产损害。人身损害又可以分为肉体上的损害和精神上的损害。财产损害可以分为缺陷产品以外的其他财产的损害和产品本身的损害。产品本身的损害可通过合同责任加以追究，严格责任中的财产损害是指缺陷产品以外的其他财产的损害。为此，产品责任案件中的损害是指缺陷产品造成的他人人身和该产品以外的其他财产的损害。

（3）产品缺陷和损害事实之间存在因果关系。依据我国《最高人民法院关于民事诉讼证据的若干规定》的规定，因缺陷产品致人损害的侵权诉讼，由产品的生产者就法律规定的免责事由承担举证责任。可见原告只要证明损害和因果关系的存在，则转由产品的生产者举证免责事由的存在。在部分产品责任案件中，只要原告能证明因果关系存在的可能性大于50%，即可裁判因果关系成立。

小思考

张某从甲商场购买一电热毯，电热毯为乙厂所产。张某在使用中电热毯发生漏电，致使房间着火，烧毁价值5 000元的财产，张某本人也被烧伤致残。下列何种表述是正确的？（　　）

A. 甲商场和乙厂应对张某的损失承担连带责任

B. 张某因身体伤害要求赔偿的诉讼时效为1年

C. 张某可以向被告请求精神损害赔偿

D. 张某遭受的财产损失不属于产品责任，而属于合同责任

3. 产品责任的归责原则

《产品质量法》规定的产品质量责任的归责原则是对生产者实行严格责任制度，即无过错责任制度，也就是只要产品有缺陷，不论生产者主观上是否有故意或过失，都要承担法律责任。但是，有下列情形之一的除外：一是未将产品投入流通的；二是产品投入流通时引起损害的缺陷尚不存在的；三是将产品投入流通时的科学技术水平尚不能发现缺陷存在的。对销售者实行过错责任制度，即只有因销售者主观故意或过失而导致产品缺陷引起

损害的，销售者才承担法律责任。此外，销售者不能指明缺陷产品的生产者和供货者的，推定为销售者有过错，对此应当承担法律责任。生产者和销售者对产品质量缺陷造成的损害依法承担连带赔偿责任，但是，不论最终责任应由谁承担，销售者对损害都负有先行赔偿的义务，在赔偿后，如属生产者的责任，销售者有追偿权。

小案例

市民王先生从小区附近的一家大型超市买的酸奶还在保质期内，但已经发馊变质。他打通厂家的电话投诉之后，对方回应：产品出厂前检查过没问题，问题应该出在超市的销售环节，比如保存温度过高。王先生又找到超市，结果对方却坚称不是自己的问题。

问："厂家怪商家，商家又推厂家"，王先生到底该找谁负责？

（二）产品质量行政责任

对于生产的产品不符合国家标准、行业标准或其产品标识上采用的标准，掺杂、掺假、以假充真、以次充好、以不合格产品冒充合格产品，伪造产地、伪造或者冒用他人厂名、厂址等，行政法上的责任形式主要是责令停止生产销售、警告、罚款、没收财物、没收违法所得、罚款、吊销营业执照、取消检验认证资格等。

（三）产品质量刑事责任

质量监督部门或工商行政管理部门在查处违法行为过程中，如发现行为人的行为涉嫌构成犯罪，应当移交司法机关追究刑事责任。

案例分析

某市工商局在食用油市场专项整治中发现，某公司（生产型企业）销往终端消费者（餐馆、酒店、食堂）的"××"牌食用油涉嫌存在质量问题，遂在该消费者处抽样后又前往该公司，并在该公司仓库对"××"牌食用油进行抽样送法定检验机构检验。经鉴定，结论为：依据GB1543—2003要求，1项（推荐性指标）不符合规定。某市工商局对上述商品采取了封存的强制措施。

资料来源：http：//www.jxaic.gov.cn/jx/dxal/8748.jhtml。

问题：

1. 工商管理部门能否对生产型企业进行监管？
2. 工商管理部门能否依据检验结论作出该食用油是否合格的判定？
3. 该案应适用产品质量法还是食品安全法来定性处罚？

第十章　消费者权益保护法

引　言

连锁企业作为市场主体在从事经营活动中，必须遵守法律的规定，明确消费者的权利和经营者的义务，切实维护消费者的合法权益；通过合法、有效的途径处理消费者权益争议。

学习目标

- 了解消费者、经营者、产品的含义
- 熟悉消费者的权利、经营者的义务
- 能依法妥善处理消费者权益争议

第一节　消费者权益保护法概述

案例导读

王海打假案

1995年春天，山东某厂的年轻业务员王海到北京出差，他偶然买到一本介绍《消费者权益保护法》的书。他为《消费者权益保护法》第四十九条所吸引。为了验证这一规定的有效性，他来到隆福大厦，见到一种标明"日本制造"、单价85元的"索尼"耳机。他怀疑这是假货，便买了一副，找到索尼公司驻京办事处，经证实为假货后，他返回隆福大厦，又买了10副相同的耳机，然后要求商场依照《消费者权益保护法》第四十九条的规定予以加倍赔偿。商场同意退回第一副耳机并赔偿200元，但拒绝对后10副给予任何赔偿，理由是，他是"知假买假"、"钻法律的空子"。王海感到愤怒，他坚持自己的目的不是赚钱而是维护消费者的利益，因而决心继续战斗。

1995年秋天，王海再度来到北京。他光顾了多家商店，购买了他认为是假货的商品，经证实后便向商家要求加倍赔偿。多数商店满足了他的要求，但也有少数加以拒绝。

王海的举动被新闻媒体报道后，在全国范围内引起反响。他被多数普通百姓甚至被许多经营者当做英雄加以赞誉，同时也使制假售假者感到焦虑。1995年12月，中国消费者基金会向他颁发了奖金。

与此同时，王海的做法成了法学界争论的话题。有些官员和学者对此持批评意见。例如，有人认为，以获利为目的购买假货再要求加倍赔偿的人不是现行立法范围内的真正"消费者"，因此"知假买假"不能得到赔偿。买了东西并加以使用才是消费者，买了东西不用则不是消费者。也有一些学者认为，"知假买假"的行为是不道德的，由此获得的利益属于不当得利。

也有许多法律工作者和学者支持王海的举动。他们指出，"消费者"一词是相对于"经营者"而言，任何与经营者进行交易的人，除了本身也是经营者的外，都应当被看做消费者。他们认为，"知假买假"然后索取加倍赔偿的做法是符合道德的，因为它有助于打击假冒产品，因而有益于民众和社会。还有人认为，不能把索赔者的所得说成是不当得利，因为这种索赔是以法律的规定为根据的，况且，索取赔偿还要耗费大量时间、劳务和费用。

1996年初，王海转战中国南方，在许多大商场买假索赔。但是，商家白眼相向，地方政府漠然处之，使他不得不无功而返。正如一些法律工作者总结的，其中的教训在于没有运用法律诉讼的武器，仅仅借助于新闻媒体和舆论的压力是不够的。

一、消费者权益保护法的概念与适用对象

消费者权益保护法是指国家为了调整在保护消费者权益过程中发生的社会关系而制定的法律规范的总称，是我国市场经济的法律体系中的重要组成部分。对消费者权益保护法可以作狭义和广义两种解释。狭义的消费者权益保护法仅指 1993 年 10 月 31 日通过的《中华人民共和国消费者权益保护法》（以下简称《消费者权益保护法》），广义的消费者权益保护法除《消费者权益保护法》外，还应包括《产品质量法》、《食品卫生法》、《药品管理法》等法律法规中有关保护消费者权益的法律规范。本节指的是后者。

消费者权益保护法的适用对象可以从以下三个方面理解：一是消费者为生活消费需要购买、使用商品或者接受服务的，适用消费者权益保护法；二是农民购买、使用直接用于农业生产的生产资料时，参照消费者权益保护法执行；三是经营者为消费者提供其生产、销售的商品或者提供服务，应当遵守消费者权益保护法。

阅读材料

人大代表建议修改法律，重新界定消费者

“花钱购买了商品和服务的，都应该属于‘消费者’，法律必须尽快弥补这一缺陷。”在 2008 年 3 月召开的全国两会上，全国人大代表、福建省龙岩市副市长张秀娟认为，消费领域出现了许多新变化，建议修改 1994 年起施行的《消费者权益保护法》。

《大河报》记者李辉以为，“一些消费的人不是消费者”的时代该结束了。现实生活中，还有很多“消费的人”被法律排除在“消费者”行列之外，可能并不为人们所熟知。尽管你花钱进行消费，但按照相关法律规定，如果你不是“为生活消费需要购买、使用商品或者接受服务”的，那么你就不是消费者。于是，购买货车的人不是消费者、知假买假进行索赔的人不是消费者、购买水泥盖房子的人也不是消费者……这些人自然谈不上受《消费者权益保护法》保护。

现行法律对“消费者”的界定有两处最受人质疑：其一，它在消费范围上有限制。例如，花钱买水桶用于改善生活质量的人是消费者；花钱买材料制造水桶改善生活质量的人就不是消费者。其二，它对人的身份有限制。例如，农民买种子基本可以算消费者；城市居民买种子，即使送给农民使用，也不属于消费者。

法律的制定必须合情合理、公平公正。如果发现对消费者进行定义的法律条款不公正，那就要及时修改，使其更适合当今的消费态势。花钱购买了商品和服务的，都应该属于“消费者”，法律必须尽快弥补这一缺陷。

二、我国消费者权益保护法的基本原则

作为我国第一部以保护消费者权益为基本内容的法律，《消费者权益保护法》体现了我国保护消费者权益的以下几个基本原则：

（一）交易自愿、平等、公平、诚实信用原则

这一原则是经营者与消费者进行交易必须遵循的原则。

自愿，是指交易双方可以充分表达自己的意愿，根据自己的意愿设立、变更和终止交易活动，其中心和实质是尊重消费者的意愿。为此，一方不得对另一方加以强迫，也不容许第三人非法干预。

平等，是指交易双方具有平等的法律地位，任何一方不得限制另一方的权利，或把自己的内容强加给对方。双方在交易中的权利和义务是平等的，受法律保护的程度是平等的。

公平，是指交易公道合理，双方均受公正的对待，交易活动应符合等价交换精神和商业惯例要求，不得显失公平。

诚实信用，是指交易双方应当以诚相待，实事求是，恪守信用，遵从公认的商业道德，以善意的方法履行自己的义务，不得弄虚作假、恶意欺诈。

（二）国家保护原则

在市场经济条件下，消费者作为分散、无序的个人与有组织、有经济实力和专业知识的经营者相比，虽然所处的法律地位平等，但在经济实力和经营知识上都处于弱势地位，如果在这种情况下，仍然强调立法上的权利和义务平等，那么对消费者来说，必然造成事实上的不平等。因此，消费者权益保护法必须体现国家以特有的权力对消费者和经营者之间关系进行适度的干预，给消费者以特有的保护。

（三）全社会保护原则

保护消费者的合法权益是全社会的共同责任，社会保护是国家保护的必要补充，只有调动社会各方面的力量来关注消费者的问题，维护消费者的合法权益，与各种损害消费者权益的行为作斗争，才能建立起全社会共同保护消费者权益的机制，使消费者的合法权益得到最充分、最有效的保护。

小思考

“知假买假”行为是否适用《消费者权益保护法》？

第二节　消费者的权利

案例导读

消费者的知情权

某年7月14日，庐山风景名胜区消费者协会接到深圳游客汪某投诉，汪某在7月11日入住庐山某宾馆，办理住宿登记手续后将车停放在宾馆内。当时宾馆总台未告知

其停车需要单独收费。住宿三天后，汪某被告知每天要收停车费10元。汪某认为宾馆未事先告知需收费停车，拒绝支付，由此引发纠纷。汪某希望消协保护消费者知情权。后经消协调解，宾馆免收汪某三天的停车费。

消费者的知情权似乎长期处于被忽略的状态，诸如商家推出的各类活动所注明的“本活动最终解释权归商家所有”等。依据《消费者权益保护法》第八条的规定，消费者享有知悉其购买、使用商品或者接受的服务的真实情况的权利。本案中，宾馆违反了《消费者权益保护法》第十九条的规定，即经营者应当向消费者提供有关产品或者服务的真实信息，不得作引人误解的虚假宣传。经营者对消费者就其提供的商品或者服务的质量和使用方法等问题提出的询问，应当作出真实、明确的答复。商店销售商品应当明码标价。

资料来源：http：//www. bokee. net。

消费者的权利是指法律设立和保护的，消费者有权作出一定的行为或要求他人作出一定的许可和保障的权利。根据《消费者权益保护法》的规定，消费者有以下九项权利：

一、安全保障权

《消费者权益保护法》中的安全保障权是指消费者在购买、使用商品和接受服务时所享有的保障其人身、财产安全不受损害的权利，这是消费者最重要和最基本的权利。

安全保障权包括人身安全和财产安全两个方面。人身安全是公民人身权的一种，在这里主要是指消费者在购买、使用商品和接受服务时，享有保持身体各器官及其机能的完整性以及生命不受危害的权利，人身安全还包括消费者人格方面的权利，如姓名权、名誉权、荣誉权不受侵害等。财产安全是公民财产权的一种，在这里主要是指消费者购买、使用商品和接受服务以外的其他财产的安全。

二、知悉真情权

知悉真情权，是指消费者在购买、使用商品和接受服务时有权对商品和服务的有关真实情况进行全面和充分的了解。知悉真情权是消费者决定是否购买某种商品和服务的前提，也是达到公平交易、防止上当受骗和真正做到自主选择的保证。

知悉真情权的基本内容包括：消费者有权知悉商品和服务基本情况；消费者有权知悉商品和服务的售后服务情况。与此对应，知悉真情权要求经营者按照法律规定的方式标明商品和服务的真实情况，如实回答消费者的咨询，不得做虚假表示，也不得做令人误解的宣传，否则消费者有权主张交易无效，并要求获得赔偿。

阅读材料

家电卖场需保护消费者的知情权

家电卖场的虚假宣传不仅损害了消费者的合法权益，而且对卖场的商业信誉造成了极大的不良影响。从法律上保障消费者的知情权将是解决这一问题的关键。

目前的家电卖场可谓红火异常，低廉的价格、完善的售后服务、种类齐全的商品使得家电卖场逐渐成为人们购买家用电器的首选去处。但很多消费者也反映，在家电卖场购买电器时，经常会遇上一些烦心事：拿着卖场的宣传单，往往买不到里面的“特价产品”或者“优惠产品”。主要原因就是家电卖场进行了虚假宣传。消费者与经营者之间的信息不对称导致了欺骗消费者行为的发生。

首先，消费者在交易的过程中，并不掌握其所交易商品的全部信息，因为消费者并不具备相应的专业知识；其次，作为信息的优势方的经营者垄断了交易过程中商品的信息，消费者所获得的关于商品的信息（如生产工艺、产品成分、产品性能等）大部分来自于经营者的介绍，从而导致信息优势方具备欺骗信息弱势方的可能，同时，市场主体逐利性的本质又极易导致欺骗消费者行为的发生；最后，现代促销手段的发展在一定程度上可能误导消费者，加剧消费者与经营者之间信息不对称的情况。信息不对称的存在不仅使消费者在与经营者交易的过程中处于弱者的地位，而且还会出现著名经济学家阿克洛夫所阐述的“逆向选择”现象（通常是指在信息不对称状态下，交易的一方当事人利用自己的私人信息及对方信息缺乏的特点而使对方不利，从而使市场交易的过程偏离信息缺乏者的愿望），导致劣货驱逐良货，消费者因此也享受不到质优价廉的商品。如在家电卖场中，通常卖方对交易商品的信息掌握多于买方，并且会尽可能隐瞒负面信息。当质量好与质量差的商品出现在同一个交易市场中，买方难以完全信任卖方所提供的信息，试图通过压低价格来规避信息不对称带来的风险。于是，质量好的商品的卖主不愿出售其商品，结果就只有质量差的商品留在了交易市场中。

虽然家电卖场通过虚假宣传获得了一定的利益，但这是一种短视行为，它是以牺牲卖场的商业信誉为代价的。作为理性人，消费者不可能一再受到经营者的愚弄，随着消费者意识的觉醒，家电卖场的行为必然会得到应有的惩罚，从而使其长远利益受到损害。针对消费者与经营者之间信息不对称的情况，法律赋予并保护消费者的知情权。

知情权作为消费者享有的一项基础性权利，是消费者完成自身消费活动的前提条件。对消费者知情权的保护能够起到事先控制消费风险的作用，改善消费者在信息不对称状态下的不利地位，尽可能避免消费者为了解决消费纠纷而耗费不必要的财力和物力。因此，对消费者知情权应该更多地体现为事前的保护，而非事后的救济，否则有违法律设置知情权的初衷。

资料来源：http：//www.yesky.com。

三、自主选择权

自主选择权是指消费者根据自己的意愿独立自主地选择商品或服务的权利。

自主选择权的基本内容包括：消费者有权自主选择提供商品或服务的经营者；消费者有权自主选择商品品种或服务方式；消费者有权自主决定购买或不购买任何一种商品，接受或不接受任何一项服务；消费者在自主选择商品或服务时享有鉴别和挑选的权利。

自主选择权要求经营者销售商品或者提供服务时，不得违背消费者的意愿强制交易，也不得搭售商品或者附加其他不合理的条件。

四、公平交易权

公平交易权是指消费者进行交易时的法律地位平等，其核心是消费者以一定数量的货币换得同等价值的商品或服务。

公平交易权的基本内容包括：消费者在购买商品或接受服务时，有权获得质量保障、价格合理、计量准确等公平交易条件；消费者有权拒绝经营者的强制交易行为。

阅读材料

王府井手机超市全额退款

市场价格仅2 000多元的手机，王府井手机超市却以6 000多元的价格卖给外地来京的游客。后有媒体报道了此事，东城区物价部门调查其商家定价。王府井手机超市利用外地游客对所购买手机价格情况的不了解，以高于市价很多的价格卖出商品，是典型的对消费者"显失公平"的交易。后在物价部门的协调下，王府井手机超市全额退还消费者购机费用，向其道歉，并对当事员工的严重违规操作行为作出了严肃处理。

五、依法求偿权

依法求偿权是指消费者在购买、使用商品和接受服务受到人身、财产损害时，依法享有的向经营者要求获得赔偿的权利。

依法求偿权的基本内容包括：消费者因购买、使用商品或接受服务而导致人身损害的，可以向经营者要求赔偿。这里的人身损害既包括身体损害，也包括精神损害。消费者因购买、使用商品或接受服务而导致财产损害的，可以向经营者要求赔偿。这里的财产损害既包括直接损失，也包括间接损失。

六、依法结社权

依法结社权是指消费者享有依法成立维护自身合法权益的社会团体的权利，它是宪法权利在消费领域的具体体现。实践证明，消费者协会在维护消费者权益、解决消费争议等各个方面都起到了积极的作用。

根据《消费者权益保护法》第三十二条的规定，消费者协会享有较为广泛的职能，具体来说包括咨询服务、参与监督检查、查询建议、受理投诉、进行调解、提请鉴定、支持消费者起诉、通过媒体监督等。

小思考

消费者协会是一个什么性质的组织？

七、获得知识权

获得知识权是指消费者享有获得有关消费和消费者权益保护方面的知识，以及所需商品或服务的知识和使用技能的权利。

获得知识权的基本内容包括：消费者有权要求国家机关、消费者组织、大众传媒以及经营者提供有关消费和消费者权益保护方面的知识；消费者应当努力掌握所需商品或者服务的知识和使用技能，正确使用商品，提高自我保护意识。

八、维护尊严权

维护尊严权是指消费者在购买、使用商品和接受服务时享有姓名、名誉、肖像等人格权利和民族风俗习惯不受侵犯的权利。

尊严权的基本内容包括两方面：一是人格尊严享有受尊重的权利，包括姓名权、名誉权、荣誉权、肖像权等权利不受侵犯；二是民族风俗习惯享有受尊重的权利。

小案例

王女士在某超市购物结账后，随手将购物小票丢掉了，超市保安以王女士没有购物小票为由认为她有偷窃行为，将她留置“审查”了两个多小时，直到当班收银员交班核对账后才让她离开。

问：该超市侵犯了王女士的什么权利？

九、监督批评权

监督批评权指消费者享有对商品和服务及保护消费者权益工作进行监督批评的权利。

监督批评权的主要内容包括：消费者有权对商品和服务质量、价格、计量等进行监督；有权对保护消费者权益工作提出批评、建议，进行监督；有权对保护消费者权益工作中的违法失职行为进行检举、控告。

第三节　经营者的义务

案例导读

经营者应履行告知义务

龚某在逛街时看到某药店外贴有“睡睡瘦减肥贴”的广告，广告中宣称，只要在睡觉时贴上该产品就能减肥。龚某觉得这样减肥既轻松又安逸，想买两盒试试，进入药店准备购买时，经不住药店销售人员的劝说，龚某一口气买了5盒，花费298元。哪知拿回家才贴了5张，皮肤就开始发红溃烂。于是，龚某找到出售“睡睡瘦减肥贴”的药店，要求给个说法。药店销售人员解释，可能是由龚某的皮肤过敏引起的。龚某听后很是气愤，他认为是销售人员在推荐产品时没有说清楚使用方法才导致其皮肤溃烂，要求退回产品并折退现金。

经消委会调查了解，该药店销售人员在向龚某推荐商品时没有履行告知义务，没有详细告知龚某该产品的正确使用方法。经消委会宣讲法律法规，该药店老板认识到自己没有履行作为经营者应尽的义务，答应龚某退回剩余产品并折价退回现金177元。

资料来源：http：//finance. ifeng. com/ro。

一、经营者的定义和法律特征

经营者是指向消费者提供其生产、销售的商品或者服务的公民、法人和其他经济组织。它是以盈利为目的从事生产经营并与消费者相对应的另一方当事人。《消费者权益保护法》中的经营者是一个广泛的概念，包括各种所有制性质的生产者、销售者和服务的提供者。经营者是与消费者相对应的一方当事人，包括合法和非法的。合法的经营者应当接受《消费者权益保护法》对其的规范和调整；非法的经营者也要根据《消费者权益保护法》承担其对消费者的侵权责任。

二、经营者的义务

《消费者权益保护法》以消费者的权利为主线，以其他法律、法规为基础，规定了经营者的十项义务：

（1）依照法律、法规的规定和与消费者的约定履行义务。

（2）接受消费者监督的义务。经营者应当听取消费者对其提供的商品或服务的意见，接受消费者的监督。这是经营者的一项法定义务，经营者必须忠实地履行，比如对消费者的投诉应当指定专人及时处理等。

（3）保证商品和服务安全的义务（包括警示说明义务）。其义务的内容包括：经营者应当保证其所提供的商品或服务符合保障人身、财产安全的要求；经营者对可能危及人身、财产安全的商品和服务，应当向消费者作出真实的说明和明确的警示，并说明和标明正确的使用方法及防止危害方法；经营者发现其提供的商品和服务存在严重缺陷，即使正确使用商品或接受服务仍然可能对人身、财产安全造成危害，应立即向有关行政部门报告和告知消费者，并采取防止危害发生的措施。

阅读材料

警示责任未尽到　超市须赔顾客损失

刘女士到一家超市购物时，不知该超市在清洗地板，以至于一进门便因地上的清洗液打滑而摔了一跤，造成右手骨折，花去医疗费3万余元。当刘女士向超市索赔时，超市却以其已在门口立着一块标有“正在打扫中，请注意安全！”的牌子，是刘女士自己不小心为由拒绝赔偿。于是刘女士向法院提起诉讼，要求超市赔偿4万元。

法院查明，当时超市门口确实立有这么一块牌子，但放在距离大门两米处的一个并不显眼的位置。最终，法院判决超市赔偿刘女士3.6万元。

根据我国《消费者权益保护法》的规定，经营者对可能危及消费者人身、财产安全的商品和服务，应当向消费者作出真实的说明和明确的警示。超市作为一个公共性营业场所，客流量很大，对其营业场所应负有安全保障义务。

本案中，超市虽然设立了一块警示标牌，但其没有将标牌放在显眼的位置，不足以让全体消费者知道；即使超市已经将它放在显眼的位置，由于超市应当了解其经营场所实际情况的变化，应当知道清洗地板时使人滑倒的几率非常高，应当预见让大批消费者进入超市会产生的后果，却没有暂停营业，没有确保消费者的安全。所以，超市应对刘女士摔伤的损失承担赔偿责任。

资料来源：http：//bjgy. chinacourt. org。

（4）提供商品和服务的真实信息的义务。《消费者权益保护法》规定经营者有向消费者提供有关商品和服务的真实信息的义务。该义务包括三方面的内容：经营者应当向消费者提供有关商品或服务的真实信息，不得作引人误解的虚假宣传；经营者对消费者就其提供的商品和服务的质量和使用方法等问题提出的询问，应当作出真实、明确的答复；商店销售的商品应当明码标价。

（5）标明真实名称和标记的义务。在我国，经营者的名称或标记在一定范围内具有专有性质，消费者可以据此准确判断该经营者的真实身份，一旦出现消费侵权，可以及时采取法律对策请求保护，所以《消费者权益保护法》明确规定经营者应当标明其真实名称和标记。

阅读材料

消费者状告商家败诉

原告吉某在被告某超市购买了总价款1 300元的木耳、花生、桃仁、枸杞子、虾米等食品。结付完货款后，原告认为被告所售的木耳、花生、桃仁、枸杞子、虾米无厂名、厂址和生产日期，被告的行为构成欺诈，遂起诉要求法院判决被告双倍返还2 600元。

被告认为原告购买的木耳、花生等食品既不是散装食品，也不是预包装食品，而是零售称重食品。被告在销售过程中为防止二次交叉污染及顾客购买方便而使用无定量的称重包装袋，虽然在称重包装袋上未注明厂名、厂址和生产日期，但在价格标签中已明确注明该商品的品名、规格、计量单位，在该商品的合格证上注明了品名、生产日期、保质期、厂名、厂址，不是原告所称的“三无”商品。

法院审理认为，被告对其销售的木耳等食品已在货架的明显位置设置标签及合格证，明确标明了产品的品名、产地、单价、配料表、厂名、厂址、生产日期、保质期等，为方便顾客结算与提携，被告提供包装袋并标注包装日期、保质期、单价、重量与金额，被告该行为未违反国家有关规定。即便如原告所述该类食品属于散装食品，但根据卫生部《散装食品卫生管理规范》，并不要求商家在提供给消费者用于提携和结算的包装上标注厂名、厂址、生产日期等标识。因此，原告所述被告销售的该类食品无厂名、厂址、生产日期与事实不符，其主张不予支持。

资料来源：http：//oldfyb. chinacourt. org。

(6) 出具购货凭证和服务单据的义务。经营者提供商品或者服务，应当按照国家有关规定或者商业惯例向消费者出具购货凭证或者服务单据；消费者索要购货凭证或者服务单据的，经营者必须出具。

(7) 保证商品或服务质量的义务。其具体内容有：经营者应当保证在正常使用商品或接受服务的情况下其提供的商品或服务应当具有的质量、性能、用途和有效期限，但消费者在购买商品或服务时已经知道其存在瑕疵的除外；经营者以广告、产品说明、实物样品或其他方式表明商品或服务的质量情况，是经营者就商品或服务质量向消费者提出的明示的担保，是消费者选择商品或服务的重要依据，应当保证其与实际质量符合。

(8) 履行“三包”或其他责任的义务。所谓“三包”是指经营者提供商品或者服务，按照国家规定或与消费者的约定，承担包修、包换、包退的责任，是经营者对商品或服务承担质量保证的一种方式。所谓其他责任是指经营者依照法律规定或与消费者的约定应当承担的停止侵害、恢复原状、赔礼道歉、赔偿损失等责任。

《消费者权益保护法》规定经营者承担包修、包换、包退或其他责任的，应当履行，不得故意拖延或无理拒绝。在保修期内两次修理仍不能正常使用的，经营者应当负责更换或者退货。

小思考

我国目前纳入“三包”的商品主要有哪些？“三包”责任时间如何规定？

(9) 不得以格式合同等方式排除或限制消费者权益的义务。《消费者权益保护法》规定，不得以格式合同、通知、声明、店堂告示等方式作出对消费者不公平、不合理的规定，或者减轻、免除其损害消费者合法权益应当承担民事责任，否则其内容无效。

小案例

陈小姐到某超市购物，当时该超市正举行“买一送一”的促销活动。陈小姐购买了一件标价为 298 元的羊毛上衣，该超市赠送了一件标价为 200 元的皮裤。次日陈小姐发现该皮裤穿过后褪色，要求该超市退货，而超市以“赠品概不退换”为由拒绝退货，陈小姐遂向当地 12315 台投诉。

问：陈小姐的投诉有法律依据吗？

(10) 不得侵犯消费者人格权的义务。《消费者权益保护法》规定经营者不得对消费者进行侮辱、诽谤，不得搜查消费者的身体及携带的物品，不得侵犯消费者的人身自由，这是经营者必须遵守的又一项重要义务。

阅读材料

在日常生活中人们不难发现，不少超市、商场经常会有特价食品的促销活动。很多消费者在忙着抢购这些特价食品时，往往只看价格，很少去注意这些特价食品的生产日期和保质期。事实上，不少超市是把即将到期的食品（又称临界食品）和新鲜食品放在一起来捆绑销售。

2009 年 11 月 1 日，国家工商总局发出通知，首次对临界食品销售方式提出要求：在超市卖场和社区食品店等销售的临界食品，不能隐瞒消费者，必须在销售场所集中陈列并向消费者作出醒目提示。

针对目前的市场情况，工商部门提醒，熟食距保质期限两三天、酸奶五天，都要慎重购买，对于临界商品，一定要看清楚商品的生产日期后再选择购买，以免买到过期食品。根据国家工商总局《欺诈消费者行为处罚办法》第四条的规定，经营者销售失效的、变质的食品，且不能证明自己确非欺骗、误导消费者的行为，是一种应当承担法律责任的欺诈行为。

第四节　消费者权益争议的解决

案例导读

仲裁是解决消费者权益争议的理想方式

王太太为将一件价值 1 800 元的羊绒外套送到一家品牌干洗店干洗。王太太取衣服时发现衣服背面有一道明显的亮痕，认为是干洗时外力所致。要求干洗店赔偿，而干洗店则认为该亮痕系衣服原有缺陷，非干洗外力所致，只同意退干洗费。双方各执一词，难分是非。双方很快达成书面仲裁协议，将发生的衣服干洗纠纷提交市仲裁委员会仲裁解决。因双方争议的标的不大，仲裁委员会在干洗店主动放弃答辩期情况下，当即指定一名仲裁员组成仲裁庭对案件进行审理。

仲裁庭认为，王太太将衣服送洗时，干洗店出具的取衣单上虽注明“磨损、油污、起亮、起毛”，但未指定具体部位的具体缺陷，且经查阅，不管什么衣服，干衣店均作这样的标注，而现在王太太的衣服上有一道宽约 3 厘米、长约 40 厘米的可见性亮痕，按举证责任的分配原则，干洗店应对自己提供的干洗服务无质量问题进行举证，但干洗店无证据证明该亮痕系干洗前衣服原有缺陷，故应当承担赔偿责任。经仲裁庭调解，干洗店一次性支付给王太太500元。

对消费者和经营者、生产者来说，仲裁是解决消费者权益争议的理想方式，这是由仲裁的以下特点所决定的：

1. 权威性。仲裁实行一裁终局的制度，仲裁委员会的裁决书、调解书和法院的判决书具有同等法律效力，裁决一经作出即发生法律效力，当事人必须履行。如不履行，对方当事人可依法向人民法院申请执行。消费者权益争议双方分歧较大时，往往僵持不下，很难协调，而打官司花钱多、时间长。有许多消费者权益争议是由生产者责任引起的，销售者赔偿后有权向生产者追偿，但缺少证据。经仲裁裁决后，销售者以裁决书为依据行使追偿权就顺利多了，因为以裁决书作为生效的法律文书所确认的事实无需另行举证。

2. 不公开性。消费者权益争议的一方是经营者，争议发生后，消费者为实现利益最大化，可能穷尽一切手段，如找消协、登报纸、上电视、堵大门、进法院等，经营者最忌讳的就是商业信誉受损，有时候不得不迁就消费者，有理也要让三分。诉讼以公开审判为原则，以不公开审判为例外；仲裁恰恰相反，以不公开进行为原则，以公开进行为例外。消费者权益争议仲裁的全过程，未经双方当事人的同意，其他任何人无权旁听或采访，这就很好地保护了经营者的商业秘密、商业信誉。

3. 专业性。消费者权益争议往往集中在与老百姓生活密切联系的领域，这些纠纷处理涉及一定的专业性。仲裁员是法律、经济贸易等领域的专家，具有较高水平的理论知识和丰富的实践经验，仲裁时，不同类型的纠纷可选择有相应知识的仲裁员处理，由专家断案，公正及时、令人信服。

4. 快捷性。一般的消费者权益争议事实比较清楚，双方都想找一个省时、省力、省钱的方式尽快解决问题。仲裁实行一裁终局制度，当事人可以约定仲裁庭组成方及选定仲裁员，可协议提前开庭或不开庭审理，程序简便、方式灵活、讲究效率，当场处理、即时履行的消费者权益争议不在少数。

5. 和解调解性。有的消费者权益争议本来是很容易处理的，但由于一方言语或行为的不当，导致矛盾激化。仲裁注重和解调解，是处理消费者权益争议的润滑剂，争议双方在仲裁庭没有高低贵贱之分，大家在友好的气氛下摆事实、讲道理、分事非、定责任，大多数消费者权益争议均能以和解调解方式结案。

资料来源：http：//management.mainone.com。

消费者权益争议是指在消费领域中发生的，消费者在购买、使用商品或者接受服务过程中，因经营者不履行或不适当履行义务致使消费者权益受损，而引起的矛盾纠纷。

一、消费者权益争议的解决途径

根据《消费者权益保护法》的规定，解决消费者权益争议的途径有以下五种：与经营者协商解决；请求消费者协会调解；向有关行政部门投诉；根据与经营者达成的仲裁协议（条款）提请仲裁；向人民法院提起诉讼。

二、确定损害消费者权益的赔偿主体

消费者在购买、使用商品时，其合法权益受到损害的，可以向销售者要求赔偿，而不管这种损害是由生产者和销售者中哪一方造成的。当然，如确属于生产者的责任，销售者在先行赔偿后依法有权向生产者追偿。

消费者或其他受害者因商品缺陷造成人身、财产损害的，可以向销售者要求赔偿，也可以向生产者要求赔偿；生产者和销售者在先行赔偿后，有权向责任者追偿。

消费者在接受服务时合法权益受损的，应直接向服务者要求赔偿。

消费者在购买、使用商品或接受服务时，其合法权益受损害，因原企业分立、合并的，可向变更后的企业要求赔偿。在企业分立的情况下，分立后的企业应当承担连带责任。

消费者在展销会、租赁柜台购买商品或接受服务，其合法权益受损的，可以向销售者或服务者索赔；在展销会结束或柜台租赁期满后，也可以向展销会举办者、柜台出租者索赔。

小案例

张女士在某会展中心举办的商品展销会上购买了一件“纯羊毛”大衣，售价1 280元。商品被标明“换季商品，概不退换”。穿了五天后衣服起满毛球，于是张女士将大衣拿到市质量技术监督局检验，鉴定结果为大衣所用原料90%为腈纶。张女士决定退货，但发现展销会已经结束，会展中心声称找不到商家。

问：张女士应向谁主张权利？

第五节　侵犯消费者权益的法律责任

案例导读

经营者擅自更换标价签

某服装店新上柜了一批服装，王女士看中了一条标价为398元的连衣裙，经讨价还价，以280元与店主成交。次日王女士准备清洗连衣裙时发现原来在398元价签下面还有一张价签，该价签标价为198元。王女士感到受了骗，便到价格举报中心进行投诉。价格主管部门随即派出价格监督检查人员到这家服装店调查核实，依法认定该店同时存在价格欺诈和擅印价签两种违法行为。

资料来源：http：//www.sz-news.com.cn/cn/news/suizhou。

问：服装店应承担什么法律责任？

《消费者权益保护法》对各种侵害消费者合法权益的行为所应承担的法律责任作出了

明确的规定，其形式有民事责任、行政责任和刑事责任。

一、民事责任

经营者有以下情形之一的，应承担民事责任：商品存在缺陷的；不具备商品应当具备的使用性能而出售时未作说明的；不符合在商品或者其包装上注明的商品标准的；不符合商品说明、实物样品等方式表明的质量状况的；生产国家明令淘汰的商品或者销售失效、变质的商品的；销售的商品数量不足；服务的内容和费用违反规定的；对消费者提出的修理、重作、更换、退换、补足商品数量、退还货款和服务费用或者赔偿损失的要求，故意拖延或者无理拒绝的；法律、法规规定的其他损害消费者权益的情形。

经营者在提供商品或服务过程中，侵害消费者或者他人人身权利、造成财产损害的，应当依法承担停止侵害、恢复名誉、消除影响、赔礼道歉、修理、重做、更换、退货、补足商品数量、退款、赔偿损失等民事责任。

另外，法律对经营者侵害消费者合法权益承担民事责任的特殊情形作出了以下规定：

第一，关于履行“三包”的民事责任。对国家规定或者经营者与消费者约定包修、包换、包退的商品，经营者应当负责修理、更换或者退货。在保修期内两次修理仍不能正常使用的，经营者应当负责更换或者退货。

小案例

张某在电脑卖场购买一台电脑，使用 10 个月后出现故障，在“三包”有效期内经两次修理仍无法正常使用。此时市场上已无同型号电脑。

问：依照有关法律规定，该事件应如何处理？

第二，以邮购方式销售商品的民事责任。经营者以邮购方式提供商品的，应当按照约定提供。未按照约定提供的，应当按照消费者的要求履行约定或者退回货款，并应当承担消费者必须支付的合理费用。

第三，以预收款方式提供商品或服务的民事责任。经营者以预收款方式提供商品或服务的，应当按照约定提供。未按照约定提供的，应当按照消费者的要求履行约定或者退回预付款，并应当承担消费者必须支付的合理费用。

第四，经营者欺诈行为的民事责任。经营者提供商品或者服务有欺诈行为的，应当按照消费者的要求增加赔偿其受到的损失，增加赔偿的金额为消费者购买商品的价款或者接受服务费用的一倍。这一规定确立了对经营者欺诈行为的惩罚性赔偿金制度。它主要适用于经营者提供商品或服务有欺诈行为，具体包括：发布令人误解的、虚假的广告；对价格作虚假表示；假冒注册商标、质量认证标志，伪造产地，冒用他人商标特有的名称、包装和装潢；商品存在瑕疵而故意不告知；谎称降价处理商品，实则提价推销劣质商品等。

？小思考

适用惩罚性赔偿金的条件是什么？

小案例

李某在某超市购买了某品牌木糖醇口香糖一罐，支付8.9元。该口香糖外包装上写有“全国牙防组认证”的文字和图案标识。后李某查找网络和报刊资料，发现全国牙防组不属于国家法定的认证机关。于是，他以口香糖生产厂家在产品宣传中使用全国牙防组这一不具备认证资质机构作出的认证标识及认证词，构成对消费者的欺诈为由诉至法院。由于全国牙防组无诉讼主体资格，法院裁定驳回。李某又申请追加了全国牙防组的主管机关卫生部为该案共同被告。后来法院发现，李某与卫生部之间并无直接的民事法律关系，因此再次裁定驳回李某对卫生部的起诉。经法院认定，全国牙防组不属于国家法定认证机关。

问：李某向法院起诉应以谁为被告？该口香糖生产厂家应承担什么责任？

二、行政责任

经营者违反《消费者权益保护法》的规定应当承担行政责任的，其承担的方式有责令改正、没收违法所得、罚款、责令停止整顿、吊销营业执照等。

三、刑事责任

经营者违反《消费者权益保护法》的规定，情节严重构成犯罪的，依法追究刑事责任。

案例分析

1. 北京某服装公司从某服装交易市场批发了“洋洋”、“亚细亚”、“优旎”、“京美”四种牌子的羽绒服，每件按398元进行销售。经北京质量技术监督局检查大队检查，发现这些羽绒服内有一些碎毛片、毛屑、纸屑，并散发出刺鼻的气味。按照国家规定，羽绒服内含绒量应达到45%以上，而该公司出售的羽绒服中几乎没有绒质且清洁度极差，耗氧指数超过规定，极易滋生细菌，对人体产生多种危害。

问：

(1) 消费者在购买、使用商品和接受服务时享有什么权利?

(2) 对该服装公司应如何处罚?

2. 张女士在某百货商店购买一件“纯羊毛”大衣，售价2 000元。商店设有“换季商品，概不退换”的标牌。穿了三天后衣服起满毛球，于是张女士拿大衣到市质量技术监督局检验，鉴定结果为大衣所用原料为100%腈纶。张女士到购买衣服的百货商店要求退货并赔偿因此而造成的损失，商店营业员回答：当时标明“换季商品，概不退换”，再说店内柜台是出租给个体户的，现在该个体户已破产，租借柜台的费用尚未付清，人也找不到，张女士只好自己认倒霉。

问：

(1) 商店（经营者）违反了我国《消费者权益保护法》的哪些内容?

（2）商店对张女士应负哪些责任？

3. 林某在某超市购物时，携带的手提包丢失，疑为被盗。林某随即向超市工作人员求助并向超市保安部报案。经合力搜寻未果，事发约一小时后，超市保安部同林某到当地派出所报案。后林某以“超市在事发后没采取紧急措施，丧失了抓捕嫌犯的最佳时机，且店内的监控设备视角没覆盖全场，导致无从获取线索”等为由向法院起诉，要求超市赔偿其财产损失。

问：超市是否应赔偿林某的财产损失？为什么？

4. 张某与刘某到某百货商场化妆品自选柜台选购化妆品。二人在柜台挑选、试用化妆品约 20 分钟，因未选中合适的化妆品而离开商场。二人走到商场门口时，化妆品自选柜台的营业员和一位保安人员追了上来，指控二人偷了化妆品柜台陈列的货物，二人坚决否认，双方相持不下，这时，另一位商场保安人员上来对张、刘二人说：“请你们到商场保卫科把事情说清楚。”到保卫科后，商场保安人员要求检查张、刘二人随身携带的皮包，遭到二人拒绝。保安人员对张、刘二人说：“如果你们确实没有偷窃商场的货物，就应该接受我们的检查来证明你们的清白。”迫于无奈，张、刘二人交出了自己的皮包。经检查，未发现任何化妆品。此后，保安人员进一步提出要对二人搜身检查，并立即找来两位女营业员对张、刘二人强行进行搜身检查，仍然没有找到任何化妆品。张、刘二人愤然离开了这家商场。事后张、刘二人以该百货商场损害了自己的人格尊严为由提出诉讼，要求该百货商场赔礼道歉，为其恢复名誉并赔偿精神损失费 3 000 元。

请问：法院应支持张、刘二人的诉讼吗？为什么？

实训项目

超市依法经营情况调查

◆ 实训目的

了解超市的经营情况，发现其违规问题。

◆实训内容

查看超市购物环境的安全性、商品标识的合法性。

◆方法步骤

1. 教师介绍调研报告相关知识及调查注意事项；
2. 学生分小组，拟订调研主题，从网上收集调研报告范本；
3. 在课余时间到超市调查，收集相关资料；
4. 完成调研报告。

专题五

经济纠纷处理法律制度

连锁企业在经营过程中不可避免地会与合作伙伴、竞争对手、消费者发生经济纠纷，需要及时、妥善地解决；而当自己的合法权益受到侵害时，更应毫不犹豫地拿起法律武器，维护自己的合法权益。

通常，解决经济纠纷的方法有协商、调解、仲裁和诉讼。诉讼是通过国家公权力解决民商事纠纷的主要手段之一，依据国家法律由司法机关裁判和执行，具有严格的规范性、权威性和强制性。与诉讼相比较而言，对于解决平等主体间经济纠纷，仲裁具有一定的优势，它是自愿的、专业的、保密的、一裁终局的，仲裁的结果可以依照法律规定强制执行。从商业的角度来讲，运用仲裁的方法便于当事人在保护商业秘密的同时，以较少的费用和较短的时间便捷地解决经济纠纷，增强了解决纠纷的可预见性，使他们能够适当摆脱纠纷的困扰，将更多的时间和精力投入到正常的商业竞争中去。

第十一章　民事诉讼

引　言

通常使用的解决经济纠纷的方法有协商、调解、仲裁和诉讼，这些解决方法各有千秋。本章将介绍民事诉讼的一般规则，要求学生了解一个案件从起诉到执行的各程序环节，明确哪些程序是必经的阶段，以及各个程序启动的条件。通过本章学习，使学生在诉讼过程中能够很好地运用自己的诉讼权利，以切实维护自己的合法权利。

学习目标

- 了解民事诉讼法的基本原则和基本制度
- 了解民事诉讼主管的含义
- 明确级别管辖的划定和地域管辖的规定
- 理解证据的种类和举证责任的负担
- 了解财产保全的种类和措施
- 熟悉诉讼程序

第一节　民事诉讼法的基本原则与基本制度

案例导读

甲于2010年3月与某知名甜品店签订了《特许经营合同》，成为该甜品店的加盟店。但甲在经营过程中与甜品店发生纠纷，几经协商未果，于是向区法院起诉。经法院审理后，区法院判决甲败诉。甲不服，上诉至中级人民法院。中级人民法院经审理后认为，一审判决事实清楚，证据确实充分，适用法律正确，依法维持原判。甲还是不服，欲再次上诉。

民事诉讼是人民法院在当事人和其他诉讼参与人的参加下，审理和解决民事案件的活动以及在这种活动中产生的各种法律关系的总和。民事诉讼活动表现为人民法院、当事人及诉讼参与人的各种诉讼行为。诉讼法律关系表现为人民法院与各诉讼参与人之间在民事诉讼过程中形成的各种权利义务关系。

一、民事诉讼法的基本原则

民事诉讼法的基本原则，是在民事诉讼的整个过程中，或者在重要的诉讼阶段，起指导作用的准则。它体现民事诉讼法的精神实质，为人民法院的审判活动和诉讼参与人的诉讼活动指明了方向，概括地提出了要求，对民事诉讼具有普遍的指导意义。

（一）当事人诉讼权利平等原则

当事人诉讼权利平等原则包含以下几方面的内容：双方当事人的诉讼地位平等，也就是诉讼权利和义务平等；双方当事人有平等地行使诉讼权利的手段，同时，人民法院平等地保障双方当事人的诉讼权利；双方当事人在适用法律上一律平等。

（二）同等原则和对等原则

同等原则，即指我国《民事诉讼法》给予在人民法院起诉、应诉的外国人、无国籍人、外国企业和组织与中华人民共和国公民、法人和其他组织同样的待遇。

《民事诉讼法》第五条第二款规定："外国法院对中华人民共和国公民、法人和其他组织的民事诉讼权利加以限制的，中华人民共和国人民法院对该国公民、企业和组织的民事诉讼权利，实行对等原则。"实行对等原则是维护国家主权的需要，也是保护我国公民、法人和其他组织合法权益的需要。

（三）法院调解自愿和合法原则

《民事诉讼法》第九条规定："人民法院审理民事案件，应当根据自愿和合法的原则进行调解，调解不成的，应当及时判决。"这一原则包含以下几层意思：人民法院受理民事案件后，应当重视调解解决；法院的调解要在自愿和合法的基础上进行。

（四）辩论原则

辩论原则是指在人民法院的主持下，当事人有权就案件事实和争议问题，各自陈述自己的主张和根据，互相进行反驳和答辩，以维护自己的合法权益。

（五）处分原则

处分原则，是指民事诉讼当事人有权在法律规定的范围内处分自己的民事权利和诉讼权利。

民事权利即民事实体权利。当事人对民事实体权利的处分表现在起诉时可以自由地确定请求司法保护的范围和方法；诉讼开始后，可以变更诉讼请求；在诉讼中，可以放弃或承认诉讼请求，可以要求或拒绝调解，可以自行和解等。

当事人对诉讼权利的处分主要表现在：纠纷发生后，可以自愿决定是否起诉；起诉后，原告也可以撤回起诉；一审判决后，对未生效的判决自愿决定是否上诉，对已生效的判决也可决定是否申诉等。

（六）支持起诉原则

《民事诉讼法》第十五条规定："机关、社会团体、企业事业单位对损害国家、集体或者个人民事权益的行为，可以支持受损害的单位或者个人向人民法院起诉。"支持起诉必须具备三个要件：支持起诉的主体是机关、团体、企业事业单位；支持起诉的前提是法人或者自然人有损害国家、集体或者个人民事权益的违法行为；支持起诉的时机必须是受损害的单位或个人造成了损害，而又不能、不敢或者不便诉诸法院。

二、民事诉讼法的基本制度

民事诉讼法的基本制度，是在民事诉讼活动过程中的某个阶段或几个阶段对人民法院的民事审判起重要作用的行为准则。我国民事诉讼法的基本制度有：合议制度、回避制度、公开审判制度、两审终审制度。

（一）合议制度

合议制度是指由若干名审判人员组成合议庭对民事案件进行审理的制度。按合议制组成的审判组织，称为合议庭。

根据《民事诉讼法》的规定，在不同的审判程序中，合议庭的组成人员有所不同。总体来说，合议庭由三个以上的单数的审判人员组成。

（二）回避制度

回避制度，是指为了保证案件的公正审判，而要求与案件有一定的利害关系的审判人员或其他有关人员不得参与本案的审理活动或诉讼活动的审判制度。该项制度的基本内容有：

1. 回避适用的对象

根据民事诉讼法的规定，适用回避的人员包括：审判人员（包括审判员和人民陪审员）、书记员、翻译人员、鉴定人、勘验人等。

2. 适用回避的情形

根据《民事诉讼法》第四十五条的规定，审判人员有下列情形之一的，必须回避，当事人有权用口头或者书面方式申请他们回避：是本案当事人或者当事人、诉讼代理人的近亲属；与本案有利害关系；与本案当事人有其他关系，可能影响对案件公正审理的。上述规定，适用于书记员、翻译人员、鉴定人、勘验人。

3. 回避的程序

回避的提出，可以是当事人提出申请，也可以是审判人员或其他人员主动自行提出。回避应当在案件开始审理时提出，回避事由在案件开始审理后知道的，可以在法庭辩论终结前提出。提出回避申请应当说明理由。回避申请提出后，是否准许申请由法院决定。

小案例

赵某因合同纠纷将张某诉至法院。法院判决赵某败诉。后赵某发现审理自己案件的审判长居然是张某的弟媳妇。赵某觉得吃亏了，自己由于不知道这件事而没提出申请回避。

问：赵某能提出申请回避吗？为什么？

（三）公开审判制度

公开审判制度是指人民法院审理民事案件，除法律规定的情况外，审判过程及结果应当向群众、社会公开。

根据法律规定，公开审判也有例外。下列案件不公开审判：涉及国家秘密的案件；涉及个人隐私的案件。另外，离婚案件、涉及商业秘密的案件，当事人申请不公开审判的，可以不公开。无论是公开审理的案件还是不公开审理的案件，宣判时一律公开。

（四）两审终审制度

两审终审制度是指一个民事案件经过两级人民法院审判后即告终结的制度。

依两审终审制度，一般的民事诉讼案件，当事人不服一审人民法院的判决、允许上诉的裁定，可上诉至二审人民法院；二审人民法院对案件所作的判决、裁定为生效判决、裁定，当事人不得再上诉。

但是，最高人民法院所作的一审判决、裁定为终审判决、裁定，当事人不得上诉。根据民事诉讼法的规定适用特别程序、督促程序、公示催告程序和企业法人破产还债程序审理的案件，实行一审终审。

第二节　民事诉讼主管与管辖

案例导读

甲某于2010年6月10日向A市中级人民法院递交起诉状称，被告某便利店于2006年11月租用其商铺一间，每月租金5 000元，租期3年。现租期已过，甲某多次要求便利店搬迁，收回商铺，或者提高租金，而便利店不同意增加租金，并以还没找到合适的地方为由拒不搬出。A市中级人民法院告知甲某，该院对此案无管辖权，让其到区法院起诉。甲某想不通，认为他出租的商铺就在中级人民法院旁边，而且中级人民法院的法官水平高，更能公正地审理案件，而区法院的法官水平不高，不愿去区法院起诉。

问：中级人民法院对此案是否有管辖权？

一、民事诉讼主管

（一）民事诉讼主管概述

主管一般是指国家机关的职责范围。法院在民事诉讼中的主管，是指法院受理民事案件的权限范围，也即确定法院与其他国家机关、社会团体之间解决民事纠纷的分工和权限。

《民事诉讼法》第三条规定："人民法院受理公民之间、法人之间、其他组织之间以及他们相互之间因财产关系和人身关系提起的民事诉讼，适用本法的规定。"根据这一规定和审判实践的具体情况，我国人民法院主管的民事案件主要有以下几类：

（1）民法调整的平等主体之间的财产关系和人身关系产生的案件。如合同案件、知识产权案件、离婚案件、票据案件等。

（2）由劳动法调整的劳动合同关系和劳资关系产生的案件。

（3）由其他法律调整的社会关系产生的特殊类型案件。如选民资格案件、宣告公民失踪案件等。

（二）法院民事诉讼主管与其他国家机关、社会组织处理争议的关系

由于民事纠纷种类繁多、数量巨大、涉及面广，不可能也没有必要全部都由人民法院进行审理解决，其他国家机关、社会组织也负有解决一定范围民事纠纷的职责，因此，在确定法院主管时，就不得不涉及与其他国家机关、社会组织之间的关系。

1. 人民法院主管与人民调解委员会解决民事纠纷的关系

人民调解委员会是群众性民间组织，调解一般的民事纠纷，而这些民事纠纷也同时属于人民法院受理的案件范围。但是，人民调解委员会的调解不是解决民事纠纷的必经程

序，司法解决才是最终的手段。民事纠纷当事人享有选择调解与诉讼的权利，人民调解委员会与人民法院是并列但最终服从司法解决的关系。经人民调解委员会调解达成的、有民事权利义务内容，并由双方当事人签字或者盖章的调解协议，具有民事合同性质，当事人应当按照约定履行自己的义务，不得擅自变更或者解除调解协议。

2. 人民法院主管与仲裁机关解决民事纠纷的关系

仲裁是解决民事纠纷的重要途径，适用于平等主体的公民、法人和其他组织之间发生的合同纠纷和其他财产权益纠纷。

根据我国《仲裁法》的规定，对纠纷当事人有书面协议选择仲裁机构仲裁的，该纠纷只能通过仲裁解决；当事人没有订立仲裁协议的，可以向人民法院起诉。可见，在这个问题上，人民法院与仲裁机关是一种排斥的关系。

劳动争议的仲裁是一种特殊类型的仲裁，根据我国《劳动法》的规定，劳动争议的当事人必须经仲裁后才能提起诉讼，因此，在此问题上，人民法院与仲裁机构是一种承接的关系。

3. 人民法院主管与其他国家机关解决民事纠纷的关系

在我国，国家行政机关对于少数民事纠纷享有调解权，但是对民事纠纷的处理，还是坚持司法最终解决原则，即任何行政机关都不能强迫调解或享有最终裁决权。所以，当事人不想调解或调解不成时，有权向人民法院提起诉讼。但行政机关对民事纠纷的调解行为或依法进行的行政仲裁行为，当事人不服提起诉讼的，不属于法院的主管范围。

另外，作为基层人民政府的乡（镇）人民政府可以根据一方当事人的申请受理民事纠纷；对经过调解后仍不能达成协议的纠纷，基层人民政府可以作出处理决定；当事人未就纠纷向法院起诉又不执行决定的，基层人民政府可在其职权范围采取必要的措施予以执行。因此，在大多数情况下，人民法院与行政机关是各司其职，但在少数情况下，它们是一种并列、相继的关系。

小案例

蒋某在老家有两间房与张某家紧邻，2006 年后一直无人居住。2011 年 8 月，蒋某发现张某将这两间房拆除，并在原址另建新房。

问：蒋某是否可以直接向人民法院起诉，要求张某拆除房屋并返还宅基地？为什么？

二、民事诉讼管辖

民事诉讼中的管辖，是指各级人民法院之间和同级人民法院之间受理第一审民事案件的分工和权限，它是在人民法院内部具体落实民事审判权的一项制度。

根据《民事诉讼法》第一编第二章专门的规定，将管辖分为级别管辖、地域管辖、移送管辖和指定管辖四大类。其中，地域管辖又进一步分为六小类，即一般地域管辖、特殊地域管辖、专属管辖、共同管辖、选择管辖和协议管辖。

（一）级别管辖

1. 级别管辖的概念

级别管辖是指按照一定的标准，划分上下级人民法院之间受理第一审民事案件的分工和权限。我国的人民法院有四级，并且每一级都受理一审民事案件，因此需要运用级别管辖对四级人民法院受理一审民事案件的权限进行分工。民事诉讼法是根据以下三个方面的标准来确定案件的级别管辖的：一是案件的性质；二是案件的繁简程度；三是案件的影响范围。

2. 各级人民法院管辖的第一审民事案件

（1）基层人民法院管辖的第一审民事案件。《民事诉讼法》第十八条规定："基层人民法院管辖第一审民事案件，但本法另有规定的除外。"由于《民事诉讼法》规定由其他各级人民法院管辖的案件为数较少，所以这一规定实际上把大多数民事案件都划归基层人民法院管辖。基层人民法院是我国人民法院系统中最低一级人民法院，它们数量多、分布广，遍布各个基层行政区域，当事人的住所地、争议财产所在地、纠纷发生地，一般都处于特定的基层人民法院的辖区之内，由基层人民法院管辖一审民事案件，既便于当事人参与诉讼，又便于人民法院审理案件。

（2）中级人民法院管辖的第一审民事案件。依据《民事诉讼法》第十九条的规定，中级人民法院管辖的一审民事案件有三类：一是重大的涉外案件，即争议标的额大，或者案情复杂，或者居住在国外的当事人人数众多的涉外案件；二是在本辖区有重大影响的案件；三是最高人民法院确定由中级人民法院管辖的案件，目前主要有海事海商案件、专利纠纷案件、重大的涉港澳台民事案件、诉讼标的额大或者诉讼单位属省、自治区、直辖市以上的经济纠纷案件。

（3）高级人民法院管辖的第一审民事案件。高级人民法院管辖一审案件的数量是相当少的，依据《民事诉讼法》第二十条的规定，高级人民法院管辖在本辖区有重大影响的第一审民事案件。从当前的情况看，各地一般都是把诉讼标的额大的民事案件作为在本辖区内有重大影响的案件，具体数额则是由各高级人民法院根据本地的情况作出规定后报最高人民法院批准。

（4）最高人民法院管辖的第一审民事案件。最高人民法院管辖的第一审民事案件有两类：一类是在全国有重大影响的案件；另一类是认为应当由本院审理的案件。在四级人民法院中，由最高人民法院管辖的第一审民事案件数量最少。

小思考

如果最高人民法院作为一审，当事人不服还可以上诉吗？

（二）地域管辖

1. 地域管辖的概念

地域管辖，是指按照各人民法院的辖区和民事案件的隶属关系来划分的诉讼管辖。民事诉讼法通过级别管辖将民事案件在四级人民法院中作了分配，划定了各级人民法院受理第一审民事案件的权限，但至此仍然不能确定某一诉讼案件具体由哪个人民法院受理，因为除最高人民法院外，在同一级中仍然有许多个人民法院，所以还需要进行第二次分配，将已划归同级人民法院管辖的一审案件在各个人民法院之间进行分配。这一任务是由地域管辖完成的。

从我国《民事诉讼法》的规定来看，确定地域管辖的标准主要有两个：一是诉讼当事人所在地与法院之间的联系；二是诉讼标的物或法律事实与法院之间的联系。所在地、诉讼标的物等在某一法院辖区内时，诉讼就由该地区的人民法院管辖。

2. 一般地域管辖

一般地域管辖，是指以当事人的所在地与人民法院的隶属关系来确定的诉讼管辖。我国《民事诉讼法》是以被告所在地管辖为原则、原告所在地管辖为例外来确定一般地域管辖的。

（1）被告所在地人民法院管辖。被告是公民的，由被告住所地人民法院管辖，被告住所地与经常居住地不一致的，由经常居住地人民法院管辖。从目前我国的户籍管理制度来看，公民的住所地仍然是指该公民的户籍所在地。经常居住地是指公民离开住所至起诉时已连续居住满一年的地方，但住院就医的地方除外。

被告为法人或其他组织，由被告住所地人民法院管辖。这里的住所地是指法人或其他组织的主要办事机构所在地或主要营业地。被告如为没有办事机构的公民合伙、合伙型联营体，则由注册地人民法院管辖。没有注册地，几个被告又不在同一辖区的，被告住所地的人民法院都有管辖权。

（2）原告所在地人民法院管辖。下列情形由原告所在地人民法院管理：对不在中华人民共和国领域内居住的人提起的有关身份关系的诉讼；对下落不明或者宣告失踪人提起的有关身份关系的诉讼；对被劳动教养的人提起的诉讼；对被监禁的人提起的诉讼。

小案例

浙江省杭州市下城区的赵某于2008年9月10日向邻居钱某借款10万元开店经商，双方约定2009年底赵某连本带利偿还钱某11万元。2008年10月，赵某来到杭州滨江区，加盟了一个水果超市，并在滨江区租了一套房屋长期居住。到了2009年年底，赵某没有如期偿还钱某的欠款。钱某多次向赵某要钱，但赵某都是以手头紧为由拒不还钱。2010年4月，钱某向下城区人民法院起诉，要求赵某偿还其欠款及利息共计11万元。下城区人民法院裁定不予受理。

问：下城区人民法院为何不予受理此案？

3. 特殊地域管辖

特殊地域管辖，又称特别管辖，是指不仅以被告所在地，而且以引起诉讼的法律事实的所在地、诉讼标的物所在地来确定诉讼的管辖法院。《民事诉讼法》第二十四条至第三十三条规定了九种属于特殊地域管辖的诉讼。

（1）因合同纠纷提起的诉讼，由被告住所地或者合同履行地人民法院管辖。合同的双方当事人可以在书面合同中协议选择被告住所地、合同履行地、合同签订地、原告住所地、标的物所在地人民法院管辖，但不得违反《民事诉讼法》对级别管辖和专属管辖的规定。

(2) 因保险合同纠纷提起的诉讼，由被告住所地或者保险标的物所在地人民法院管辖。

(3) 因票据纠纷提起的诉讼，由票据支付地或者被告住所地人民法院管辖。

(4) 因铁路、公路、水上、航空运输和联合运输合同纠纷提起的诉讼，由运输始发地、目的地或者被告住所地人民法院管辖。

(5) 因侵权行为提起的诉讼，由侵权行为地或者被告住所地人民法院管辖。

(6) 因铁路、公路、水上和航空事故请求损害赔偿提起的诉讼，由事故发生地或者车辆、船舶最先到达地、航空器最先降落地或者被告住所地人民法院管辖。

(7) 因船舶碰撞或者其他海事损害事故请求损害赔偿提起的诉讼，由碰撞发生地、碰撞船舶最先到达地、加害船舶被扣留地或者被告住所地人民法院管辖。

(8) 因海难救助费用提起的诉讼，由救助地或者被救助船舶最先到达地人民法院管辖。

(9) 因共同海损提起的诉讼，由船舶最先到达地、共同海损理算地或者航程终止地的人民法院管辖。

？小思考

当事人可以约定管辖的法院吗？

4. 专属管辖

专属管辖，是指法律规定某些特殊类型的案件专门由特定的人民法院管辖。专属管辖与一般地域管辖和特殊地域管辖的关系是，凡法律规定为专属管辖的诉讼，均适用专属管辖，不得适用一般或特殊地域管辖。《民事诉讼法》第三十四条规定，下列案件，由本条规定的人民法院专属管辖：因不动产纠纷提起的诉讼，由不动产所在地人民法院管辖；因港口作业中发生纠纷提起的诉讼，由港口所在地人民法院管辖；因继承遗产纠纷提起的诉讼，由被继承人死亡时住所地或者主要遗产所在地人民法院管辖。

5. 共同管辖与选择管辖

共同管辖与选择管辖实际上是一个问题的两个方面。共同管辖是从法院角度说的，指法律规定两个以上的法院对某类诉讼都有管辖权；选择管辖则是从当事人角度说的，指当两个以上的法院对诉讼都有管辖权时，当事人可以选择其中一个提起诉讼。

对共同管辖的诉讼，原告只能作单一的选择。原告在向某一法院提起诉讼后，选择权便因行使而消灭，管辖也因其选择而确定。根据《民事诉讼法》第三十五条的规定，原告向两个以上有管辖权的人民法院起诉的，由最先立案的人民法院管辖。《最高人民法院关于适用〈中华人民共和国民事诉讼法〉若干问题的意见》第三十三条规定，两个以上人民法院都有管辖权的诉讼，先立案的人民法院不得将案件移送给另一个有管辖权的人民法院。人民法院在立案前发现其他有管辖权的人民法院已先立案的，不得重复立案，立案后发现其他有管辖权的人民法院已先立案的，裁定将案件移送给先立案的人民法院。

第三节　民事诉讼证据

案例导读

合伙亏损无证据　诉讼请求被驳回

某年8日，王某与姜某签订合伙协议，协议约定：合伙成立龙新制品厂，总投资5万元，王某投资4万元，姜某投资1万元，按投资比例即4：1进行分红，利益共享、风险共担。合同签订后，姜某将1万元的投资交给了王某，姜某没有参与合伙企业的经营，一切经营事项均由王某决定，企业未建立明确的账目。因经营管理不善，该企业于次年2月倒闭。企业倒闭后，王某没有通知姜某，该合伙企业的财产由王某自行处理。后因合伙企业的亏损承担问题，两人发生争议。王某认为该企业亏损的6万元，按照合伙协议约定的利益共享、风险共担的原则，姜某应当按分红比例承担亏损1.2万元，姜某则不同意分担亏损。当年10月，王某诉至人民法院，请求判令姜某承担合伙期间的亏损。

资料来源：冯汝义：《他们为何打输了官司》，北京，中国检察出版社，2004。

一、民事诉讼证据的概念和种类

通说认为，证据是指能够证明案件真实情况的客观事实。民事诉讼证据是指在民事诉讼过程中用于证明案件事实的根据。根据我国法律规定，凡是能证明民事纠纷案件真实情况的一切事实都是民事诉讼证据。

根据《民事诉讼法》第六十三条的规定，证据有以下七种：书证、物证、视听资料、证人证言、当事人的陈述、鉴定结论、勘验笔录。但根据2002年4月1日开始施行的《最高人民法院关于民事诉讼证据的若干规定》（以下简称《若干规定》），并参照《民事证据法（建议稿）》的相关规定，民事证据的种类有：书证、视听资料、物证、证人证言、询问当事人、鉴定结论、勘验笔录、电子证据及法律许可的其他形式。

二、待证事实

民事权利义务纠纷常常涉及多方面的事实，法院在裁判中对民事权利义务关系的确认也依赖于对多种事实的确定。但是，在具体的诉讼中，并非所有的案件事实都需要借助证据来证明的，需要运用证据加以证明的往往只是其中一部分案件事实。在案件事实中决定哪些需要证明、哪些不必证明，是证明对象的确定问题。证明对象即待证事实，是指需要证明主体运用证据予以证明的与案件有关的事实。

（一）待证事实的范围

待证事实主要有以下几个方面：

1. 实体法事实

即当事人主张的民事实体权益法律事实，这些事实是能够引起民事法律关系发生、变更、终止的事实，它们关系到诉讼当事人的实体权利义务，也关系到法院对案件的实体处理，因此是民事诉讼中主要的待证事实。

2. 程序法事实

即当事人主张的具有程序意义上事实，这些事实是能够引起民事诉讼法律关系发生、变更、终止的事实，虽然这不直接涉及当事人的实体权利，但对民事诉讼程序的开始、进行和终止具有重要意义。

3. 证据事实

即那些证明证据本身是否客观、真实、合法的事实，这些事实关系到某一证据是否可以作为认定事实的根据。

（二）不需要证明的事实

根据《若干规定》第九条的规定，下列事实当事人无需举证证明：众所周知的事实；自然规律及定理；根据法律规定或者已知事实和日常生活经验法则，能推定出的另一事实；已为人民法院发生法律效力的裁判所确认的事实；已为仲裁机构的生效裁决所确认的事实；已为有效公证文书所证明的事实。

另外，根据《若干规定》第八条的规定，诉讼过程中，一方当事人对另一方当事人陈述的案件事实明确表示承认的，另一方当事人无需举证，但涉及身份关系的案件除外。这是我们通常所说的自认事实。

三、举证责任

举证责任是指当事人对自己提出的诉讼请求所依据的事实或者反驳对方诉讼请求所依据的事实有责任提供证据加以证明。它的基本含义是：第一，当事人对自己提出的主张应当提出证据；第二，当事人对自己提供的证据应当予以证明，以表明自己所提供的证据能够证明其主张；第三，若当事人对自己的主张不能提供证据或证据不足以证明自己的主张，将可能导致法院对自己不利的裁判。

（一）举证责任的负担

举证责任的主体是民事诉讼当事人，具体某一事实由谁举证，这就是我们所说的举证责任的负担问题。根据我国《民事诉讼法》的规定，遵循“谁主张，谁举证”的原则，这意味着无论是原告、被告，共同诉讼人、诉讼代表人，还是有独立请求权的第三人，都有责任对自己的主张提供证据并加以证明。只有法律规定无需证明的事实，当事人方可不负举证责任。

（二）举证责任的倒置

在一般的正常情况下，举证责任是“谁主张，谁举证”，即起诉方负举证责任。但对于某些特殊案件，在某些特殊情况下，由于提出主张的一方当事人限于客观原因难以或者无法提供证据证明自己的主张，若仍采取举证责任的一般规定，势必损害原告一方当事人的合法权益，难以维持公正。为此，需要作出特别规定，将引起权利发生的个别法律事实交由对方负举证责任，以证明其不存在，否则即推定该事实存在。也就是将某些举证责任反过来，由否定原告主张的另一方当事人负责举证，这是举证责任分配的特殊规则。实行举证责任倒置的目的是加重行为人的责任，限定过错责任的适用范围，从而使受害人获取更多的补救机会与可能。

小案例

甲某借款 30 000 元给乙某，因为二人是朋友，甲某没有要乙某出具借条。当甲某索要还款时，乙某拒不承认有借款一事。甲某向人民法院提起诉讼。开庭过程中，甲某拿出乙某写给他的一封信，称在该信中乙某提及借款一事，可以作为借款的证据。而乙某辩称，该信不是他写的，信上的字迹可以为证。甲某又拿出一盒磁带，是两人在咖啡店里的对话录音，其中有乙某承认向甲某借款的内容。乙某辩称，这属于私自录音，是非法证据，不具有证明效力。

资料来源：《中华人民共和国民事诉讼法案例解读本》，北京，法律出版社，2009。

问：信件、磁带是否是本案的证据？

第四节　财产保全

案例导读

2003 年 3 月，某公司与某大学签订了租房协议，承租了某大学西北楼南半部分。在合同履行过程中，双方发生了纠纷，某大学向法院提起诉讼，称某公司拖欠学校三年多的租金共数百万元，还将地下室租给他人开歌厅，违反了国家关于不得在校园周边经营歌舞娱乐场所的规定，构成违约，因此要求解除租赁合同，收回房产。2005 年 9 月，某大学又向法院提出先予执行申请。理由是，按照教育部批示，该校三处校址变为两处校址，西校区和北校区的本科生全部迁回校本部。由于学生住宿紧张，学校不得不在附近租了两处楼房作为学生临时宿舍，以缓解住宿问题。由于学生在校外居住，上课十分不便，并且入冬以来租用的房屋供暖较差，学生生活受到一定影响，因而急需收回房产，以解决学生的学习和生活问题。

资料来源：江伟：《以案说法 民事诉讼法篇》，北京，中国人民大学出版社，2005。

问：本案是适用财产保全制度还是先予执行制度？

一、财产保全的概念

财产保全，是指人民法院在诉讼开始后，或者诉讼开始前，为保证将来判决顺利执行，而对当事人争议的财产或者与本案有关的财产所依法采取的各种强制性保护措施的总称。

财产保全的目的是保证判决作出继而依法生效以后能够顺利地得到全部执行，并以此保护人民法院生效判决的权威性和严肃性，切实实现胜诉一方当事人的合法权益。如果没有财产保全程序的保障作用，法院的生效判决便有可能在相当多的情况下成为无法执行的一纸空文，当事人因胜诉而赢得的利益也就根本无法得到实现。为此，《民事诉讼法》第九十二条规定，人民法院对于可能因当事人一方的行为或者其他原因，使判决不能执行或者难以执行的案件，可以根据对方当事人的申请，作出财产保全的裁定；当事人没有提出申请的，人民法院在必要时也可以裁定采取财产保全措施。

二、财产保全的种类

财产保全的种类包括诉前保全和诉讼保全。

（一）诉前保全

诉前保全指在诉讼发生前，人民法院根据利害关系人的申请，而对有关的财产采取保护措施的制度。

诉前保全的适用应当符合一定的条件，其实质条件是利害关系人与他人之间存在争议的法律关系所涉及的财产处于情况紧急的状态下，不立即采取财产保全措施将有可能使利害关系人的合法权益遭受到不可弥补的现实危险；其程序条件是必须由利害关系人向财产所在地的人民法院提出申请，并提供担保。

（二）诉讼保全

诉讼保全是指在诉讼过程中，为了保证人民法院的判决能顺利实施，人民法院根据当事人的申请，或在必要时依职权对有关财产采取保全措施。

诉讼保全的适用也应符合一定的条件，其实质条件是存在各种主客观原因可能使人民法院将作出的判决难以或不能实现或者诉讼争议的财产有毁损、灭失等危险，或者有证据表明被申请人可能采取隐匿、转移、出卖其财产的；其程序条件是在诉讼中由当事人向受诉人民法院提出申请，或由人民法院依职权决定，法院可以责令申请人提供担保，申请人不提供担保的，人民法院驳回申请。

小思考

当事人什么时候可以提出诉讼保全？

三、财产保全的范围和措施

（一）财产保全的范围

根据《民事诉讼法》的规定，财产保全限于请求的范围，或者与本案有关的财物。

"限于请求的范围"是指所保全的财物其价值与诉讼请求相当或与利害关系人的请求相当。"与本案有关的财物"是指本案的标的物可供将来执行法院判决的财物或利害关系人请求予以保全的财物。同时，根据相关的司法解释规定，人民法院采取财产保全措施时，保全的范围应当限于当事人争议的财产，或者被告的财产。对案外人的财产不得采取保全措施。对案外人善意取得的与案件有关的财产，一般也不得采取财产保全措施。

（二）财产保全的措施

根据《民事诉讼法》的有关规定，财产保全的措施有查封、扣押、冻结或法律规定的其他方法。所谓法律规定的其他方法，根据最高人民法院的有关司法解释，主要是限制被申请人的到期收益或到期债权的行使，即人民法院对债务人到期应得的收益，可以采取保全措施，限制其支取，有关单位有义务协助人民法院执行；债务人的财产不能满足保全请求，但对第三人有到期债权的，人民法院可以依债权人的申请裁定该第三人不得对本案债务人清偿，该第三人要求偿付的，由人民法院提存财物或价款。

人民法院查封、扣押被申请人的财产，应当妥善保管，如果是交由当事人或有关单位保管的，当事人、有关单位应妥善保管。

被查封、扣押的财产，原则上任何人都不得使用、处分，但被查封、扣押物是不动产或特定动产（如车辆），若由当事人负责保管的，其仍然可以使用，但不得处分；被查封、扣押物是季节性商品，鲜活、易腐易烂以及其他不易长期保存的物品，人民法院可责令当事人及时处理，由人民法院保存价款，必要时可以由人民法院予以变卖，保存价款。

财产已被查封、冻结的，其他任何单位不得重复查封、冻结。

小思考

人民法院受理诉讼保全后应当采取什么措施？

四、财产保全的程序

（一）财产保全的申请及担保

诉前财产保全由利害关系人提出，申请人必须提供担保；诉讼财产保全由当事人提出或法院依职权决定，法院可以责令申请人提供担保。要求申请人提供担保而申请人拒绝提供的，人民法院依法驳回申请。

（二）财产保全的裁定及措施的采取

人民法院接受申请后，对诉前保全，须在48小时内作出裁定；对诉讼保全，情况紧急的，须在48小时内作出裁定。人民法院裁定采取保全措施的，应当立即开始执行，有关单位有义务协助人民法院执行。当事人不服人民法院财产保全裁定的，可以申请复议一次，复议期间不停止裁定的执行。

（三）财产保全措施的解除

根据《民事诉讼法》及最高人民法院的有关司法解释及司法实践，财产保全措施因下列原因解除：诉前保全措施采取后，利害关系人在15日内未起诉的；被申请人向人民法院提供担保的；申请人在财产保全期间撤回申请，人民法院同意其撤回申请的；人民法院确认被申请人申请复议意见有理，而作出新裁定，撤销原财产保全裁定的；被申请人依法履行了人民法院判决的义务，财产保全已没有存在意义的。

此外，在司法实践中，对被申请人的银行存款予以冻结，一次冻结的有效期为6个月，如果超过了6个月，而当事人没有继续要求财产保全并且人民法院没有裁定继续采取保全措施的，原冻结措施自动解除。

人民法院根据申请而采取保全措施的，如果由于申请人的错误而导致被申请人因财产保全而受损失的，申请人应承担赔偿责任。

小思考

在什么情况下财产保全措施被解除？

第五节　诉讼程序

案例导读

自2011年8月31日开始，甲某以月租金3 000元的价格将一辆自己从好友丙某处借用的汽车出租给乙某使用。乙某没有向甲某交付押金，付了两个月租金后，便没有再向甲某交付租金。甲某与乙某交涉未果，遂于2012年1月20日持出租合同起诉至该县基层人民法院。法院经过审理后，判决乙某支付甲某押金5万元以及租金1.2万元。乙某对判决不服，向中级人民法院提起上诉。二审中，甲某怕事情闹大，被好友丙某发现，遂与乙某私下达成协议，同意乙某仅交付5 000元租金。于是，乙某向人民法院申请撤回上诉。中级人民法院经审查发现，甲某并非车主，遂裁定不准予撤诉。

一、第一审程序

依照法律规定，我国人民法院审判民事案件实行四级两审终审制，所以，民事诉讼中的审判程序便有第一审程序和第二审程序的分别设置。第一审程序包括普通程序和简易程序。第一审程序的启动是当事人的起诉与法院的受理，如果当事人不起诉或者起诉不符合条件，那么当事人之间的民事纠纷就不能进入诉讼程序，所以，第一审程序是其他程序开启的前提。

（一）普通程序

普通程序，是《民事诉讼法》规定的人民法院审理第一审民事案件通常所适用的程序，也是民事案件的当事人进行第一审民事诉讼通常所遵循的基本程序。普通程序在民事诉讼程序和民事审判程序中处于十分重要的地位，具有其他程序无法取代的功能和作用，普通程序的规定在民事诉讼法中具有程序通则的作用。

普通程序的各个阶段如下：

1. 起诉与受理

起诉是指公民、法人和其他组织在其民事权益受到侵害或与他人发生争议时，向人民法院提起诉讼，请求人民法院通过审判予以司法保护的行为。起诉是当事人获得司法保护的手段，也是人民法院对民事案件行使审判权的前提条件。当事人的起诉要得到人民法院的受理，必须符合《民事诉讼法》第一百零八条规定的起诉条件：第一，原告是与本案有直接利害关系的公民、法人和其他组织；第二，有明确的被告；第三，有具体的诉讼请求和事实、理由；第四，属于人民法院受理民事诉讼的范围和受诉人民法院管辖。起诉必须同时具备上述四个条件，这是起诉的实质要件。起诉的形式要件是起诉应当向人民法院递交起诉状，并按照被告人数提出副本。

受理是指人民法院通过对当事人的起诉进行审查，对符合法律规定条件的，决定立案审理的行为。当事人的起诉行为只有与法院受理行为相结合，才能引起民事诉讼程序的开始。通常，民事纠纷如果由当事人起诉、法院立案受理，就意味着民事诉讼程序的开始，由此会产生一系列的法律后果。据此，人民法院对案件的审判权和审理职责由此产生。《民事诉讼法》第一百一十二条规定，人民法院收到起诉状或者口头起诉，经审查，认为符合起诉条件的，应当在七日内立案，并通知当事人；认为不符合起诉条件的，应当在七日内裁定不予受理。

2. 审理前的准备

审理前的准备是指人民法院接受原告起诉并决定立案受理后，在开庭审理之前，由承办案件的审判员依法所做的各项准备工作。审理前的准备是在普通程序中，为保证开庭审理的顺利进行以及案件及时、正确地审理而设立的必经程序，也是民事诉讼过程中的一个必经阶段。

依照《民事诉讼法》和有关司法解释的规定，审理前的准备工作主要有：送达起诉状副本和提出答辩状；告知当事人诉讼权利义务及合议庭组成人员；审阅诉讼材料，调查收集必要的证据；当事人的追加。

3. 开庭审理

开庭审理是指在人民法院审判人员的主持下，在当事人和其他诉讼参与人的参加下，在法院固定的法庭上或法律允许设置的法庭上，依照法定的程式和顺序，对案件进行实体审理，从而查明案件事实、分清是非，并在此基础上，对案件作出裁判的全部过程。

开庭审理是普通程序中最重要和最中心的环节。开庭审理由几个既相对独立又相互联系的阶段组成：开庭审理前的准备，包括通知、发布公告；开庭审理，包括准备开庭、法庭调查、法庭辩论、评议和宣判。

小案例

小学生甲某和母亲乙某去某歌剧院看歌剧，散场后因人多拥挤，甲某被人推倒在地，摔伤小腿，住院治疗共花去医疗费 3 000 元。乙某以自己的名义向人民法院提起诉讼，要求人民法院为其寻找推人者，由推人者赔偿其损失。

问：乙某起诉是否符合条件？为什么？

（二）简易程序

简易程序是基层人民法院审理简单民事案件时适用的一种独立的诉讼程序。简易程序是与普通程序并存的独立的第一审程序之一。简易程序以诉讼成本较低、审理周期较短、诉讼方式简便、适用范围较广等特点在当前的民事审判实践中发挥着重要作用。

《最高人民法院关于适用简易程序审理民事案件的若干规定》于 2003 年 9 月 10 日公布并于同年 12 月 1 日施行。根据该规定，基层人民法院依据《民事诉讼法》第一百四十二条审理简单的民事案件，可以适用简易程序，但有下列情形之一的案件除外：起诉时被告下落不明的；发回重审的；共同诉讼中一方或者双方当事人人数众多的；法律规定应当适用特别程序、审判监督程序、督促程序、公示催告程序和企业法人破产还债程序的；人民法院认为不宜适用简易程序进行审理的。同时，基层人民法院适用第一审普通程序审理的民事案件，当事人各方自愿选择适用简易程序，经人民法院审查同意的，可以适用简易程序进行审理。

二、第二审程序

第二审程序是指由于民事诉讼的当事人不服地方各级人民法院未生效的第一审裁判而在法定期间内向上一级人民法院提起上诉而引起的诉讼程序，是第二审人民法院审理上诉案件所适用的程序。一个案件经过二审程序审理并作出裁判后，诉讼即告终结，二审作出的判决立即发生法律效力。因此，二审程序又称为终审程序。

第二审程序并不是民事诉讼的必经程序，也不是人民法院审理案件的必经程序，如果当事人在案件一审过程中达成了调解协议或者在上诉期内未提起上诉，一审法院的裁判就发生法律效力，第二审程序也因无当事人的上诉而无从发生。因此，当事人的上诉是第二审程序发生的前提，当然当事人的上诉还必须和法院的受理相结合。

(一) 上诉的提起和受理

上诉的提起是指当事人对一审法院裁判不服，向该法院的上一级法院依法提起上诉的行为。提起上诉必须具备一定的条件，上诉的受理也必须遵守一定的程序。

1. 提起上诉的条件

根据《民事诉讼法》的规定，提起上诉应具备以下条件：

(1) 提起上诉的主体必须合格。根据民事诉讼法的规定及最高人民法院的司法解释，第一审程序原告、被告、共同诉讼人、有独立请求权的第三人，由于对诉讼标的有实体上的权利或义务而享有上诉权，可以作为上诉人。

(2) 提出上诉的客体必须是依法允许上诉的裁判，即必须是未生效的一审裁判。

(3) 必须在法定的期限内上诉。《民事诉讼法》第一百四十七条规定："当事人不服地方人民法院第一审判决的，有权在判决书送达之日起十五日内向上一级人民法院提起上诉。当事人不服地方人民法院第一审裁定的，有权在裁定书送达之日起十日内向上一级人民法院提起上诉。"

(4) 必须提交上诉状。上诉不能采用口头方式，必须向人民法院提交上诉状。上诉状是上诉人表示不服第一审人民法院的裁判，要求第二审人民法院撤销或变更第一审裁判的诉讼文书。在一审宣判时，当事人虽口头表示上诉，但在上诉期内未提交上诉状的，视为未提出上诉。

提起上诉只有同时具备以上四个条件时，上诉才能成立，才能引起第二审程序的发生。此外，当事人还应依法交纳上诉案件诉讼费用。

上诉成立后，产生如下效力：阻碍第一审裁判的生效；将案件由第一审人民法院移至第二审人民法院。

2. 上诉的受理程序

根据《民事诉讼法》第一百四十九条、第一百五十条的规定，上诉的受理通常应依以下程序进行：

(1) 当事人通过原审人民法院提交上诉状，并按照对方当事人人数提出上诉状副本。

(2) 原审人民法院在收到上诉状后，应当在5日内将上诉状副本送达对方当事人，并告知其在15日内提出答辩状。

(3) 原审人民法院收到上诉状、答辩状后，应当在5日内连同全部案卷和证据，报送第二审人民法院。第二审人民法院开始对上诉案件进行审理。

小思考

不服一审法院所作的调解书能否上诉？

(二) 上诉案件的审理

《民事诉讼法》第一百五十七条规定："第二审人民法院审理上诉案件，除依照本章规定外，适用第一审普通程序。”可见，第二审人民法院审理上诉案件，第二审程序中有规定的，优先适用该规定；第二审程序中没有规定的，适用第一审普通程序。

1. 上诉案件的审理范围

第二审人民法院对上诉案件的审理范围限于当事人上诉请求的有关事实，以及与当事人上诉请求有关的法律适用情况。对在一审中已经认定的事实与裁判的事项，如果当事人双方未提出异议，没有要求第二审人民法院审查与处理的，第二审人民法院对非上诉部分不再审理；但判决违反法律禁止性规定、侵害社会公共利益或者他人利益的除外。

2. 上诉案件的审理方式

第二审人民法院审理上诉案件，以开庭审理为原则，但也可以迳行判决，即合议庭通过阅卷、调查、询问当事人，在全部事实核对清楚后，认为不需要开庭审理的，可以直接作出裁判。

第二审人民法院审理上诉案件，既可以在本院进行，也可以在案件发生地或者原审人民法院所在地进行。

（三）上诉案件的裁判

第二审人民法院对上诉案件进行审理后，应当分别不同情况作出如下裁判：

1. 驳回上诉，维持原判

第二审人民法院对上诉案件经过审理，认为原判决认定事实清楚，适用法律正确的，应依法判决驳回上诉维持原判。

2. 依法改判

第二审人民法院对上诉案件经过审理，对以下两种情形，可依法予以改判：判决认定事实清楚，但适用法律错误的；原判决认定事实错误，或者认定事实不清，证据不足的，但第二审人民法院已经查清的。

3. 撤销原判，发回重审

第二审人民法院对上诉案件经过审理，对于以下情况应依法撤销原判，发回重审：原判决认定事实不清，证据不足；原判决违反法定程序，可能影响案件正确判决的。

三、再审程序

在我国，再审程序即审判监督程序，是指对已经发生法律效力的判决、裁定、调解书，人民法院认为确有错误，当事人基于法定的事实和理由认为有错误，人民检察院发现存在应当再审的法定事实和理由，而由人民法院对案件再行审理的程序。再审程序只是纠正生效裁判错误的法定程序，它不是案件审理的必经程序，也不是案件的必经审级。

（一）再审程序的提起

1. 人民法院

各级人民法院院长对本院已经发生法律效力的判决、裁定，发现确有错误，认为需要再审的，应当提交审判委员会讨论决定。

最高人民法院对地方各级人民法院已经发生法律效力的判决、裁定，上级人民法院对下级人民法院已经发生法律效力的判决、裁定，发现确有错误的，有权提审或者指令下级人民法院再审。

2. 人民检察院

我国《民事诉讼法》规定，人民检察院有权对人民法院的民事审判活动实行法律监督，即人民检察院对人民法院发生法律效力的裁判，认为确有错误的，应当按照审判监督程序提出抗诉。人民检察院提起抗诉的案件，人民法院应当再审。

3. 当事人

根据《民事诉讼法》的规定，当事人申请再审符合以下条件的，才能引起再审程序的发生：

（1）申请再审的主体必须合法。根据《民事诉讼法》的规定，有权提出申请再审的只能是原审的当事人，即原审中的原告、被告、有独立请求权的第三人和判决其承担义务的无独立请求权的第三人以及上诉人和被上诉人。

（2）申请再审的对象必须是已经发生法律效力的判决、裁定和调解书。

（3）申请再审必须在法定期限内提出。根据《民事诉讼法》的规定，当事人申请再审，应当在判决、裁定发生法律效力后两年内提出；两年后据以作出原判决、裁定的法律文书被撤销或者变更，以及发现审判人员在审理该案件时有贪污受贿、徇私舞弊、枉法裁判行为的，自知道或者应当知道之日起三个月内提出。

（4）人民法院应当再审的情形。当事人的申请符合下列情形之一的，人民法院应当再审：有新的证据，足以推翻原判决、裁定的；原判决、裁定认定的基本事实缺乏证据证明的；原判决、裁定认定事实的主要证据是伪造的；原判决、裁定认定事实的主要证据未经质证的；对审理案件需要的证据，当事人因客观原因不能自行收集，书面申请人民法院调查收集，人民法院未调查收集的；原判决、裁定适用法律确有错误的；违反法律规定，管辖错误的；审判组织的组成不合法或者依法应当回避的审判人员没有回避的；无诉讼行为能力人未经法定代理人代为诉讼，或者应当参加诉讼的当事人因不能归责于本人或者其诉讼代理人的事由未参加诉讼的；违反法律规定，剥夺当事人辩论权利的；未经传票传唤，缺席判决的；原判决、裁定遗漏或者超出诉讼请求的；据以作出原判决、裁定的法律文书被撤销或者变更的。对违反法定程序可能影响案件正确判决、裁定的情形，或者审判人员在审理该案件时有贪污受贿、徇私舞弊、枉法裁判行为的，人民法院应当再审。

？小思考

当事人的申诉一定会引起审判监督程序吗？

（二）再审案件的程序

按照审判监督程序决定再审的案件，应当裁定中止原判决的执行。

人民法院审理再审案件，一律实行合议制。如果由原审人民法院再审的，应当另行组成合议庭。

再审的案件，原来是第一审审结的，再审时适用第一审程序审理，对再审后所作的判决、裁定当事人不服的，可以上诉（最高人民法院和上级人民法院提审的除外）；再审的案件原来是第二审审结的，再审时适用第二审程序审理，再审后的判决、裁定为终审裁判，当事人不得上诉。

人民法院对再审案件的宣判，可以采取自行宣判或委托原审人民法院或当事人所在地人民法院代行宣判的方式。

四、其他程序

（一）督促程序

督促程序是一种迅速简便的保护债权人合法权益的非讼程序，是指法院以债权人单方提出的债权文书为根据，督促债务人限期履行义务的程序。督促程序的设立，使债权人获得了一种实现债权最为迅速、便利的方式，同时也节约了诉讼成本。

1. 申请支付令

督促程序是因债权人的申请而开始的。债权人请求债务人给付金钱、有价证券，符合下列条件的，可以向人民法院申请支付令：债权人与债务人没有其他债务纠纷的；支付令能够送达债务人的。

2. 受理

债权人向人民法院申请支付令，符合下列条件的，人民法院应予以受理，并在收到申请后五日内通知债权人：请求给付金钱或汇票、本票、支票以及股票、债券、国库券、可转让的存款单等有价证券的；请求给付的金钱或者有价证券已到期且数额确定，并写明了请求所根据的事实、证据的；债权人没有对待给付义务的；支付令能够送达债务人的。

3. 审理

人民法院受理申请后，经审查债权人提供的事实、证据，对债权债务关系明确、合法的，应当在受理之日起 15 日内向债务人发出支付令。债务人应当自收到支付令之日起 15 日内清偿债务，或者向人民法院提出书面异议。债务人在规定的期限内不提出异议又不履行支付令的，债权人可以向人民法院申请执行。人民法院收到债务人提出的书面异议后，应当裁定终结督促程序，支付令自行失效，债权人可以起诉。

（二）公示催告程序

公示催告程序是一种非讼程序，是指法院根据申请人的申请，以公示的方式告知并催促利害关系人在法定期限内申报权利，如逾期无人申报，则根据申请人的请求作出除权判决的程序。

1. 公示催告程序的提起

按照规定可以背书转让的票据持有人，因票据被盗、遗失或者灭失，可以向票据支付地的基层人民法院申请公示催告。申请人应当向人民法院递交申请书，写明金额、发票人、持票人、背书人等票据主要内容和申请的理由、事实。

2. 受理

人民法院收到公示催告的申请后，应当立即审查，并决定是否受理。经审查认为符合受理条件的，通知予以受理，并同时通知支付人停止支付；认为不符合受理条件的，7日内裁定驳回申请。

人民法院在通知支付人停止支付的同时，在3日内发出公告，催促利害关系人申报权利。公示催告的期限，由人民法院根据情况决定，但不得少于60日。支付人收到人民法院停止支付的通知，应当停止支付，至公示催告程序终结。公示催告期间，转让票据权利的行为无效。

3. 申报权利

利害关系人应当在公示催告期间向人民法院申报。人民法院收到利害关系人的申报后，应当裁定终结公示催告程序，并通知申请人和支付人。申请人或申报人可以向人民法院起诉。

4. 除权判决

没有人申报权利的，人民法院应当根据申请人的申请作出判决，宣告票据无效。判决应当公告，并通知支付人。自判决公告之日起，申请人有权向支付人请求支付。

五、执行程序

执行是指人民法院的执行组织依照法定的程序，对发生法律效力的法律文书确定的给付内容，以国家的强制力为后盾，依法采取强制措施，迫使义务人履行义务的行为。执行程序是指保证具有执行效力的法律文书得以实施的程序。执行程序是实现民事权利义务关系的程序，是保证审判程序的任务得以实现的有力手段。

（一）执行依据

根据《民事诉讼法》及相关的司法解释规定，作为执行依据主要有以下法律文书：发生法律效力的民事判决、裁定，以及刑事判决、裁定中的财产部分；发生法律效力的调解书、支付令；仲裁裁决书；公证债权文书；行政执法机关依法作出的处理决定和处罚决定。

（二）申请执行和申请执行的期限

发生法律效力的民事判决、裁定、调解书和其他应当由人民法院执行的法律文书，当事人必须履行。一方拒绝履行的，对方当事人可以向人民法院申请执行。申请执行，应向人民法院提交下列文件和证件：申请执行书；生效法律文书副本；申请执行人的身份证明；继承人或权利承受人申请执行的，应当提交继承或承受权利的证明文件；其他应当提交的文件或证件。

申请执行的期间为两年。申请执行时效的中止、中断，适用法律有关诉讼时效中止、中断的规定。前款规定的期间，从法律文书规定履行期间的最后一日起计算；法律文书规定分期履行的，从规定的每次履行期间的最后一日起计算；法律文书未规定履行期间的，从法律文书生效之日起计算。

（三）执行措施

执行措施通常有：查询、冻结、划拨被执行人的存款；扣留、提取被执行人的收入；查封、扣押、冻结、拍卖、变卖被执行人的财产；搜查被执行人及其住所或者财产隐藏地；强制被执行人交付法律文书指定的财物或票证；强制被执行人迁出房屋或者退出土地；强制被执行人履行法律文书指定的行为；强制被执行人加倍支付迟延履行利息和迟延履行金；执行被执行人的到期债权；对无形财产及其他特定权益的执行。

小案例

2009 年 6 月 5 日，14 岁的金某放学回家途经汤某家门前，被汤某家的狗咬伤。当即被送往医院，诊断为左下肢皮肤撕裂伤，住院治疗 30 天并花去医疗费 2 300 多元。因赔偿问题协商不成，金某父母诉至法院，请求判令汤某赔偿经济损失共计人民币 3 700 多元。法院经审理后，于 2009 年 8 月 12 日判决汤某赔偿 3 700 元。双方当事人均未上诉，该判决于 2009 年 9 月 1 日生效。汤某应在 2009 年 9 月 10 日前履行该判决确定的赔偿义务。官司打赢了，金某父母松了一口气。汤某表示一定会履行判决，把钱尽快给金某家，但是由于近一段时间生意不好，手头比较紧，请金某父母宽限几天，一旦有钱马上就还。金某父母认为大家都是邻居，现在生意也难做，所以就答应宽限一段时间。然而，一晃近两年的时间过去了，汤某还是没还钱，金某父母找汤某要钱，汤某态度很好，可是还是推脱说手头紧不还钱。金某父母索要多次都没结果，2011 年国庆节过后，金某父母找到当时承办这个案件的法官，要求帮助讨钱。

问：金某父母能要回这笔钱吗？为什么？

阅读材料

民事诉讼程序

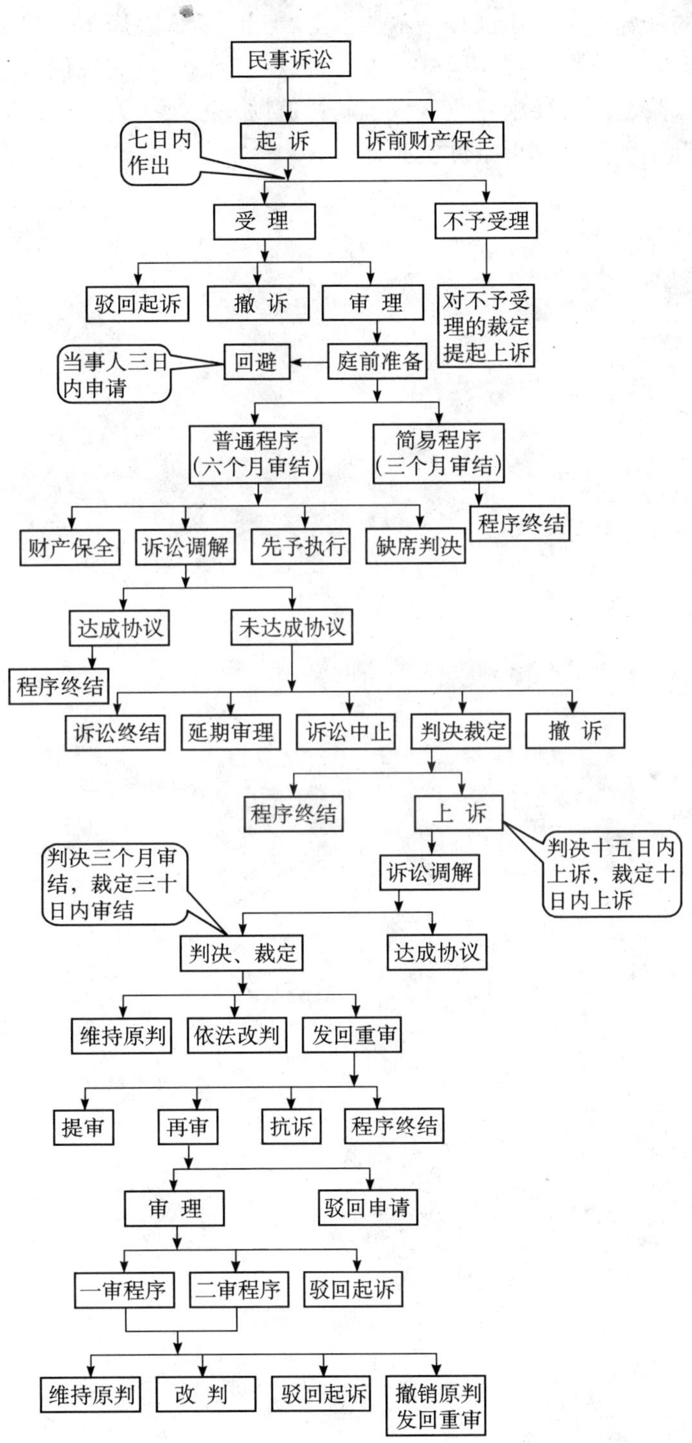

资料来源：http：//www. 365lvshi. com/tools/d. html。

案例分析

唐红系唐英的妹妹，一日唐红在一本杂志上看到一篇诋毁唐英的报道。唐红认为该报道侵犯了唐英的名誉权，但唐英在国外，本人难以起诉，因此唐红便以自己的名义以杂志社为被告向人民法院起诉，要求停止侵权、赔礼道歉并赔偿损失。

请问：该起诉是否符合起诉条件？为什么？

第十二章　仲　裁

引　言

相比较而言，在平等主体间经济纠纷的解决方式中，仲裁具有一定的优势，仲裁是自愿的、专业的、保密的、一裁终局的，仲裁的结果可以依照法律规定强制执行，涉外仲裁裁决还具有跨国执行的效力。从商业的角度来讲，运用仲裁的方法便于当事人在保护商业秘密的同时，以较少的费用和较短的时间便捷地解决经济纠纷，增强了解决纠纷的可预见性，使其能够适当摆脱纠纷的困扰，将更多的时间和精力投入到商业竞争中去。通过本章的学习，要掌握仲裁的适用范围、基本原则和制度，了解仲裁协议的效力，了解仲裁程序的各个环节的基本规定，掌握申请仲裁的条件，了解仲裁庭的组成方式。

学习目标

- 掌握仲裁的受理范围
- 掌握仲裁协议的内容和效力
- 掌握仲裁案件受理的条件
- 熟悉仲裁程序
- 了解仲裁庭的组成
- 明确撤销仲裁裁决的条件和理由

第一节 仲裁概述

案例导读

甲超市和乙物流公司订立了一份长达一年的运输合同，在合同中双方订立了仲裁条款。双方约定因本合同的履行所发生的一切争议，均提交上海仲裁委员会仲裁。在履行合同的过程中，由于甲超市认为乙物流公司有几次未按时运输，要求减少运费，为此双方发生争议。乙物流公司向上海仲裁委员会申请仲裁。双方共同委托仲裁委员会主任张某指定仲裁员。张某于是指定了A、B、C三人。甲超市要求公开审理本案，乙物流公司不同意，仲裁庭决定公开开庭审理本案。在多次开庭后，甲超市掌握了仲裁员C私下会见乙物流公司的法定代表人并接受乙物流公司赠送的礼品的证据。甲超市在下一次开庭时出示了上述证据，申请仲裁员C回避。仲裁庭经过研究驳回了甲超市的回避申请，并在最终裁决中作出了不利于甲超市的认定。

一、仲裁的概念和特点

仲裁又称公断，是指双方当事人将其争议交付第三者居中评判是非并作出裁决，该裁决对双方当事人均具有约束力的一种解决纠纷的方式。

仲裁是一种重要的非司法诉讼解决争议的方式，作为一种解决财产权益纠纷的民间性裁判制度，仲裁既不同于解决同类争议的司法、行政途径，也不同于当事人的自行和解，具有自愿性、专业性、灵活性、保密性、快捷性的特征。

二、仲裁的适用范围

我国《仲裁法》第二条规定，平等主体的公民、法人和其他组织之间发生的合同纠纷和其他财产权益纠纷，可以仲裁。

《仲裁法》第三条规定，下列纠纷不能仲裁：一是婚姻、收养、监护、扶养、继承纠纷；二是依法应当由行政机关处理的行政争议。

同时，根据《仲裁法》的规定，有关劳动争议、农业集体经济组织内部的农业承包合同纠纷的仲裁不适用《仲裁法》。

小思考

哪些纠纷不能申请仲裁？

三、仲裁的基本原则

根据我国《仲裁法》的规定，仲裁应当坚持以下基本原则：

（一）自愿原则

仲裁是当事人自愿将其争议提交给中立的第三者裁判的争议解决方式，因此自愿原则是仲裁制度中的基本原则，也是仲裁制度赖以存在和发展的基石。

我国《仲裁法》在当事人自愿仲裁这一原则问题上作了详细的规定：第一，当事人采用仲裁方式解决纠纷应当由双方自愿达成仲裁协议，没有仲裁协议，一方当事人申请仲裁的，仲裁机构不能受理；第二，向哪个仲裁机构申请仲裁，应当由当事人协议选定，任何仲裁机构不能强迫当事人违反其意志在本仲裁机构仲裁；第三，组成仲裁庭的仲裁员由当事人在仲裁员名册中自主选定，也可以委托仲裁机构主任代为指定，仲裁庭的人数和组成形式也可以由当事人约定；第四，当事人可以约定仲裁解决的争议范围；第五，在仲裁审理过程中，当事人可以约定审理方式、开庭形式等重要事项；第六，当事人可以约定由仲裁员充任调解员调解案件，如果当事人经过仲裁员的调解能够达成和解协议，则仲裁员可以制作调解书结案，也可以按照和解协议的内容制作裁决书结案。

（二）独立仲裁原则

独立仲裁原则是指仲裁机构的设置、仲裁机构的相互关系以及仲裁审理纠纷的过程都具有法定的独立性，其他任何机关、社会团体和个人不能干预。

（三）根据事实、符合法律规定、公平合理解决纠纷原则

《仲裁法》第七条规定，仲裁应当根据事实，符合法律规定，公平合理地解决纠纷。这一规定既符合我国长期坚持的以事实为根据、以法律为准绳的法律原则，同时也对这一法律原则作了新的发展。也就是说，在法律没有规定或法律规定不完备的情况下，仲裁庭可以按照公平合理的一般原则来解决经济纠纷。仲裁庭适用公平合理的原则，实际上是对法律适用原则的一个重要补充，其目的在于填补法律缺漏，同时为仲裁员行使法律规定的自由裁量权指明了恰当的范围。

四、仲裁的基本制度

（一）协议仲裁制度

即当事人申请仲裁和仲裁机构受理仲裁案件都必须依据当事人之间订立的有效的仲裁协议。仲裁协议是仲裁机构受理案件的前提条件，如果当事人之间没有仲裁协议或者仲裁协议无效，仲裁机构就不能受理该案件。

（二）或裁或审制度

《仲裁法》规定，当事人选择仲裁或选择诉讼是相互排斥的，有效的仲裁协议排除法院的管辖权。没有仲裁协议或者仲裁协议无效的，法院可以行使管辖权。或裁或审制度还意味着法院和仲裁机构之间不能就同一事项重复处理，也就是通常所说的“一事不再理”原则。如果当事人之间存在仲裁协议，但双方当事人放弃仲裁协议而同意进行诉讼的，法

院可以受理，这是当事人对仲裁协议的变更，而不是对协议仲裁制度的违反。

（三）一裁终局制度

仲裁的一个重要优势就是程序简便，结果确定，能够减少当事人的诉累，为当事人创造有效率的商业竞争条件。为此，《仲裁法》第九条规定："仲裁实行一裁终局的制度。裁决作出后，当事人就同一纠纷再申请仲裁或者向人民法院起诉的，仲裁委员会或者人民法院不予受理。"这就是通常所说的"一裁终局"制度或"一事不再理"制度。一裁终局意味着裁决书一经作出，即为终局，除非由于法定事由裁决书被撤销，裁决书在实体问题上的决定对当事人产生既判力和约束力，法院可以根据当事人的申请，强制执行裁决的实体内容。

小思考

仲裁裁决何时生效？

第二节　仲裁机构与仲裁协议

一、仲裁机构

仲裁机构是仲裁委员会。仲裁委员会可以在直辖市和省、自治区人民政府所在地的市设立，也可以根据需要在其他设区的市设立，不按行政区划层层设立。仲裁委员会由前述市的人民政府组织有关部门和商会统一组建。设立仲裁委员会，应当在省、自治区、直辖市的司法行政部门登记。

二、仲裁规则

（一）仲裁规则的概念与作用

仲裁规则是指规范仲裁活动的具体程序及此程序中相应的仲裁法律关系的规则。

仲裁规则不同于《仲裁法》，它可以由仲裁机构制定，某些内容甚至允许由当事人自行约定，但是，仲裁规则不得违反《仲裁法》中对程序方面的强制性规定。

一般来讲，仲裁规则是仲裁机构事先制定好的或由当事人在具体仲裁活动开始前约定或选定好的，它为具体的仲裁活动提供了行为规则，直接影响着仲裁活动的顺利进行，任何不遵守仲裁规则的情况，均会影响仲裁裁决的效力。

（二）仲裁规则的制定

一般来讲，仲裁规则由仲裁委员会自己制定。根据《仲裁法》的规定，我国仲裁委员会的仲裁规则的制定分两种情况：一是国内仲裁机构的仲裁规则，由中国仲裁协会统一制定，在中国仲裁协会制定仲裁规则前，各仲裁委员会可以依照《仲裁法》和《民事诉讼法》的有关规定制定各自的仲裁暂行规则；二是涉外仲裁机构的仲裁规则，则由中国国际商会制定，如现在已有的《中国国际经济贸易仲裁委员会仲裁规则》和《中国海事仲裁委员会仲裁规则》。

三、仲裁协议

（一）仲裁协议的概念和类型

所谓仲裁协议是指双方当事人自愿把他们之间已经发生或者将来可能发生的合同纠纷及其他财产性权益争议提交仲裁解决的书面约定。仲裁协议是仲裁制度的基石，它既是争议当事人将其争议提交仲裁的依据，也是仲裁机构对某一特定案件取得管辖权的前提。

关于仲裁协议有以下问题需要注意：仲裁协议须以书面形式作出；仲裁协议只能由有利害关系的双方当事人订立；仲裁协议须是双方当事人共同的意思表示；仲裁协议具有独立性，即合同的变更、解除、终止或者无效，不影响仲裁协议的效力。

根据法律的规定和司法实践来看，仲裁协议的类型主要有仲裁条款、仲裁协议书、其他文件中包含的仲裁协议三种。

（二）仲裁协议的内容

所谓仲裁协议的内容，是指一份完整、有效的仲裁协议必须具备的约定事项。《仲裁法》第十六条第二款规定，仲裁协议应当具有下列内容：请求仲裁的意思表示；仲裁事项；选定的仲裁委员会。

（三）仲裁协议的效力

所谓仲裁协议的效力，是指一项有效的仲裁协议对有关当事人和机构的作用或约束力。仲裁协议是一种特殊的合同，其效力不仅仅及于双方当事人，对双方当事人产生约束力，而且延伸至仲裁机构、仲裁员和相关的法院。仲裁协议产生效力的前提是该仲裁协议本身必须合法有效。

1. 对当事人的效力——排斥起诉权

仲裁协议一经合法成立，首先对双方当事人直接产生法律效力，当事人因此丧失了就特定争议向法院起诉的权利，而相应地承担着将争议提交仲裁并服从仲裁裁决的义务，除非双方当事人又另外达成协议而变更原仲裁协议。

2. 对仲裁机构的效力——取得管辖权

有效的仲裁协议是仲裁员或仲裁机构受理争议案件的依据，也就是说，仲裁机构仲裁权来自于当事人的授权，来自于当事人签订的有效的仲裁协议。

3. 对法院的效力——排斥司法管辖

仲裁协议对法院的效力是其法律效力的重要体现。一份有效的仲裁协议，对法院的效力首先表现为排斥了法院对该案件的管辖权，也就是说任何一方当事人不得随意撤销已成立的仲裁协议，不得就有关仲裁协议中约定事项的争议向法院起诉，法院也不得受理有仲裁协议的争议案件。

（四）无效的仲裁协议

根据我国《仲裁法》的相关规定，当事人之间订立的仲裁协议在下列情况下无效：以口头方式订立的仲裁协议；将不可仲裁的事项提交仲裁的；无行为能力人或限制行为能力人订立的仲裁协议；通过胁迫手段订立的仲裁协议；仲裁事项未约定或约定不明确，当事人不能达成补充协议明确仲裁事项的；仲裁机构未约定或约定不明确，当事人不能达成补充协议明确仲裁机构的；约定的仲裁事项超出法律规定的仲裁范围的。

第三节　仲裁程序

案例导读

仲裁与法院管辖的关系

2011 年 3 月，某市近郊的三堡村与某超市有限公司签订了厂房及土地租赁合同。合同约定，由三堡村将其位于该村的二层厂房及部分菜地租给该超市，租赁期为 10 年，并写明了租金。同年，双方又签订了一份协议，约定：双方因该租赁合同发生争议时，任何一方可以申请中国国际贸易促进委员会对外经济贸易仲裁委员会申请仲裁。2012 年，双方因超市未如期支付租金而发生纠纷。三堡村向该村所在地的区法院提起诉讼，请求付清所欠的租金及违约金。超市在答辩时，提供了该土地租赁合同，但没有就双方订有仲裁协议向法院提出管辖权异议，法院依法进行了审理。

一、仲裁的申请与受理

（一）申请仲裁

当事人提出仲裁申请是开始仲裁程序的必要条件之一。根据《仲裁法》第二十一条的规定，当事人申请仲裁应当符合下列条件：有仲裁协议；有具体的仲裁请求和事实、理由；属于仲裁委员会的受理范围。

当事人申请仲裁，应当向仲裁委员会递交仲裁协议、仲裁申请书及副本。

（二）受理

《仲裁法》第二十四条规定：“仲裁委员会收到仲裁申请书之日起五日内，认为符合受理条件的，应当受理，并通知当事人；认为不符合受理条件的，应当书面通知当事人不予受理，并说明理由。”如果发现仲裁申请书有欠缺，应当让申请人补正欠缺；如果认为仲裁协议需要补充，应当让当事人补充协议。当事人补正欠缺或者补充协议后，仲裁委员会自其递交之日起五日内受理。

《仲裁法》第二十五条规定："仲裁委员会受理仲裁申请后，应当在仲裁规则规定的期限内将仲裁规则和仲裁员名册送达申请人，并将仲裁申请书副本和仲裁规则、仲裁员名册送达被申请人。被申请人收到仲裁申请书副本后，应当在仲裁规则规定的期限内向仲裁委员会提交答辩书。仲裁委员会收到答辩书后，应当在仲裁规则规定的期限内将答辩书副本送达申请人。被申请人未提交答辩书的，不影响仲裁程序的进行。"

小案例

某仲裁委员会于2011年5月9日收到A公司请求仲裁与B公司间合同纠纷的申请书，经审查，仲裁委员会认为不符合受理条件，于同年5月13日电话告知了A公司，没有说明不予受理的理由。

问：仲裁委员会的做法对吗？

二、仲裁庭的组成

《仲裁法》第三十条规定："仲裁庭可以由三名仲裁员或者一名仲裁员组成。由三名仲裁员组成的，设首席仲裁员。"由一名仲裁员成立的仲裁庭，称为独任仲裁庭。组成人数为三人的仲裁庭，称为合议仲裁庭。合议仲裁庭的组成方法可以由当事人予以约定。在当事人未约定的情况下，通常由申请人和被申请人各自在仲裁程序开始后规定的期限内指定一名仲裁员，也可以由当事人委托仲裁委员会主任代其指定一名仲裁员。当事人未能在规定的期限内指定或委托指定仲裁员的，仲裁委员会主任可以直接代当事人指定一名仲裁员。第三名仲裁员担任首席仲裁员，由双方当事人在仲裁程序开始后规定的期限内共同选定或共同委托仲裁委员会主任指定，双方逾期未达成协议或不作为的，仲裁委员会主任直接指定该第三名仲裁员。三名仲裁员全部产生后，仲裁委员会向双方当事人发出书面通知，组成仲裁庭审理案件。独任仲裁庭适用于如下两种情况：双方当事人约定仲裁庭的组成人员应当为一人；根据案件的性质或当事人的约定，案件适用简易仲裁程序，在简易仲裁程序中，仲裁庭的组成人员人数当然为一人。

小案例

2011年7月10日，消费者孙某到杭州某大型超市购物，因购物场所地面积水而摔倒，致右胳膊骨折。该超市马上送孙某到医院救治，并支付了孙某的全部医疗费。孙某在医院住院5天，出院后医生建议病休3个月。因伤害赔偿问题双方协商不成，孙某于8月16日向杭州仲裁委员会申请仲裁。

问：杭州仲裁委员会可以受理该纠纷吗？为什么？

三、开庭与裁决

（一）开庭

1. 不公开开庭原则

《仲裁法》第三十九条规定："仲裁应当开庭进行。当事人协议不开庭的，仲裁庭可以根据仲裁申请书、答辩书以及其他材料作出裁决。"

开庭分为公开开庭和不公开开庭。仲裁以不公开开庭为原则。当事人协议公开开庭的，仲裁庭认为有必要的，可以公开开庭，但案件涉及国家秘密的，仲裁不能公开进行。

2. 开庭通知

《仲裁法》第四十一条规定："仲裁委员会应当在仲裁规则规定的期限内将开庭日期通知双方当事人。当事人有正当理由的，可以在仲裁规则规定的期限内请求延期开庭。是否延期，由仲裁庭决定。"仲裁公开开庭的，仲裁委员会应当公告当事人的姓名、案由和开庭的时间、地点。

3. 开庭审理

开庭仲裁，由首席仲裁员或者独任仲裁员宣布开庭。随后，首席仲裁员或者独任仲裁员核对当事人，宣布案由，宣布仲裁庭组成人员和记录员名单，告知当事人有关的仲裁权利义务，询问当事人是否提出回避申请。《仲裁法》第四十二条规定："申请人经书面通知，无正当理由不到庭或者未经仲裁庭许可中途退庭的，可以视为撤回仲裁申请。被申请人经书面通知，无正当理由不到庭或者未经仲裁庭许可中途退庭的，可以缺席裁决。"仲裁中，申请人和被申请人都应当按时出庭，未经仲裁庭许可不得中途退庭。

？小思考

仲裁庭开庭审理案件和法院开庭审理案件都是以公开开庭为原则吗？

（二）裁决

仲裁庭经过开庭审理或者书面审理，在查清事实、分清责任的基础上，应当在规定的期限内作出仲裁裁决书，以最终解决当事人之间的争议。《仲裁法》第五十三条规定："裁决应当按照多数仲裁员的意见作出，少数仲裁员的不同意见可以记入笔录。仲裁庭不能形成多数意见时，裁决应当按照首席仲裁员的意见作出。"裁决书由仲裁员签名，加盖仲裁委员会印章。裁决自作出之日起生效。

？小思考

当事人若对仲裁裁决不服，可以向其他仲裁机构再次申请仲裁吗？可以到法院起诉吗？

四、仲裁裁决的撤销与执行

(一) 仲裁裁决的撤销

所谓仲裁裁决的撤销，是指对符合法定应予撤销情形的仲裁裁决，经由当事人提出申请，人民法院组成合议庭审查核实，裁定撤销仲裁裁决的行为。这一概念包含以下几层意思：

(1) 撤销仲裁裁决是法院的职权，只能由法院为之；

(2) 从程序上讲，法院不能主动撤销仲裁裁决，必须由当事人提出撤销仲裁裁决的申请；

(3) 从撤销原因上讲，仲裁裁决有法律规定的应予撤销的情形；

(4) 法院必须对当事人提出的申请进行审查核实，才能作出撤销仲裁裁决的行为。

我国《仲裁法》规定，仲裁实行一裁终局的制度，仲裁裁决一经作出，即发生法律效力，当事人不能就同一纠纷再向仲裁委员会申请仲裁，也不能就同一纠纷向人民法院起诉或上诉。然而，由于受到各种因素的影响，有些仲裁裁决可能出现不同程度的偏差或错误。《仲裁法》中设置申请撤销仲裁裁决程序这样一种监督机制，对确保仲裁裁决的合法性和正确性，具有非常重要的意义。

申请撤销仲裁裁决由仲裁案件的当事人自收到裁决书之日起六个月内向仲裁委员会所在地中级人民法院提出申请，申请人须提供证据证明裁决有法定的应予撤销的情形。当事人申请撤销仲裁裁决，需具有法定的理由。《仲裁法》第五十八条规定，当事人提出证据证明裁决有下列情形之一的，可以向仲裁委员会所在地的中级人民法院申请撤销裁决：没有仲裁协议的；仲裁的事项不属于仲裁协议的范围或者仲裁委员会无权仲裁的；仲裁庭的组成或者仲裁的程序违反法定程序的；裁决所依据的证据是伪造的；对方当事人隐瞒了足以影响公正裁决的证据的；仲裁员在仲裁该案时有索贿受贿、徇私舞弊、枉法裁决行为的。人民法院组成合议庭审查核实裁决有上述规定情形之一的，应当裁定撤销。人民法院认定该裁决违背社会公共利益的，应当裁定撤销。

(二) 仲裁裁决的执行

《仲裁法》规定，仲裁裁决书自作出之日起发生法律效力，当事人应当履行。仲裁调解书与仲裁裁决书具有同等的法律效力；调解书经双方当事人签收，当事人就应该像对待裁决书一样，自觉予以履行。通常情况下，当事人协商一致将纠纷提交仲裁，将会自觉履行仲裁裁决。但实际上，由于种种原因，败诉方不自动履行仲裁裁决的情况并不少见，胜诉的当事人需要请求法院执行仲裁裁决。仲裁裁决执行的相关规定，和前述的《民事诉讼法》中的执行的法律规定是相同的，因此不再赘述。

阅读材料

仲裁程序

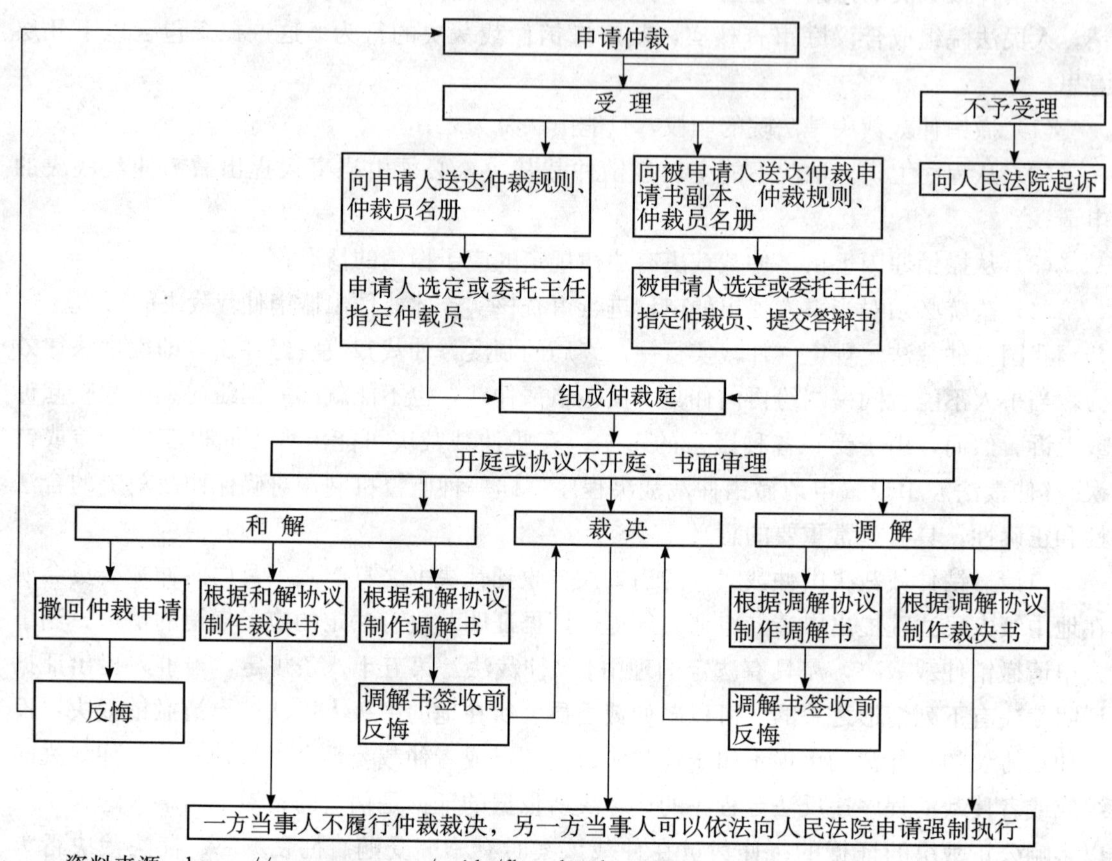

资料来源：http：//www. xaac. org/guide/flow. html。

案例分析

甲市A公司与乙市B公司在丙市签订了一份买卖合同，该合同履行地为丁市。合同中的仲裁条款约定：如双方发生争议，提交丙市仲裁委员会仲裁。后A公司与B公司在合同的履行过程中发生了纠纷，A公司与B公司欲申请仲裁，但得知丙市未设立仲裁委员会，而甲市、乙市、丁市均设立了仲裁委员会。

请问：本案应通过何种途径解决？为什么？

实训项目

模拟法庭

◆ 实训目的

通过实训，使学生能运用所学习的知识和技能，厘清法庭开庭的各个环节，以进一步巩固《民事诉讼法》和相关实体法的知识和技能，为将来解决工作中碰到的纠纷打下基础。

◆实训内容

根据某个消费者诉经营者侵犯消费者知情权的案例，收集诉讼过程中各个环节的程序规定，搜索庭审程序，结合案情，以小组为单位组织一次模拟法庭。

◆方法步骤

1. 教师介绍法庭开庭的主要环节和程序规定；
2. 学生收集相关的法律和规定；
3. 学生分析案情，对案例进行实体法分析处理；
4. 学生分小组撰写开庭程序；
5. 学生以小组为单位进行模拟法庭的开庭审理；
6. 教师对模拟法庭开庭进行综合点评。

参考文献

1. 潘慧明．经济法．杭州：浙江大学出版社，2008.
2. 叶朱，吴煜琴．公司法实例说．长沙：湖南人民出版社，2006.
3. 张国元．特许经营法律与实务问题研究．北京：法律出版社，2009.
4. 冯汝义．他们为何打输了官司．北京：中国检察出版社，2004.
5. 江伟．以案说法　民事诉讼法篇．北京：中国人民大学出版社，2005.
6. 中华人民共和国民事诉讼法案例解读本．北京：法律出版社，2009.

21世纪高职高专规划教材·连锁经营管理系列

序号	书名	书号	作者	出版日期	定价（元）	备注
1	零售管理	978—7—300—11871—0	佀玉杰	2010．6	28	PPT，习题答案
2	连锁经营管理理论与实务	978—7—300—08243—1	窦志铭	2007．12	25	PPT
3	连锁经营实务	978—7—300—15651—4	郑光财	2012．5	28（估）	PPT，习题答案等
4	连锁企业门店开发与设计	978—7—300—15650—7	李卫华	2012．6	29（估）	PPT，习题答案等
5	连锁企业采购管理	978—7—300—15461—9	楼永俊	2012．5	28（估）	PPT，习题答案等
6	连锁门店营运实务		张琼	2012．5	29（估）	PPT，习题答案等
7	连锁企业促销管理		张华	2012．7	29（估）	PPT，习题答案等
8	特许经营原理与实务		文志宏	2012．6	29（估）	PPT，习题答案等
9	店长实务	978—7—300—15488—6	孙玮琳	2012．5	29（估）	PPT，习题答案等
10	连锁门店店长综合实训	978—7—300—15489—3	颜莉霞	2012．5	29（估）	PPT，习题答案等
11	连锁经营法规	978—7—300—15483—1	潘慧明	2012．5	29	PPT，习题答案等
12	连锁企业财务管理		胡振灿	2012．6	29（估）	PPT，习题答案等
13	连锁门店营运管理	978—7—300—11552—8	王忆南	2010．7	25	PPT
14	连锁经营理论、案例与实训	978—7—300—12802—3	杨春旺	2010．1	25	PPT
15	连锁企业商品采购管理	978—7—300—12990—7	白世贞	2011．11	25	PPT
16	连锁企业商业运营管理	978—7—300—12861—0	白世贞	2011．5	26	PPT
17	商品学实用教程	978—7—300—13926—5	郑艳	2011．7	28	PPT
18	商场服务技术与销售艺术	978—7—300—14177—0	杨海	2011．9	25	PPT

图书在版编目（CIP）数据

连锁经营法规/潘慧明主编．—北京：中国人民大学出版社，2012.4
21世纪高职高专规划教材．连锁经营管理系列
ISBN 978-7-300-15483-1

Ⅰ.①连… Ⅱ.①潘… Ⅲ.①连锁经营-经济法-中国-高等职业教育-教材 Ⅳ.①D922.294

中国版本图书馆CIP数据核字（2012）第054471号

21世纪高职高专规划教材·连锁经营管理系列
连锁经营管理专业示范建设系列教材
连锁经营法规
主　编　潘慧明
副主编　吴红玲

出版发行　中国人民大学出版社
社　　址　北京中关村大街31号　　**邮政编码**　100080
电　　话　010－62511242（总编室）　　010－62511398（质管部）
　　　　　010－82501766（邮购部）　　010－62514148（门市部）
　　　　　010－62515195（发行公司）　　010－62515275（盗版举报）
网　　址　http：//www.crup.com.cn
　　　　　http：//www.ttrnet.com（人大教研网）
经　　销　新华书店
印　　刷　北京鑫丰华彩印有限公司
规　　格　185 mm×260 mm　16开本　　**版　　次**　2012年5月第1版
印　　张　16.5　　**印　　次**　2012年5月第1次印刷
字　　数　372 000　　**定　　价**　29.00元

教师信息反馈表

为了更好地为您服务，提高教学质量，中国人民大学出版社愿意为您提供全面的教学支持，期望与您建立更广泛的合作关系。请您填好下表后以电子邮件或信件的形式反馈给我们。

您使用过或正在使用的我社教材名称		版次	
您希望获得哪些相关教学资料			
您对本书的建议（可附页）			
您的姓名			
您所在的学校、院系			
您所讲授课程名称			
学生人数			
您的联系地址			
邮政编码		联系电话	
电子邮件（必填）			
您是否为人大社教研网会员	□ 是，会员卡号：________ □ 不是，现在申请		
您在相关专业是否有主编或参编教材意向	□ 是　　□ 否 □ 不一定		
您所希望参编或主编的教材的基本情况（包括内容、框架结构、特色等，可附页）			

我们的联系方式： 北京市海淀区中关村大街 31 号
中国人民大学出版社教育分社
邮政编码：100080
电话：010-62515912
网址：http://www.crup.com.cn/jiaoyu/
E-mail：jyfs _ 2007@126.com